Sp… na

Autobiografie

Historie prawdziwe

Tehmina Durrani
Mój pan i władca

Sophie Hayes
Sprzedana

w przygotowaniu

Béatrice Saubin
Próba nadziei

Marisa Merico
Księżniczka mafii

Sprzedana

SOPHIE HAYES

Przekład
ALICJA MARCINKOWSKA
EWA RATAJCZYK

AMBER

Redakcja stylistyczna
Dorota Kielczyk

Korekta
Renata Kuk
Hanna Lachowska

Projekt graficzny serii
Małgorzata Cebo-Foniok

Zdjęcie na okładce
© Yolande de Kort/Arcangel Images

Druk
Wojskowa Drukarnia w Łodzi Sp. z o.o.

Tytuł oryginału
Trafficked

ISBN 978-83-241-4350-4

Warszawa 2012. Wydanie I

Wydawnictwo AMBER Sp. z o.o.
02-952 Warszawa, ul. Wiertnicza 63
tel. 620 40 13, 620 81 62

www.wydawnictwoamber.pl

Dedykuję tę książkę Jennie,
wszystkim innym kobietom,
mężczyznom i dzieciom,
będącym ofiarami handlu ludźmi,
oraz tym, którzy wspierali mnie
– i nadal wspierają – w mojej podróży

Rozdział 1

Osiemnastka mojego brata była starannie przygotowaną imprezą – wspaniałą i dopracowaną przez matkę w najmniejszych szczegółach. Nic nie mogło pójść źle. Z całą rodziną i przyjaciółmi poszliśmy na elegancki obiad do hotelu. Ojciec wziął mikrofon i oznajmił, że matka poprosiła go, żeby wygłosił mowę na temat najstarszego syna. O moim bracie można było powiedzieć mnóstwo dobrych rzeczy, przytoczyć masę zabawnych i wzruszających anegdot. Wszyscy zamilkli, zwrócili się w stronę ojca i z uśmiechem czekali, aż zacznie. Uśmiechy szybko ustąpiły miejsca przerażeniu, kiedy oświadczył, że nie przychodzi mu do głowy nic oprócz tego, jak bardzo jest zawiedziony, że dochował się tak „bezużytecznej kupy gówna".

Na chwilę zapadła grobowa cisza, potem w sali rozeszły się pełne dezaprobaty pomruki. Dziadek skoczył na równe nogi, wyrwał ojcu mikrofon i ze łzami w oczach zaczął wychwalać swojego wnuka Jasona i mówić, jak bardzo go wszyscy kochają.

W końcu odważyłam się spojrzeć na brata. Siedział zupełnie nieruchomo, ze wzrokiem utkwionym gdzieś ponad głowami gości, z miną wyrażającą niemal fizyczny ból. Szybko odwróciłam głowę. Było mi niedobrze i zastanawiałam się, jak można zafundować komukolwiek coś tak okropnego, nie wspominając o własnym dziecku, które przez osiemnaście lat ciągle wyłaziło ze skóry, żeby pozyskać ojcowską miłość i aprobatę.

Chyba już w tamtej chwili doskonale wiedziałam, że to koniec małżeństwa rodziców, choć trzeba było jeszcze paru gwoździ do tej trumny, zanim się rozwiedli.

Kolejne wydarzenie, które ostatecznie przekroczyło granice wytrzymałości matki, zaszło pewnej nocy, niedługo po urodzinach Jasona. Wróciłam do domu po wieczornym wyjściu i nie wiedząc, że Jason ze swoją dziewczyną Harriet pilnują dziecka sąsiadów, zamknęłam drzwi i poszłam spać. Pół godziny później obudził mnie dzwonek. Zadzwonił tylko raz, ale prawie natychmiast usłyszałam, jak ktoś z łomotem zbiega ze schodów, a po chwili rozległ się głos Harriet. Wołała mamę i krzyczała:

– On go zabije! Pomocy! Błagam! Niech ktoś pomoże!

Wyskoczyłam z łóżka i wypadłam na korytarz. Matka zdążyła dotrzeć już do schodów. Pędząc za nią na dół do holu, nie spuszczałam wzroku z Jasona – stał w progu domu z zakrwawionym nosem.

Harriet szlochała, a ojciec wymachiwał rękami i wrzeszczał. Nagle Jason zrobił krok do przodu, odepchnął ojca z drogi i ryknął:

– Ty pieprzony idioto! Nienawidzę cię. Dlaczego się nie wyniesiesz i nie zostawisz nas w spokoju? – Popędził na górę i zamknął się w swojej sypialni.

Ojciec tylko uśmiechnął się kpiąco, wzruszył ramionami i wrócił do łóżka.

Na szczęście awantura nie obudziła mojego młodszego rodzeństwa, siostry i braci. Harriet, mama i ja poszłyśmy do kuchni. Osłupiałe i wstrząśnięte przez dłuższą chwilę po prostu siedziałyśmy przy stole. W końcu mama przerwała ciszę i zapytała o coś, nad czym się zastanawiałyśmy:

– Co się właściwie stało?

Okazało się, że ojciec, wybity ze snu nieśmiałym dzwonieniem Jasona, wściekł się, otworzył drzwi na oścież i bez słowa przywalił synowi z główki.

Matka westchnęła i ze znużeniem uniosła ręce na znak, że się poddaje.

– Dość tego. Nie mogę stać z boku i pozwalać, żeby bił moje dzieci. Wiele zniosę, ale nie to.

Czułam się okropnie z powodu tego, co się stało. Nie tylko dlatego, że współczułam Jasonowi, ale też dlatego, że oberwał przeze mnie. Nie miał klucza do domu, a ja zamknęłam drzwi, choć nie upewniłam się, czy wrócił. Nawet teraz ciężko mi myśleć o tym, ile kosztowała go moja bezmyślność.

To była druga z trzech „ostatnich kropli goryczy". Na koniec ktoś doniósł matce, że ojciec spotyka się z jakaś kobietą. Kiedy przyparła go do muru, długo na siebie wrzeszczeli, aż wreszcie ojciec – akurat w chwili gdy weszłam do salonu – krzyknął:

– Była prawie jak twój klon, tylko znacznie młodsza. – Potem wypadł z pokoju, a mama zalała się łzami.

Okazało się, że „klon mamy" nie był jedyną kobietą, z którą sypiał ojciec. Miał ich dziesiątki. Przyłączył się do grupy swingersów – ale nie takich, co urządzają orgie ze swoimi partnerami, tylko uczestniczą w seksualnych imprezach z zupełnie nieznajomymi ludźmi, opłaconymi, by spełniali wszelkie dziwaczne i perwersyjne życzenia takich facetów jak mój ojciec.

Kiedy mama odeszła od niego, odkryła, że zastawił dom pod hipotekę. Nie, żeby brakowało mu kasy – zarabiał bardzo dobrze i nie miał żadnych problemów finansowych. Zrobił to, by ulokować pieniądze na zagranicznych kontach. Tak więc po rozwodzie mama została prawie goła, ale nie przejmowała się tym, bo jedyne, na czym jej naprawdę zależało, to uwolnić się od ojca i stworzyć sobie i dzieciom nowy dom, gdzie nikt nie będzie na nią krzyczał ani wiecznie powtarzał, że jest bezużyteczna i głupia.

Miałam siedemnaście lat, kiedy rodzice się rozeszli, i od tamtej pory rzadko rozmawiałam z ojcem.

Zaledwie parę godzin po tym, jak się urodziłam, po raz pierwszy trafiłam w ramiona ojca. Widać zaczęłam płakać, bo spojrzał na mnie, oddał z powrotem matce i natychmiast stracił mną zainteresowanie. Szybko zaczęłam odwzajemniać jego obojętność i zanim wkroczyłam w wiek nastoletni, nauczyłam się akceptować fakt, że nie lubię własnego ojca. Na szczęście zawsze kochałam mamę – oprócz tego, że jest wspaniałą mamą, jest moją najlepszą przyjaciółką i mogę z nią rozmawiać niemal o wszystkim.

Nie pamiętam, żebym kiedykolwiek darzyła prawdziwą miłością mojego ojca. Co prawda nie znęcał się nad nami, ale był tyranem, który komunikował się z żoną i dziećmi wyłącznie za pomocą krzyków i przekleństw, a do tego ciągle nazywał nas darmozjadami. Stopniowo z upływem lat przywykłam do tego, że serce zaczyna walić mi jak szalone, kiedy jest zły, a tak było przez większość czasu. Ale nigdy nie przyzwyczaiłam się do jego chorych żartów i innych rzeczy, jakie robił specjalnie po to, żeby nas nastraszyć. Takie akcje zwykle doprowadzały mnie do histerii.

Cała nasza piątka była nieplanowana i niechciana przez ojca, za to bezgranicznie kochana przez mamę. Dzieciństwo spędziłam więc w cieniu słownej i emocjonalnej przemocy ze strony ojca, ale i tak Jason ucierpiał najbardziej.

Był nieśmiałym, pogodnym dzieckiem. Bardzo się starał, żeby nie zrobić czegoś źle i strasznie nie lubił zwracać na siebie uwagi z jakiegokolwiek powodu. Już na samą myśl o tym, że mógłby spóźnić się do szkoły, z nerwów trzęsły mu się ręce. Ojciec wtedy mówił, że Jason zachowuje się jak dziewczyna, i nigdy nie omieszkał okazać swojej pogardy i wściekłości. Tak naprawdę

Jason był zupełnym przeciwieństwem syna, jakiego życzyłby sobie ojciec, gdyby w ogóle chciał mieć dzieci.

Aż serce ściskało, gdy patrzyło się, jak Jason robi wszystko, żeby go zadowolić. Ja dość prędko załapałam, że żadne z nas za nic nie zdoła sprostać wymaganiom ojca, ale mój biedny brat nigdy nie stracił nadziei, że któregoś dnia zdobędzie jego miłość. Tego pragnął najbardziej na świecie, ale im bardziej się starał, tym bardziej ojciec go upokarzał i lekceważył, przez co Jason stawał się coraz bardziej nerwowy i niestabilny emocjonalnie.

Był jednym z tych dzieciaków, co to zawsze wieczorem mają wszystko przygotowane do szkoły. Książki starannie pakował do plecaka, a czyste ubrania wykładał na krzesło. Rano tylko mył się, ubierał i już był gotów do wyjścia. Moje poranne rytuały trwały dłużej – przede wszystkim musiałam zadbać, żeby mundurek wyglądał nienagannie, a włosy żeby były idealnie wyczesane i związane. Kiedy ganiałam po domu w poszukiwaniu swojego plecaka albo książek, Jason stał przy drzwiach wyjściowych i co rusz spoglądał z niepokojem na stojący w holu zegar. Kończyło się to tak, że ojciec – bo to on zwykle podwoził nas do szkoły w drodze do pracy – krzyczał na niego, że zachowuje się jak „pieprzony mazgaj", a potem mi wygarniał, że jestem niezorganizowana i głupia.

Nadal czuję smutek i wyrzuty sumienia, ilekroć pomyślę o tych wszystkich razach, kiedy przeze mnie spóźniliśmy się do szkoły, chociaż nie ociągałam się celowo. Chodziliśmy do dobrej szkoły, ale pogodziłam się z opinią ojca, że „do niczego się nie nadaję”, i bałam się, że nie spełnię jego oczekiwań. Dobry wygląd stał się niemal moją obsesją. Ale wiedziałam, jak przeraża Jasona myśl, że on jeden wejdzie do klasy, podczas gdy inni będą już siedzieć, a przeze mnie wielokrotnie musiał to robić.

Pewnego ranka, kiedy miał dziesięć, a ja dziewięć lat, i kolejny raz wyjechaliśmy z domu za późno, po tym jak już udało mi się znaleźć plecak i wskoczyłam do samochodu na miejsce obok brata, tata uśmiechnął się złośliwie.

– O rany, Jason, spóźnisz się – powiedział. – Lekcja na pewno się zacznie, zanim dotrzemy do szkoły. Będziesz musiał wejść sam. Może, jeśli wpełzniesz jak wąż, nikt cię nie zauważy. – Potem odrzucił głowę do tyłu i roześmiał się rozbawiony zarówno tą wizją, jak i wyraźnym przerażeniem syna.

– Proszę, proszę, tato, postaraj się, żebyśmy zdążyli – zaczął błagać Jason, a łzy płynęły mu ciurkiem.

Innemu ojcu pewnie zrobiłoby się żal załamanego dziecka, ale na naszego ojca ten płacz podziałał jak płachta na byka. Nagle przestał się śmiać, a kiedy nerwowo zerknęłam we wsteczne lusterko, zobaczyłam wyraz pogardy na jego twarzy.

– Chcesz być na czas?! – wrzasnął. – Dlatego mażesz się jak dziewczyna? Dobra, Jason, postaramy się zdążyć. – Wcisnął gaz do dechy. Samochód gwałtownie wyrwał do przodu, aż wbiło nas w siedzenie.

Śmiertelnie przerażona tak mocno wczepiłam się palcami w pas bezpieczeństwa, że zbielały mi kostki, a paznokcie boleśnie wbijały mi się w rękę. Przez kilka minut kolejne rozmazane ulice śmigały nam przed oczami, a Jason, z ramionami skrzyżowanymi na piersi, kiwał się w przód i w tył, cicho pochlipując.

W pewnej chwili dostrzegłam przed nami plamę koloru i zdążyłam uchwycić wyraz twarzy dwóch mężczyzn, którzy stali na poboczu z rowerami i rozmawiali. Ojciec właśnie stracił panowanie nad kierownicą i samochód jechał prosto na nich. Mężczyźni puścili rowery.

Było jasne, że nie zdążą zejść z drogi. Ojciec zaklął, Jason i ja wrzasnęliśmy. Jakimś cudem minęliśmy ich o włos, ojcu udało się odzyskać kontrolę nad autem i pojechaliśmy dalej, tyle że już wolniej. Ojciec wydzierał się na nas przez ramię:

– Widzicie? Widzicie, co narobiliście, pieprzone gnojki?! Przez was omal nie zabiłem tych facetów!

Jason dostał histerii, ja szlochałam. Cała się trzęsłam i czułam się winna. Gdybyśmy zabili tych facetów – a przez chwilę myślałam, że na pewno tak się stanie – to byłaby moja wina, bo przeze mnie wyjechaliśmy za późno. Ojciec miał rację: byłam „bezużyteczną kupą gówna".

Kiedy dotarliśmy do szkoły, Jason prawie wypadł z samochodu, a potem pognał przez otwartą bramę z kutego żelaza skulony, przyciskając do piersi plecak, jakby obawiał się jakiegoś fizycznego ataku. Nie pobiegłam za nim. Zszokowana nie mogłam się ruszyć. Chciałam do mamy i tak długo płakałam i krzyczałam, dopóki ojciec nie zabrał mnie do domu, gdzie siedziałam w swoim pokoju i zatykałam sobie uszy, żeby nie słyszeć kłótni rodziców – bo mama jakoś znosiła wszelkie złośliwości ojca wymierzone w nią, ale gdy chodziło o jej dzieci, walczyła jak lwica.

Tamta akcja z samochodem była po prostu jedną z całej serii niemal codziennych zdarzeń w moim dzieciństwie, które uświadomiły mi, że ojciec nas nie lubi. Ktoś powiedział, że ojciec po prostu nie potrafi nikogo kochać, i myślę, że miał rację. Według mojej babci czerpał przyjemność ze sprawiania zawodu i przykrości mojej matce, ledwie zaczęli ze sobą chodzić. Nikt nie rozumiał, czemu taka ładna, lubiana i radosna dziewczyna zgodziła się poślubić takiego antypatycznego i nieokrzesanego typa. Wyszła za niego, mimo że już w drodze do kościoła wiedziała, że popełnia straszny błąd. Kiedyś mi wyznała, że chociaż kochała mojego ojca, zawróciłaby wtedy samochód i uciekła do domu, gdyby nie miała skrupułów odnośnie do tego, jak bardzo wykosztowali się jej rodzice i ile wysiłku włożyli, żeby urządzić jej niezapomniany ślub.

Pewnego ranka, parę miesięcy po ślubie, kiedy mama była w ciąży z Jasonem, ojciec załomotał do drzwi dziadków i oznajmił zdziwionej babci, że jej córka jest „totalnym śmieciem” i że zwraca ją im, bo już jej nie chce. Ostatecznie jednak zabrał ją z powrotem, zapewne kiedy dotarło do niego, że wygodniej mieć żonę, która zadba o niego i o dom, niż samemu się wszystkim zajmować. Ale ten motyw powtarzał się regularnie przez kolejne lata, aż wreszcie matka zaczęła wierzyć, że rzeczywiście jest „beznadziejna", „cholernie wkurzająca" i „niesamowicie głupia".

Ojciec często wrzeszczał, przeklinał i ciągle nam ubliżał, ale rzadko stosował przemoc fizyczną, więc kiedy już miałam naście lat, zaczęłam odpierać jego ataki – przynajmniej słownie. Myślę, że przez to, że potrafiłam mu się postawić, trochę mi odpuścił. Jason natomiast – który pomimo swojej permanentnej nerwowości miał, wydawałoby się, niewyczerpane pokłady optymizmu – nadal próbował nawiązać z ojcem więź i zdobyć jego aprobatę. A że to było niewykonalne, tylko cierpiał.

Kiedy miałam siedem lat, mama urodziła Emily, a dwa lata później pojawiły się na świecie bliźniaki – Mark i Jamie. Cała trójka była tak zwanymi „wypadkami przy pracy", zresztą tak samo jak Jason i ja.

Chociaż ojciec nie pochodził z zamożnej ani szczęśliwej rodziny i nie skończył żadnych studiów, potrafił robić interesy i sporo zarabiał, dzięki czemu mieszkaliśmy w ładnym, dużym domu w bogatej dzielnicy. Nie pamiętam jednak, żeby poza tym zrobił cokolwiek dla któregoś z nas, i często zastanawiałam się, czemu mama nie odejdzie od niego.

Na szczęście w końcu się na to zdecydowała i złożyła pozew rozwodowy. Zależało jej głównie na tym, żeby zapewnić spokój dzieciom i sobie, i uwolnić się od domowego tyrana. Ojciec, dla którego pieniądze były bardzo ważne, nie mógł uwierzyć, że nic od niego nie chciała i przez jakiś czas wysyłał jej mnóstwo SMS-ów z pogróżkami. Przykładowo, groził, że połamanie jej nogi, jeśli wpadnie na pomysł, żeby domagać się od niego alimentów. Na mnie też się wściekał – jak zwykle z niewiadomych dla mnie przyczyn – i ostatnią rzeczą, jaką od niego usłyszałam, było:

– Dla mnie już nie istniejesz. Może cię piekło pochłonie. Nie wysikałbym się na ciebie, nawet gdybyś płonęła żywcem.

Po rozwodzie rodziców Jason nadal próbował zaskarbić sobie przychylność ojca, kumulując w sobie coraz większy ból i złość, aż w końcu zaczęło mu odbijać. Jeszcze do niedawna uważałam, że ojciec nie miał znaczącego wpływu na moje życie – wmówiłam sobie, że ponieważ nawet go nie lubiłam, mogę żyć ze świadomością braku miłości i troski z jego strony. Teraz jednak wiem, że przez to nie czułam się godna miłości, nie rozumiałam, co tak właściwie znaczy kochać kogoś, stałam się podejrzliwa i nieufna, zwłaszcza wobec facetów. Bałam się też, że – tak jak ojciec – nie zdołam stworzyć normalnego, stabilnego związku. Zafiksowałam się na obrazku rodem z *Domku na prerii*, gdzie wszystko układało się idealnie, a ludzie byli zawsze mili, i postanowiłam, że albo to, albo nic.

Dziwne więc, że w ogóle weszłam w jakąś trwałą relację. Ale owszem, byłam w dwóch poważnych związkach. Raz z facetem, którego kochałam, a drugi raz z facetem, którego myślałam, że kocham, ale tak naprawdę po prostu się przyjaźniliśmy. No i jeszcze z Kasem – on stopniowo stawał się moim „najlepszym przyjacielem”, pewnie między innymi dlatego, że wydawał się całkowitym przeciwieństwem mojego ojca. Ojciec był wulgarny, samolubny, agresywny i okrutny, Kas natomiast niesamowicie miły, troskliwy i charyzmatyczny. Ale nawet jemu nie umiałam tak od razu zaufać. Kiedy w końcu mocno się ze sobą zżyliśmy, stał się dla mnie kimś bardzo ważnym i uwierzyłam, że to jedyny człowiek, na którym mogę polegać.

Rozdział 2

Przez parę lat po rozwodzie rodziców Jason nosił w sobie złość z powodu tego, co się stało. Niewiele brakowało, żeby zmarnował sobie życie. Nadal rozpaczliwie pragnął, żeby ojciec raczył się nim zainteresować, i zwrócił się przeciwko mamie, zwłaszcza kiedy poznała Steve'a – faceta, dzięki któremu odżyła i znów stała się taka jak dawniej. Później Steve został naszym ojczymem; żałowałam, że nie jest moim prawdziwym ojcem. Jason wyniósł się do jakiejś nory daleko od nas i nie pozwalał mamie, żeby mu w jakikolwiek sposób pomagała. Twierdził, że w końcu stanie na własnych nogach. Na szczęście ostatecznie przyjął pomoc od babci i powoli zaczął odzyskiwać równowagę.

Kiedy w wieku osiemnastu lat skończyłam szkołę, zaproponowano mi świetną pracę w Leeds. Ojcu zawsze bardzo zależało, żebym studiowała, ale ja wolałam zostać blisko mamy i młodszego rodzeństwa. Wzięłam tę pracę i przeprowadziłam się do Leeds. Nie zdawałam sobie sprawy, jak bardzo można czuć się samotnym po opuszczeniu rodzinnego domu, zwłaszcza gdy w nowym miejscu nie zna się zbyt wielu ludzi. Poza paroma osobami z pracy nie miałam tam żadnych znajomych, więc czasem doskwierała mi niewyobrażalna samotność. Tak było, dopóki w Leeds nie zjawiła się Serena.

W szkole bardzo się przyjaźniłyśmy; ludzie mówili o nas „siostry syjamskie". Ogromnie się cieszyłam, że mam ją znowu przy sobie, i wkrótce stałyśmy się nierozłączne. Razem chodziłyśmy na zakupy, a potem piłyśmy kawę w jednej z naszych ulubionych kawiarni i przeglądałyśmy najnowsze czasopisma modowe. Moja matka zawsze nosiła się elegancko i w dzieciństwie uwielbiałam podpatrywać ją, gdy szykowała się na jakieś wyjście. Chciałam wyglądać tak jak ona i po części dlatego większość pensji wydawałam na markowe ciuchy i poświęcałam cholernie dużo uwagi swoim włosom i makijażowi. Poza tym wiecznie krytykowana przez ojca nigdy nie czułam się „dość dobra" – wystarczająco ładna, wystarczająco mądra i tak dalej. Tak więc wymyśliłam, że jeśli przynajmniej będę zadbana i porządnie ubrana, nikt mi nie zarzuci, że nie zrobiłam wszystkiego, co w mojej mocy.

W każdy weekend wyprawiałyśmy się z Sereną do barów i klubów. Tylko choroba albo jakiś kataklizm mogły sprawić, żebyśmy zrezygnowały z tradycyjnych sobotnich baletów. Z tym że ja nie byłam zainteresowana poznawaniem chłopaków, a tym bardziej żadnym związkiem. Nie ufałam facetom przekonana, że niezależnie od powierzchowności, w gruncie rzeczy są tacy sami jak mój ojciec. Po prostu lubiłam się wystroić, potańczyć, czuć, że jestem taka sama jak inni młodzi ludzie, którzy wychodzą do miasta się pobawić. Lubiłam swoje życie. Ale wszystko co dobre szybko się kończy. Serena dostała pracę za granicą i wyjechała, a ja przestałam imprezować w weekendy.

Coraz częściej strasznie bolał mnie brzuch, więc musiałam pójść do szpitala, żeby zrobili mi badania. W szpitalu odwiedził mnie kolega z pracy, John, zaprzyjaźniłam się z nim bliżej po wyjeździe Sereny.

– Kiedy już odkryją, co ci jest, i cię wyleczą, pojedziemy razem na wakacje – powiedział. – Zajmę się tobą. Pozwól mi się sobą zaopiekować, a nie pożałujesz.

Oferował mi coś, czego zawsze pragnęłam, a do tej pory dawała mi to jedynie matka; pragnęłam, żeby ktoś się o mnie troszczył, żeby mu na mnie zależało. John był trzy lata starszy ode mnie i wszystko wskazywało na to, że naprawdę chce mnie otoczyć opieką. Bardzo mocno przeżyłam rozwód rodziców i fajnie było mieć przy sobie kogoś, na kim mogę polegać. Czułam się przy nim swobodnie i bezpiecznie. Postanowiłam mu zaufać i wkrótce zamieszkaliśmy razem.

Chyba od samego początku wiedziałam, że tak naprawdę nie kocham Johna, choć starałam się to sobie wmówić, bo bardzo chciałam, by tak było. W rzeczywistości po prostu się przyjaźniliśmy, miło spędzaliśmy ze sobą czas. I na początku całkiem dobrze nam się układało, ale stopniowo zaczęło się psuć. Johna interesowała głównie praca, a poza nią najchętniej oglądałby tylko mecze w telewizji i wyskakiwał z kumplami do miasta. Więc on sobie wychodził, a ja tkwiłam sama w domu i czekałam na niego. Chciałam być szczęśliwa, ale wygląda na to, że czasami, jeśli pragniesz czegoś za mocno, tym bardziej nic z tego nie wychodzi. Nie miałam jeszcze dwudziestu lat i zaczynałam się czuć, jakby życie przeciekało mi między palcami. A potem, kiedy już myślałam, że może być tylko gorzej, wróciła Serena i wszystko zmieniło się na lepsze.

Pewnego wieczoru, kiedy bawiłyśmy się w jednym z naszych ulubionych klubów, nachyliła się do mnie i wydarła, usiłując przekrzyczeć muzykę:

– Gapi się na ciebie! – Lekko wskazała głową grupkę ciemnowłosych chłopaków, którzy śmiali się i gadali obok parkietu.

– Kto? Kto się na mnie gapi?! – odkrzyknęłam. Ale wiedziałam, o kogo jej chodzi. Zauważyłam go, ledwie zaczęłyśmy tańczyć.

Następnym razem, kiedy poszłyśmy do tego klubu, znów tam był ze swoimi znajomymi. Tańczyłyśmy, a on próbował pochwycić moje spojrzenie. Gdy tylko zerkałam w jego kierunku, czego starałam się nie robić, uśmiechał się do mnie, a ja udawałam, że go nie widzę. Przychodził co sobota. Za którymś razem, kiedy na moment ucichła muzyka, a Serena odwróciła się, żeby z kimś pogadać, uniosłam głowę i zobaczyłam, że stoi obok mnie.

– Porozmawiamy? – zapytał.

Jego akcent – tak samo jak niemal czarne oczy z długimi rzęsami – zdradzały, że nie jest Anglikiem, ale tego domyśliłam się już wcześniej. Pokręciłam głową.

– Nie. Sorry. Nie chcę z tobą rozmawiać. Z nikim nie chcę. – Znów rozległa się muzyka, więc odeszłam i zaczęłam tańczyć.

Potem, kiedy spojrzałam w stronę, gdzie zawsze stał z przyjaciółmi, nadal na mnie patrzył. Teraz jednak wyglądał na zranionego. Poczułam delikatne wyrzuty sumienia, ale zaraz pomyślałam o swoim ojcu i o tym, ile mama musiała nacierpieć się tylko dlatego, że się w nim zakochała, i czym prędzej odwróciłam wzrok, nie odwzajemniając smutnego uśmiechu.

Parę dni później byłam sama w sklepie, gdzie pracowałam, gdy usłyszałam znajome skrzypienie otwieranych drzwi. I nagle zobaczyłam przed sobą jego. Po moich policzkach rozlało się gorąco, więc szybko czymś się zajęłam, w nadziei że nie zorientował się, że go poznałam. Wymamrotałam „chwileczkę" i dałam dyla na zaplecze.

– Muszę iść do biura – syknęłam spanikowana do kolegi, który miał właśnie przerwę. – Zajmiesz się klientem?

Pewnie wyglądałam jak kretynka, a klient musiał być nieźle zdziwiony. Ale wstrząs, jakiego doznałam na jego widok, pchnął mnie do natychmiastowej ucieczki. Wiedziałam, że koleś nie znalazł się tu przypadkiem; nie miałam cienia wątpliwości, że przyszedł specjalnie po to, żeby się ze mną zobaczyć. Wpadał do sklepu jeszcze ze trzy razy, ale choć niezwykle mi to schlebiało, reagowałam zawsze tak, jak na początku.

Którejś soboty, kiedy jak zwykle bawiłyśmy się z Sereną w klubie, podszedł do mnie, gdy na chwilę ucichła muzyka.

– Jestem Kastriot – powiedział. – Znajomi mówią na mnie Kas. Może umówiłabyś się ze mną na drinka?

Spojrzałam mu prosto w twarz. Miał niesamowicie łagodne oczy. Pomyślałam, że jest zaskakująco pewny siebie, biorąc pod uwagę fakt, że wszystkie podejmowane dotychczas przez niego próby zbliżenia się do mnie zakończyły się fiaskiem.

– Nie, dzięki. Nie piję. – Odwróciłam wzrok i modliłam się, żeby czym prędzej ryknęła muzyka i przerwała tę niezręczną sytuację. Ale wyglądało na to, że Bóg i didżej sprzysięgli się przeciwko mnie.

– Okej – odparł. – To może na kawę?

– Kawy też nie piję.

– Herbatę? – nie ustępował. – Tak, wybierzemy się na herbatę. Przecież wiadomo, że w Anglii wszyscy lubią herbatę.

Zerknęłam na niego – już nie wydawał się taki pewny siebie. Nawet zrobiło mi się go trochę żal, ale mimo to odpowiedziałam zimno:

– Ja nie lubię.

– To może sok pomarańczowy? – zaproponował nieśmiało, a mnie zapiekły policzki.

Mówił bardzo dobrze po angielsku. Sądząc po akcencie, mógł pochodzić z któregoś z krajów śródziemnomorskich. Zdecydowanie nie brakowało mu urody. Oceniłam, że jest w moim wieku lub trochę starszy. Choć jego pewność siebie wyraźnie słabła, zachował klasę, co go odróżniało od większości facetów, jakich spotykałam. Oni, w analogicznej sytuacji, albo zachowaliby się nieuprzejmie, albo zaczęliby mi okazywać udawaną obojętność. A on, szczerze zdziwiony, że go zbywam, nie krył, że to go to boli.

– Niczego nie chcę z tobą pić – warknęłam ostro. – Ani się z tobą umawiać. Mam chłopaka. – Bóg i didżej w końcu się nade mną ulitowali i moje uszy znów wypełniła muzyka. Odrzucając do tyłu włosy, odwróciłam się od niego. W głębi duszy wiedziałam, że zachowuję się jak jakaś nadęta snobka, i niezbyt mi się to podobało, ale przecież musiałam się chronić.

Przez następne tygodnie widziałam go w klubie za każdym razem, gdy pojawiałyśmy się tam z Sereną. Lubiłyśmy to miejsce z wielu powodów – ale głównie dlatego, że znałyśmy innych stałych bywalców i zawsze dobrze się tam bawiłyśmy. Ponieważ nie czułam, żeby chłopak w jakikolwiek sposób mi zagrażał, nawet nie przyszło mi do głowy, żeby przestać tam chodzić. Szczerze mówiąc, trochę mnie zaintrygował. Muszę przyznać, że jego zainteresowanie mi schlebiało i chyba nawet byłam ciekawa, jak długo potrwa, zanim sobie odpuści.

John i ja nadal mieszkaliśmy razem, ale coraz bardziej się od siebie oddaliliśmy i byliśmy raczej jak współlokatorzy niż para. Kiedyś cieszyłam się, że chce się mną opiekować, a teraz coraz częściej miałam wrażenie, że traktuje mnie jak upośledzone dziecko. Ale przynajmniej czasem mogłam liczyć na jego towarzystwo, dzięki czemu nie czułam się aż tak bardzo samotna. Któregoś wieczoru, kiedy siedziałam sama w domu, zadzwoniła moja komórka. Nie znałam numeru, który się wyświetlił. Ale ledwie usłyszałam głos, wiedziałam, że to Kastriot, mój uparty adorator.

– Skąd masz mój numer? – wypaliłam.

– Nie zapytasz najpierw kto dzwoni? – odparł żartobliwym tonem.

– Wiem, kim jesteś – powiedziałam. – Facetem, który gapi się na mnie w klubie. Mówiłam ci, że nie chcę z tobą gadać. Nie jestem zainteresowana. Nie dzwoń do mnie więcej.

Rozłączyłam się lekko zaniepokojona. Nie mieliśmy żadnych wspólnych znajomych, więc w takim razie skąd wytrzasnął mój numer? Uznałam, że to dziwne, ale nie aż tak, żeby od razu wpadać w panikę.

Dzwonił do mnie jeszcze kilkakrotnie, a ja za każdym razem mówiłam mu to samo – że nie chcę z nim gadać i żeby zostawił mnie w spokoju. Pewnego wieczoru w klubie, kiedy Serena i ja tańczyłyśmy, a on stał tam gdzie zawsze, pochwycił moje spojrzenie i się ukłonił. To było niedorzeczne, ale nie mogłam powstrzymać uśmiechu. Natychmiast podszedł do mnie.

– Czemu nie chcesz ze mną porozmawiać? Muszę z tobą porozmawiać. Błagam, nie każ mi tak cierpieć. Zgódź się, żebym cię zabrał i poślubił.

Roześmiałam się.

– Przecież nawet mnie nie znasz! – Chociaż jego słowa brzmiały absurdalnie, sprawiły mi pewną przyjemność. Nawet jeśli mnie nie interesował.

Nie spodziewałam się również, że poczuję się mocno zawiedziona, gdy pewnego dnia poszłyśmy z Sereną do klubu, a Kastriota tam nie było. Pomyślałam, że chyba mi się należało za to, że tak źle go potraktowałam, podczas gdy on chciał tylko ze mną porozmawiać.

Nie przyszedł też w następną sobotę, a kiedy Serena się zakochała, przestałyśmy tak często imprezować. Jednak za każdym razem, gdy wpadałam do klubu, rozglądałam się za nim, a kiedy go nie wypatrzyłam, czułam się przybita, zupełnie jakbym straciła jakąś okazję. Przypuszczałam, że nigdy więcej go nie zobaczę.

John i ja byliśmy razem prawie przez trzy lata, choć przez większość tego czasu żyliśmy obok siebie. Żadne z nas jakoś nie chciało przyjąć do wiadomości faktu, że nasz związek już dawno się wypalił. Nadal mieszkaliśmy razem, kiedy pewnego dnia dostałam SMS wysłany z zagranicznego numeru.

„Zgadnij kto to?" – pytał nadawca, a ja od razu wiedziałam, od kogo ta wiadomość.

„Kastriot", odpisałam.

Nie widziałam go od dwóch lat ani nawet o nim nie myślałam. A jednak po prostu wiedziałam, że to on.

Po chwili otrzymałam odpowiedź:

„Skąd ta pewność? Robiłem, co mogłem, ale nie zwracałaś na mnie uwagi".

Tak więc napisałam, że chodził w skórzanej kurtce, czarne pasmo włosów opadało mu na lewe oko i że zawsze stał ze znajomymi obok parkietu.

„Czyli jednak zwróciłaś na mnie uwagę! Czemu byłaś zawsze taka zimna? Czemu nie chciałaś ze mną porozmawiać? Złamałaś mi serce, a mimo to zachowałem twój numer".

„Fakt, zachowałam się okropnie", przyznałam. „Nienawidziłam wszystkich facetów i z żadnym nie chciałam rozmawiać. Nie tylko z tobą. Przepraszam".

Zawsze miałam wyrzuty sumienia z tego powodu, jak go traktowałam. Choć wyraźnie mu się podobałam, nie był napastliwy ani nieprzyjemny, nawet kiedy bezlitośnie go spławiałam.

„Nigdy nie trafiłam na tak nieprzystępną dziewczynę jak ty", poinformował. „Zupełnie jakbyś znajdowała się w jakiejś bańce z wielkim napisem: Nie zbliżaj się do mnie. Wszyscy chcieli cię poznać, ale nikt nie miał odwagi do ciebie podejść. Nie masz pojęcia, ile mnie kosztowało, żeby do ciebie zagadać".

„Przykro mi", odpisałam. „Nie chciałam być dla ciebie niemiła. Po prostu próbowałam się chronić".

„Zakochałem się w tobie od pierwszego wejrzenia", wyznał.

Śmiałam się, pisząc odpowiedź:

„Co ty pleciesz? Jak można kochać kogoś, z kim nawet się nie rozmawiało?"

„Wiem, co czuję", odparł. „W każdej dziewczynie widzę ciebie. Nie mogę przestać o tobie myśleć. Pamiętam wszystko: co leciało, kiedy pierwszy raz cię zobaczyłem, piosenki, przy których tańczyłaś, twoje ubrania, twój uśmiech..."

Nigdy wcześniej nie spotkałam faceta, który mówiłby w taki sposób o swoich uczuciach, dlatego nie potraktowałam tych miłosnych wynurzeń poważnie. Poza tym nadal byłam z Johnem. Jednak stopniowo coraz bardziej się zaprzyjaźnialiśmy z Kasem. Z początku tylko wymienialiśmy wiadomości. Potem zaczęliśmy do siebie dzwonić – raz na jakiś czas, a ostatecznie prawie codziennie. Choć mieszkał w Albanii, a potem we Włoszech, tylko z nim mogłam szczerze pogadać. Kiedy coś mnie martwiło, zawsze okazywał mi zrozumienie i wsparcie, kiedy ledwo żyłam ze zmęczenia albo miałam wszystkiego dość, potrafił mnie rozśmieszyć. Moje zaufanie do niego stale rosło i coraz częściej myślałam, że może myliłam się i nie wszyscy faceci są tacy jak mój ojciec.

Jeszcze zanim zbliżyłam się do Kasa, związek z Johnem zaczął mnie dusić. Jak na ironię, to że zawsze czuwał i planował nam każdy dzień – czyli coś, co kiedyś dawało mi poczucie bezpieczeństwa – teraz mocno uświadamiało mi, że chcę od niego uciec. Mieliśmy ze sobą coraz mniej wspólnego i im bardziej oddalałam się od Johna, tym bliższy był mi Kas. Opowiedziałam Kasowi o kłótniach ze swoim partnerem i podejrzeniach, że on mnie zdradza. Kas wysłuchał tego uważnie i stwierdził:

– To chyba nie jest facet dla ciebie. Powinnaś się z nim rozstać.

Wspierana przez Kasa, w końcu zebrałam się na odwagę.

– Przykro mi, ale nie kocham cię i nie mogę dalej tego ciągnąć – powiedziałam Johnowi.

Spędziliśmy ze sobą trzy lata i choć nasz związek już dawno umarł, rozstanie nie było łatwe. Czułam wdzięczność, że Kas towarzyszy mi w tych trudnych chwilach. Wspierał mnie jak przyjaciel, jak starszy brat. Rozumiał moje wątpliwości i obawy. Powtarzał mi do znudzenia, że dobrze zrobiłam, że odeszłam od Johna, i zawsze, gdy zaczynałam się mazać, zapewniał, że teraz, kiedy jestem wolna, moje życie stanie się piękne.

Ale rzeczywistość nie wyglądała tak różowo. Miałam dwadzieścia jeden lat i dotąd nie mieszkałam sama, z nikim się specjalnie nie kolegowałam, nie licząc wspólnych – moich i Johna – znajomych, i bałam się tego nowego życia, które musiałam zacząć sama. Od kiedy Serena się zakochała, straciłam partnerkę do imprezowania, więc bardzo się ucieszyłam, gdy Natasha, koleżanka z pracy, zaproponowała wspólny wypad do niedawno otworzonego klubu. Od tamtej pory regularnie wychodziłyśmy do miasta i nagle przyszłość przestała mi się przedstawiać w najczarniejszych barwach – życie było pełne możliwości.

Zupełnie niespodziewanie zakochałam się, zaledwie parę miesięcy po rozstaniu z Johnem.

Dosłownie poczułam się jak rażona gromem, kiedy weszłyśmy do klubu i facet zza baru spojrzał na mnie swoimi dużymi brązowymi oczami. Poprosiłam koleżankę, żeby zamówiła drinki, a sama stanęłam plecami do baru. Starałam się oddychać spokojnie i miałam nadzieję, że muzyka tłumi odgłos mojego walącego serca.

– W życiu nie widziałam takiego ciacha – powiedziałam do Natashy, kiedy podała mi kieliszek. – Muszę go poznać.

Było dość wcześnie, więc w klubie nie bawiło się jeszcze zbyt dużo ludzi. Natasha szybko omiotła wzrokiem parkiet. Uniosła brwi w udawanym zdziwieniu i wskazała chłopaka, który w tańcu przypominał zepsuty wiatrak.

– Kogo? Jego? – zapytała.

– Nie – syknęłam. – Zupełnie nie ten kierunek. Chodzi mi o barmana. Nie. Nie oglądaj się! – Za późno. Kiedy odwróciła głowę, żeby go obejrzeć, spojrzał na nią i się uśmiechnął.

Odpowiedziała mu uśmiechem, a potem przez chwilę rozglądała się wokół, udając – zupełnie nieprzekonująco – że przygląda się wszystkim.

– Rzeczywiście, niezły – stwierdziła po zakończonej akcji. Roześmiała się na widok mojej miny i dodała: – Och, widzę, że naprawdę ci wpadł w oko.

Plan był taki, że wypijemy tu góra dwa drinki, potem przeniesiemy się do innego klubu, żeby spotkać się ze znajomymi. Ale kiedy ten superprzystojniak nachylił się nad barem i zaczął z nami rozmawiać, myślałam tylko o jednym: Nie chcę stąd wychodzić. Czemu musiałam poznać go akurat dzisiaj? Westchnęłam ciężko w duchu, gdy Natasha dotknęła mojego ramienia, a kiedy na nią spojrzałam, postukała palcem w tarczę swojego zegarka i skinęła głową w stronę schodów.

– No cóż, musimy lecieć. Więc… eee… na razie – wydukałam do barmana, czerwieniąc się na myśl, jak głupio to musiało zabrzmieć.

– Jak to: musicie lecieć? Nie możecie tak wcześnie wyjść.

– Jesteśmy umówione ze znajomymi…

Wyszłam na dwór bliska płaczu. A jeśli to mój wymarzony facet? Jak mogłam tak po prostu się zmyć? A jeśli nigdy więcej go nie zobaczę? Pewnie bym dostała ataku paniki, gdyby Natasha nie przypomniała mi, że skoro koleś pracuje w klubie, to z pewnością jest tam niemal każdego wieczoru.

Kiedy wróciłyśmy we czwartek, zobaczył nas już na schodach i zanim zdążyłyśmy podejść do baru, nalał dla nas drinki.

– Wróciłyście! – Podał nam kieliszki i przez chwilę patrzył mi prosto w oczy, a potem uśmiechnął do Natashy.

– Nie zwracajcie na mnie uwagi. – Machnęła ręką ze śmiechem. – Ja tu grzecznie zajmę się swoim drinkiem.

Serce waliło mi jak młotem, w głowie miałam totalną pustkę. Jedyne, co zdołałam wydusić z siebie, to „cześć", ale na szczęście w tym samym momencie przywołał go ktoś z drugiego końca baru.

– Boże! Masakra! – jęknęłam do koleżanki. – Nie mam pojęcia, o czym z nim gadać. Co robić?

– Spokojnie, wszystko będzie dobrze – odparła, zdejmując ze swojego ramienia moją gorącą, spoconą dłoń. – A teraz weź głęboki oddech i się uśmiechnij.

Ku mojemu zaskoczeniu, rzeczywiście wszystko poszło jak z płatka. Po obsłużeniu klienta wrócił i niemal stykając się głowami nad barem, zaczęliśmy rozmawiać jak starzy znajomi. Mówił bardzo dobrze po angielsku, ale z wyraźnym akcentem i kiedy zapytałam go, skąd pochodził, kazał mi zgadywać.

– Z Albanii – odparłam natychmiast, a jemu prawie wypadła szklanka z ręki.

– Skąd wiesz? Nikt jeszcze nie zgadł.

Dwa dni później poszliśmy na randkę. Natychmiast zostaliśmy parą. Było tak, jakbyśmy znali się od zawsze – ja królowa lodu, która rzadko rozmawia z facetami, a nawet jeśli, to im nie ufa, i Erion – najmilszy i najprzystojniejszy facet pod słońcem. Wiem, jak to zabrzmi, ale wydawało mi się, że jest brakującym elementem układanki, którego od zawsze szukałam. Przy Johnie nigdy się tak nie czułam.

Wszystko wskazywało na to, że Erion podziela moje odczucia.

– Nigdy nie zwracam większej uwagi na ludzi w klubie, ale od pierwszej chwili, kiedy cię zobaczyłem, mogłem myśleć tylko o tobie – wyznał tamtego wieczoru. – I zamartwiałem się: A jeśli drugi raz nie przyjdzie? Jeśli już jej nie zobaczę? Bałem się, że zaprzepaściłem okazję, żeby poznać dziewczynę, która jest mi przeznaczona.

– Ja miałam podobnie – przyznałam. – Po prostu czułam, że muszę cię poznać, że jeśli się miniemy, już zawsze będzie mi czegoś brakować.

Nadal uważam, że Erion to jedyny mężczyzna, którego naprawdę kochałam, i sądzę, że jedyny, który kiedykolwiek kochał mnie. Zawsze będę żałować, że nie włożyłam więcej wysiłku w to, żeby go nie stracić.

Rozdział 3

Po pierwszej randce z Erionem nie mogłam się doczekać, żeby opowiedzieć o nim Kastriotowi.

– Mam supernowinę – oznajmiłam podekscytowana, kiedy do mnie zadzwonił. – Poznałam kogoś. Nie uwierzysz, skąd pochodzi. No zgadnij.

– Nie wiem. Skąd? – Byłam zbyt rozemocjonowana, żeby zauważyć oziębłość w jego głosie.

– Z Albanii! – wykrzyknęłam.

– No i? – Dopiero teraz wydał mi się jakiś dziwny. – Czemu uznałaś, że to dla mnie fajna wiadomość, że spotykasz się z jakimś facetem i że jest z Albanii?

Pierwszy raz Kas mówił do mnie takim tonem i w pierwszej chwili normalnie mnie zatkało, a zaraz potem poczułam rozczarowanie z powodu jego chłodu i braku zainteresowania.

– Myślałam, że się ucieszysz ze względu na mnie – powiedziałam. – I że to cię zaskoczy tak samo jak mnie, że jest tej samej narodowości co ty. Jak dużo

Anglików zna kogoś z Albanii, ile dziewczyn ma najlepszego przyjaciela i chłopaka właśnie stamtąd? Kastriot? Jesteś tam? Nie rozumiem, dlaczego się nie cieszysz. Zawsze potarzałeś, że mogę rozmawiać z tobą o wszystkim i przypuszczałam, że ci zależy, żebym była szczęśliwa.

Nagle przyszło mi do głowy, że może być zazdrosny. Kiedy na samym początku naszej przyjaźni wyznał mi w SMS-ie miłość, zakładałam, że się po prostu wygłupia, i ani przez moment nie brałam tego na poważnie. A jeśli się myliłam? Policzki zapiekły mnie na tę myśl.

– Zależy mi, żebyś była szczęśliwa, ale nie z innym facetem – odparł, potwierdzając moje podejrzenie. – Nie chcę, żebyś opowiadała mi o tym, jak ktoś zabiera cię na randki i śpi obok ciebie.

Ale do mnie to jakby nie docierało, pewnie dlatego, że wolałam, żeby to nie było prawdą. Nie traktowałam Kasa jak swojego faceta. Uważałam, że to tylko mój najlepszy przyjaciel i nie przyjmowałam do wiadomości, że mu na mnie zależy w jakiś inny sposób, bo to by oznaczało koniec naszej przyjaźni. Byłam jak dziecko, tak skupione na sobie i swoim małym świecie, że po prostu nie przyszło mi do głowy, że moje wspaniałe wieści mogą go zaboleć.

Rozżalona i zła, że nie zareagował tak, jak oczekiwałam, nie pisałam do niego przez kilka kolejnych dni. Kiedy w końcu do mnie zadzwonił, był znowu taki jak zwykle i to on pierwszy wspomniał o Erionie.

Ulżyło mi, że przemyślał sprawę i uświadomił sobie, że nasz układ jest czysto platoniczny i po prostu łączy nas jedynie przyjaźń.

Gdybym próbowała wyobrażać sobie wcześniej faceta, w którym się zakocham, nie sądzę, żebym wymyśliła sobie kogoś tak cudownego jak Erion. Był niesamowity i teraz, patrząc wstecz, nie mogę uwierzyć, że nie do końca zdawałam sobie sprawę z tego, co mam, i zamiast robić wszystko, co w mojej mocy, żeby go uszczęśliwić, czasami zachowywałam się wobec niego podle.

Wiem, że zabrzmi to jak żałosna wymówka, jeśli powiem, że winię ojca za to, w jaki sposób czasem traktowałam Eriona, ale po części tak jest. Każde dziecko pragnie mieć – i to jego święte prawo – kochających rodziców, ale ja bardzo szybko zrozumiałam, że nie mogę zrobić nic, żeby ojciec mnie pokochał. Więc odpuściłam. Wmówiłam sobie, że pogodziłam się z faktem, że mu na mnie nie zależy, i przestałam zabiegać o jego uczucie i aprobatę. W rzeczywistości jednak nigdy nie przeszłam do porządku dziennego nad tym, że mnie zawiódł. „Zawiódł" to mało powiedziane. Głęboko zranił, a potem tym, co mówił i robił, udowadniał nam wszystkim, że jesteśmy dla niego tylko ciężarem.

Zatem, choć nie zdawałam sobie wtedy z tego sprawy, ciągle testowałam miłość Eriona do mnie, nadwerężając łączącą nas więź. Biedak musiał zastanawiać się, co ze mną nie tak i czemu ciągle odpycham go od siebie, skoro między nami jest coś wyjątkowego – i dla niego to było jasne, a dla mnie niestety trochę mniej. Zachowywałam się jak rozwydrzony bachor, stale coś mnie drażniło i regularnie rzucałam Eriona, choć te rozstania nigdy nie trwały dłużej niż jeden dzień; po takim zerwaniu przychodził do mnie, a ja płakałam, przepraszałam i mówiłam, jak bardzo go kocham. Powinnam wiedzieć, że nie można czegoś nieustannie deptać i spodziewać się, że zachowa niezmieniony kształt, nawet jeśli nie rozpadnie się na tysiąc kawałków.

Podczas któregoś z takich jednodniowych rozstań zaczęłam nową pracę i kiedy jeden z moich kolegów zapytał, czy mam chłopaka, zachowałam się jak Judasz i powiedziałam „nie". Erion i ja wróciliśmy do siebie następnego dnia, ale głupio było mi się przyznać tamtemu koledze, że skłamałam. Tak więc za każdym razem, gdy Erion dzwonił do mnie do pracy, wysyłałam mu wiadomość: „Nie mogę teraz gadać. Zadzwonię później". Musiał domyślać się, że ściemniam, i pewnie łamał sobie głowę nad tym, dlaczego to robię. Nie wspominając już o tym, że musiało mu być przykro. Ale nie potrafiłam nic na to poradzić: miałam silną tendencję autodestrukcyjną i nie pozwalałam sobie zaakceptować faktu, że żyję szczęśliwie Erionem, który mnie kocha. Mimo wszystko nie zawsze zachowywałam się tak okropnie i przez większość czasu było nam dobrze razem.

Choć każde z nas miało własne mieszkanie, Erion przeważnie spał u mnie. Dałam mu klucz, więc nie musiałam wstawać i mu otwierać, kiedy wracał z pracy o świcie, a mnie spało się lepiej ze świadomością, że jest przy mnie. Dbał o mnie, ale w przeciwieństwie do Johna nigdy nie okazywał mi swojego rodzaju „ojcowskiej dezaprobaty", czego tak nie cierpiałam. Wstyd mi, że nie zawsze to doceniałam. Przykładowo, pewnego dnia miałam rano wizytę u dentysty i mama wpadła przed dziewiątą, żeby mnie tam podrzucić. Poprzednim razem zawiózł mnie Erion, ale teraz nie zdążyłby odespać nocki, więc mama zaoferowała mi swoją pomoc.

Gabinet dentysty znajdował się w nieznanej mi części miasta i choć sądziłam, że zapamiętałam drogę, w ogóle nie mogłyśmy tam trafić. Niczego nie rozpoznawałam w tej okolicy. Kiedy trzeci raz przejechałyśmy tą samą ulicą, aż niektórzy na przystanku autobusowym gapili się na nas, matka zaczęła się denerwować.

– Jak mogłaś zapomnieć drogę? – jęknęła i wcisnęła przycisk automatycznego zamykania drzwi. – To niebezpieczne rejony. Nie możemy cały czas kręcić się w kółko. Już i tak ściągnęłyśmy na siebie uwagę. Na litość boską, myśl, Sophie! Którędy jechać?

– Nie wiem, mamo. Przykro mi, nie mam pojęcia. Zadzwonię do Eriona. – Już po drugim sygnale usłyszałam w słuchawce jego zaspany głos. – Zgubiłyśmy się – wymamrotałam bliska łez. – Jeździmy ciągle tymi samymi ulicami i nie możemy znaleźć gabinetu.

– Spokojnie, Sophie – odparł już zupełnie przytomny. – Gdzie jesteście?

– Nie wiem, gdzie jesteśmy! – krzyknęłam. – Niczego nie poznaję.

– Okej, w takim razie mów, co widzisz. Z lewej, z prawej strony.

Zaczęłam opisywać duży wiktoriański budynek z czerwonej cegły z metalowymi żaluzjami w oknach, zaśmiecony kawałek trawnika, a kiedy powiedziałam o asfaltowym placu zabaw z zardzewiałą huśtawką i zdezelowaną równoważnią, Erion wydał z siebie triumfalny okrzyk.

– Wiem, gdzie to jest. Nie ruszajcie się stamtąd, będę za dziesięć minut.

I dokładnie po dziesięciu minutach zobaczyłyśmy jego samochód.

– Już w porządku. – Nachylił się do mojego otwartego okna i pocałował mnie w policzek. Uśmiechnął się do mamy. – Poprowadzę was. Jedźcie za mną.

– Dzięki, skarbie. – Mama poklepała go po dłoni. – Jesteśmy bardzo wdzięczne.

Ledwie Erion odszedł, odwróciłam się do mamy.

– Jak on wygląda? – rzuciłam gniewnie. – Nie mogę uwierzyć, że tak przyjechał! – Miał na sobie spodnie robocze i podkoszulek, jego nastroszone włosy przypominały czub kakadu i chyba byłam zawiedziona, że mama nie zobaczyła, jaki tak naprawdę jest idealny, choć oczywiście obecne usprawiedliwianie tego, jak okropnie się wtedy zachowałam, wcale nie sprawia, że czuję się lepiej.

Mama zdębiała zszokowana.

– Wstydź się – powiedziała. – Chłopak pracował do samego rana, a zaraz po twoim telefonie zerwał się z łóżka i przyjechał, żeby ci pomóc. A ty zamiast podziękować, jeszcze go krytykujesz. Jak możesz!

Erion popilotował nas do dentysty, a potem zaczekał, żebyśmy nie zgubiły się w drodze powrotnej. Dla niego to było całkiem zwyczajne, że pomaga komuś, kogo kocha i o kogo się troszczy, robił to zupełnie odruchowo, bez namysłu. Ale we mnie to wzbudzało niepokój, wręcz strach, bo zastanawiałam się, kiedy uświadomi sobie, że nie zasługuję na taką miłość.

Nadal regularnie rozmawiałam przez telefon z Kasem i ilekroć pokłóciłam się z Erionem, Kas okazywał mi swoje współczucie i doradzał, a ja czułam, że naprawdę mogę mu powiedzieć o wszystkim.

Czasami, nie wiedzieć czemu, gdy patrzyłam na śpiącego Eriona, myślałam o tym, że pragnę być sama. A kiedy Erion się budził i zaczynał mówić o tym, co moglibyśmy tego dnia razem porobić, mówiłam mu, że nie zamierzam spędzać z nim całego dnia. Patrzył wtedy na mnie ze smutkiem i niedowierzaniem.

– Czemu? Czemu mi to robisz? – pytał.

Nigdy nie umiałam mu na to odpowiedzieć.

Kiedyś po powrocie z pracy weszłam do sypialni zmienić ubranie i zobaczyłam na swojej poduszce liścik. Rano nie byłam zbyt miła dla Eriona i kiedy przeczytałam wiadomość, zaczęłam płakać.

„Najdroższa", pisał Erion. „Za każdym razem, patrząc w Twoje oczy, widzę, że nie kochasz mnie równie mocno jak ja Ciebie, i nie mogę dłużej tego ciągnąć".

Zgniotłam w dłoni kartkę, przysiadłam na skraju łóżka i ryczałam dalej. Parę minut później powoli rozprostowałam palce i próbowałam wygładzić papier. Wiedziałam, że dostałam odpowiedź na pytanie, które zawsze podświadomie sobie zadawałam: Jak długo można odpychać ukochanego mężczyznę, zanim odepchniesz go od siebie na zawsze?

Sięgnęłam do komody przy łóżku po chusteczkę higieniczną i wydmuchałam nos. Wytarłam oczy wierzchem dłoni i znów zerknęłam na liścik, żeby przeczytać zakończenie.

„Nie mogę być z Tobą, wiedząc, że nie kochasz mnie wystarczająco mocno. Próbowałem, ale to zbyt bolesne i nie dam rady tak żyć".

Szlochając, wybrałam numer Eriona i ledwo usłyszałam jego głos, zaczęłam go błagać:

– Proszę, Erion, tak mi przykro. Bardzo proszę, nie rób tego. Oczywiście, że cię kocham. Nie odchodź. Proszę.

Chciał to usłyszeć i wkrótce potem znów trzymał mnie w ramionach. Niestety, choć nieźle przestraszyła mnie wizja przyszłości bez niego, nadal nie zawsze mogłam się powstrzymać, żeby go nie testować.

– Naprawdę mnie kochasz? – dopytywałam. – Wydaje mi się, że nie zwracasz na mnie uwagi. Nie patrzysz na mnie tak jak kiedyś.

– Oczywiście, że cię kocham – zapewniał. – Powtarzam ci to codziennie. Ile razy muszę to jeszcze powiedzieć, żebyś mi uwierzyła? – Ale choć był cierpliwy i nigdy nie odpowiadał mi ze złością albo niegrzecznie, w jego głosie zaczęła pobrzmiewać frustracja.

Matka nie znała Eriona przed pamiętną wyprawą do dentysty, ale gdy już go poznała, bardzo go polubiła. Któregoś dnia zadzwoniłam do niej i pożaliłam się, że nie jestem pewna co do mojego związku z Erionem.

– Co mam robić? – zapytałam. – Nie wiem, czy go kocham. Nie wiem, czego chcę.

– Nie możesz traktować go tak jak dotąd – odparła wtedy. – Jeśli nie jesteś pewna, czy chcesz z nim być, musisz mu to powiedzieć. To nie fair trzymać go przy sobie, jeśli tak naprawdę nic do niego nie czujesz.

Niestety nie umiałam żyć i cieszyć się chwilą i po prawie dwóch latach związku zdecydowałam się na ostateczny krok.

– Chcę być sama – oznajmiłam Erionowi. – Chyba nie będziemy razem szczęśliwi. Proponuję rozstanie.

Westchnął ze smutkiem w oczach.

– W porządku, Sophie. Ja też dłużej tak nie wytrzymam.

Tym razem nie skończyło się tak jak zwykle. Kiedy następnego dnia zadzwonił i zapytał, czy moglibyśmy się spotkać i pogadać, moje serce ledwo drgnęło.

– Nie chcę się z tobą widzieć – odpowiedziałam. – Jestem właśnie ze znajomymi. Mam ochotę się dziś zabawić. Przykro mi, Erion.

Tego samego wieczoru, kiedy tańczyłam z Natashą, ta zerknęła wymownie nad moim ramieniem. Zapytałam ją, o co chodzi, ale nim zdążyłam się odwrócić, ktoś zakrył mi oczy i usłyszałam radosne:

– Niespodzianka!

Erion opuścił dłonie na moje ramiona i odwrócił mnie do siebie, a ja przez moment żałowałam, że nie mogę odwzajemnić jego uśmiechu, zarzucić mu rąk na szyję, powiedzieć, że popełniłam błąd, i zapewnić, jak bardzo cieszy mnie jego widok.

– Nie, Erion. – Odsunęłam się od niego. – Co ty tu robisz? Mówiłam, że nie chcę się z tobą widzieć. Proszę, nie utrudniaj sytuacji nam obojgu.

Przez chwilę wpatrywał się we mnie zranionym, skonsternowanym wzrokiem, a potem po prostu wyszedł.

Przez kilka kolejnych dni nie próbował się ze mną kontaktować, a ja powtarzałam sobie, że za nim nie tęsknię i że tak jest najlepiej. Telefon od Lucy, która zadzwoniła parę tygodni później, zaskoczył mnie: Lucy była dziewczyną najlepszego przyjaciela Eriona – Besmira. Kiedyś często się we czworo spotykaliśmy, ale ponieważ ostatni raz widziałam ją przed rozstaniem z Erionem, od razu się zorientowałam, że stało mu się coś złego.

– Zatrzymali go, będzie deportowany – powiedziała z przejęciem. – Chciałby z tobą porozmawiać.

Poczułam, jak niewidzialna pięść ścisnęła mój żołądek, i musiałam przełknąć parę razy, żeby powstrzymać wymioty. Wiedziałam, że Erion przyjechał do Anglii przed dziesięcioma laty, zaledwie jako czternastolatek i przebywał tu nielegalnie, ale przecież ostatnio ubiegał się o pozwolenie na pobyt. Chociaż nadal miał rodzinę w Albanii, nie chciał tam wracać – Anglia stała się jego domem i tu naprawdę dobrze mu się wiodło.

– Nie rozumiem – wymamrotałam do Lucy. – O co chodzi? To bez sensu. Byłam z nim u adwokatki. Powiedziała, że sprawa jest w toku i że Erion może tu być, zanim wszystko się zalegalizuje.

Nagle zobaczyłam swoją przyszłość jako pusty, ciemny tunel. Nie wyobrażałam sobie, że spędzę resztę życia bez Eriona. Niezależnie od tego, jak go czasem traktowałam, w głębi duszy zawsze wierzyłam, że on nigdy nie zniknie, będzie na mnie czekać, gdybym go kiedykolwiek potrzebowała, a teraz wyglądało na to, że go stracę na zawsze.

– Przysługuje mu tylko jedna rozmowa telefoniczna – poinformowała mnie Lucy. – Chce rozmawiać z tobą. Proszę, nie zawiedź go, Sophie. On cię naprawdę kocha.

Płacząc, wybrałam podany przez nią numer, a kiedy Erion usłyszał mój głos, też zaczął płakać.

Po naszym rozstaniu zamieszkał z albańską rodziną, która nie uzyskała pozwolenia na dalszy pobyt w Anglii i czekała na wiadomość, kiedy zostanie odesłana do Albanii. Nie zdawali sobie sprawy, że urzędnicy imigracyjni po prostu zjawią się ni stąd, ni zowąd pod ich drzwiami, i z pewnością nie spodziewali się, że to nastąpi tak szybko. Erion wtedy pracował, ale kiedy dostał telefon od przyjaciela i usłyszał co się stało, uparł się, że się z nimi pożegna.

Kumpel z pracy prosił go, żeby nie szedł. Ale Erion to zlekceważył.

– Spoko – odparł. – Nie sądzę, żeby mi coś groziło. W końcu jestem tu prawie legalnie. Chcę się z nimi pożegnać. Byli dla mnie bardzo dobrzy, zupełnie jak rodzina. Muszę się z nimi zobaczyć. – Popędził do domu, a kiedy urzędnicy imigracyjni zapytali go o nazwisko i inne dane, nie widział powodu, żeby ich nie podać.

Na miejscu sprawdzili jego status i oznajmili, że nie dostał pozwolenia na pobyt, więc też wróci do Albanii, do kraju, który widział ostatni raz jako nastolatek.

– Nie martw się o mnie – uspokajał przez telefon. – Nic mi nie będzie. Mam rodzinę i... – Zakrył słuchawkę ręką, żeby wyciszyć szloch, a ja płakałam na całego i mówiłam mu, że go kocham i że nigdy nie wybaczę sobie, że sprawiłam mu ból. – Nic mi nie będzie – powtórzył. – Też cię kocham, Sophie. Nie smuć się, nie zrobiłaś nic złego.

Ale ja wiedziałam, że go zawiodłam – tak samo jak kiedyś nieraz zawiodłam brata, który przeze mnie spóźniał się do szkoły – i wpadłam w rozpacz, kiedy następnego dnia życie Eriona spakowano w walizkę i wysłano do Albanii.

Po jakimś czasie znów do mnie zadzwoniła Lucy.

– Zastanawialiśmy się nad tym z Besmirem – powiedziała. – I pomyśleliśmy, że gdybyś chciała pomóc Erionowi, mogłabyś go poślubić.

Z początku nie potraktowałam tego poważnie, ale potem zdałam sobie sprawę, że Lucy i Besmir zapewne mają rację: gdybym wyszła za Eriona, odzyskałby swoje życie w Anglii. Z tym, że taka decyzja wpłynęłaby również na całe moje życie, a ja nadal nie wiedziałam, czy kocham go tak, jak chciałabym kochać faceta, z którym przyjdzie mi założyć rodzinę. Matka kochała mojego ojca, kiedy za niego wychodziła – choć nigdy nie zrozumiałam dlaczego – a ten krok okazał się błędem i zapłaciła za niego wieloma latami nieszczęścia. Po prostu wątpiłam w swoje uczucia wobec Eriona i nie byłam pewna, czy to, co do niego czuję, to prawdziwa miłość.

Ostatecznie zadzwoniłam do jednego ze znajomych Eriona i opowiedziałam mu o sugestii Lucy. Zaproponował mi spotkanie w mieście.

– Jasne, że to pomogłoby Erionowi – powiedział Adnan z westchnieniem, gdy siedzieliśmy naprzeciwko siebie w kawiarnianych skórzanych fotelach. – Z pewnością pozbyłby się dzięki temu ogromnego problemu, ale nie możesz poddać się presji. Sama musisz zdecydować.

Owszem, czułam się pod presją, nawet po rozmowie telefonicznej z Erionem, podczas której nalegał:

– Nie rób tego, Sophie. To nie fair wobec ciebie i nie chcę, żebyś pomyślała, że byłem z tobą tylko z tego powodu.

Roześmiałam się.

– Wcale tak nie pomyślę. Nie gadaj głupot.

– Ale ja naprawdę nie chcę, żebyś to robiła – upierał się. – Bo gdybyś mnie poślubiła, a potem tego żałowała, czułabyś do mnie urazę. Znajdę inny sposób.

Ale oboje wiedzieliśmy, że nie znajdzie, bo to był jedyny sposób.

Przez kilka kolejnych dni odnosiłam wrażenie, jakby mnie fizycznie ciągnięto w dwie przeciwne strony. Po jednej stali przyjaciele Eriona i błagali mnie, żebym pomogła mu wrócić do Anglii.

– Musisz to dla niego zrobić. On nie ma nikogo innego – powtarzali.

Z drugiej strony stała moja matka. Choć bardzo polubiła Eriona, była przeciwna temu, żebym pojechała do Albanii i za niego wyszła.

– Pomyśl, co ja czuję – powiedziała. – Co czuje matka, kiedy jej córka postanawia wybrać się sama w miejsce, o którym nic nie wie? Proszę cię, Sophie, nie rób tego. Nie chcę, żebyś jechała.

W głowie miałam istny kocioł i choć usilnie starałam się skupić na wszystkich za i przeciw, żeby podjąć właściwą decyzję, mogłam jedynie myśleć: Boże, co zrobić?

Rozwód rodziców odcisnął na mnie trwałe piętno i obiecałam sobie, że ja nigdy się nie rozwiodę. Bardzo mi zależało, żeby dotrzymać tej obietnicy, zarówno ze względu na siebie, jak i wszystkich innych, którzy mogliby z tego powodu ucierpieć. Mimo to nie widziałam innego sposobu, żeby pomóc Erionowi. W jednej chwili przekonywałam siebie: Muszę to zrobić. Muszę polecieć do Albanii i hajtnąć się z Erionem, żeby mógł żyć w Anglii, w miejscu, które uważa za swój dom. Zaraz potem głosik w mojej głowie ostrzegał: A jeśli wam nie wyjdzie i się rozwiedziesz, a później poznasz kogoś innego, to co mu powiesz? „Byłam już mężatką, wyszłam za faceta, który potrzebował brytyjskiego paszportu?" Czy zdołam to wytłumaczyć innym, nawet jeśli dla mnie samej, choć znam szczegóły, brzmi to okropnie?

Przez cały ten czas kontaktowałam się z Kasem, a on nie ustawał w wysiłkach, żeby wpłynąć na moją decyzję.

– Nie możesz tego zrobić – mówił w kółko. – Nie masz pojęcia, w co się wpakujesz. Nie myślisz jasno, Sophie. Nie kochasz tego faceta na tyle mocno, żeby tak się dla niego poświęcić.

Rozumiałam jego logikę, ale wydawało mi się, że po prostu muszę pomóc Erionowi – jeśli nie dlatego, że kocham go dość mocno, by chcieć spędzić z nim resztę życia, to przynajmniej przez wzgląd na to, co łączyło nas przez niemal dwa lata. Uważałam, że jestem mu winna lojalność. Był dobrym człowiekiem i nie mogłam go tak po prostu zostawić w potrzebie. Nie mogłam go zawieść. Tak więc wzięłam odpis aktu urodzenia, zarezerwowałam bilet na samolot do Albanii i starałam się tłumić wszelkie obawy, które mnie nękały. Często zastanawiam się, co by było, gdyby w tym momencie nie wtrącił się los i na zawsze nie zmienił mojego życia.

Rozdział 4

Słyszałam wzruszenie w głosie Eriona, kiedy powiedziałam mu o swojej decyzji. Nie sądzę, żebym zdołała całkiem ukryć, że nadal denerwuję się tym, co zamierzam zrobić, ale przynajmniej nie czułam się dłużej bombardowana ze wszystkich stron opiniami i radami. Przez kilka dni dokuczały mi coraz silniejsze bóle brzucha. Całkowicie wiązałam je ze stresem, w którym żyłam, więc byłam pewna, że teraz, gdy ogarnęłam sytuację, to mi przejdzie. Ale nie przeszło. Cztery dni przed planowanym wylotem do Albanii trafiłam do szpitala.

Tamtego ranka obudziłam się z potwornym bólem. Kiedy wstawałam z łóżka, czułam, jakby tysiąc noży wbijało mi się w brzuch. Nie mogłam się wyprostować, ale skulona jakoś doczłapałam do łazienki, a potem zadzwoniłam do matki.

– Wracaj do łóżka, zaraz u ciebie będę – powiedziała. Potem, kiedy do mnie dotarła, wystarczyło jej jedno spojrzenie, żeby zadecydować: – Jedziemy do szpitala. – Zaczęłam protestować, ale uniosła władczo rękę i oznajmiła surowo: – To nie podlega dyskusji, Sophie. Rób, co mówię.

Młody lekarz o bladej cerze miał posępny wyraz twarzy, co nie działało na mnie uspokajająco. Poszturchał mnie, pouciskał i zadał kilka pytań.

– Musimy zatrzymać panią na noc – oświadczył w końcu ponurym głosem. Próbując mnie pocieszyć, wykrzywił usta w dziwnym uśmiechu i dodał: – Po prostu zrobimy trochę badań, żeby dowiedzieć się, w czym problem.

– Cóż, w porządku – odparłam, spoglądając na matkę, która zachęcająco pokiwała głową. – Do jutra mogę zostać. Ale nie dłużej. Za parę dni wyjeżdżam.

Lekarz nic nie powiedział, tylko wzruszył ramionami – nie wiedziałam, czy na znak zgody, czy po prostu nie chciał składać żadnych obietnic. Następnego dnia przeszłam serię badań, między innymi wsunęli mnie do tuby do rezonansu magnetycznego, gdzie czułam się bardzo klaustrofobicznie i miałam mdłości.

– Wszystko wskazuje na skręt jelita – poinformował mnie starszy, sympatyczniejszy lekarz. – Na razie sytuacja nie jest tragiczna, ale prawdopodobnie będzie, jeśli nie rozwiążemy problemu. Musi się pani poddać operacji i to jak najszybciej.

– Jak długo będę musiała tu zostać? – zapytałam, ocierając wierzchem dłoni łzy z policzków.

– Jakiś tydzień. – Zerknął na moją matkę stojącą w nogach łóżka, z dłońmi kurczowo zaciśniętymi na białej metalowej barierce i się uśmiechnął. – Zostawię panie same, żebyście mogły to przedyskutować. Ale szczerze mówiąc, raczej nie ma pani wyboru. – Odwrócił się, odgarnął zasłonę i zniknął.

Przez chwilę wsłuchiwałyśmy się w jego cichnące kroki, a kiedy mama usiadła przy mnie na krześle i wzięła mnie za rękę, zaczęłam szlochać.

Tak długo wahałam się, co zrobić, a kiedy w końcu zdecydowałam, że polecę do Albanii i wyjdę za Eriona, jakaś niewidzialna siła postanowiła odebrać mi przyszłość, którą już zaakceptowałam. A przynajmniej tak to odbierałam. Matka ścisnęła moją dłoń, podała mi wyjętą z torebki chusteczkę, a później wstała i nachyliła nad łóżkiem, żeby mnie objąć.

– Mamo – wyszeptałam w jej ramię. – I co teraz? Nie mogę zawieść Eriona. On na mnie czeka.

Przez chwilę mama po prostu przytulała mnie w milczeniu, a potem znów usiadła i wzięła mnie za rękę.

– Ja myślę, że twój anioł czuwa nad tobą, Sophie – powiedziała. – To nie stało się bez powodu. Jestem przekonana, że to znak, że nie powinnaś jechać. Od początku nie podobał mi się ten pomysł, a teraz jestem już pewna, że popełniłabyś błąd. Jeśli macie być razem, to tak czy inaczej będziecie. Znajdzie się jakiś sposób.

– Sama nie wiem – westchnęłam. – Może i racja. – Nagle poczułam się strasznie zmęczona; nie miałam siły nawet myśleć.

Długo trwało, zanim w końcu przekonałam siebie, żeby wyjść za mąż za Eriona, by mógł wrócić do swojego życia w Anglii, i teraz ciężko mi było tak po prostu zrobić zwrot o sto osiemdziesiąt stopni i uwierzyć, że podjęłam złą decyzję. Ale z drugiej strony wiedziałam, że muszę poddać się operacji – i że niezależnie od wszystkiego, mama nie pozwoliłaby mi wypisać się na własne żądanie. Tak więc następnego dnia, zamiast przygotowywać się do wylotu do Albanii, jechałam na salę operacyjną.

Po operacji spędziłam jeszcze parę dni w szpitalu. Leżąc, często myślałam: teraz wsiadałabym do samolotu; teraz byłabym już z Erionem; teraz szykowałabym się do ślubu. No ale nie mogłam nic zrobić i poniekąd czułam ulgę. Choć po dziś dzień czasami żałuję, że nie wsiadłam do tamtego samolotu i nie wyszłam za Eriona, nie sądzę, żebym wówczas do końca zdawała sobie sprawę, na co chcę się porwać. Dałam się ponieść emocjom i nie wnikałam zbytnio, jak będzie wyglądało przyszłe życie. Możliwe, że zamierzałam udowodnić sobie, że nie jestem taka jak mój ojciec, że potrafię się zaangażować i wiele poświęcić dla osoby, którą kocham.

Po wyjściu ze szpitala zatrzymałam się u dziadków. W ciszy i spokoju wracałam do zdrowia, a mama codziennie mnie odwiedzała. Byłam też w stałym kontakcie z Erionem. Bardzo przejął się moją operacją i za każdym razem, kiedy dzwonił, mówił, jak strasznie czuje się sfrustrowany i bezużyteczny, bo nie może się mną zająć, kiedy potrzebuję opieki.

Z kolei matka nieudolnie starała się ukryć, jak bardzo jej ulżyło. Niby rozumiała, że jestem zagubiona i rozczarowana, ale z determinacją robiła wszystko, żebym jak najdłużej przebywała pod jej opiekuńczymi skrzydłami. I tak niecały miesiąc po mojej rekonwalescencji, mama, Steve, babcia, dziadek, Emily, Mark, Jamie i ja polecieliśmy na dwa tygodnie na Maltę.

Zabrakło tylko Jasona, bo musiał pracować. W innych okolicznościach niesamowicie bym się cieszyła, że spędzam wakacje z rodziną, ale niestety wtedy zupełnie nie mogłam się odprężyć. Było mi smutno, że zawiodłam ukochanego chłopaka, i miałam wyrzuty sumienia, bo czasami czułam się, jakby zawieszono mi wykonanie wyroku. Erion nadal do mnie dzwonił, wypytywał o moje samopoczucie i zapewniał, że okropnie tęskni. Ale jego telefony jeszcze bardziej mnie dobijały, bo wiedziałam, że on nadal mnie kocha, podczas gdy ja obawiałam się, że właściwy moment minął i między nami wszystko się skończyło. Mówił o przyszłości, o tym, jak będzie wspaniale, kiedy znów zamieszkamy razem, a ja tylko go słuchałam z bolącym sercem.

W końcu zaczęłam się bać jego telefonów i mama to zauważyła. Widziała też, że jestem rozdarta.

– Musisz z nim ostatecznie zerwać, Sophie – powiedziała. – Nie możesz tego przeciągać, bo tylko jeszcze bardziej go zranisz. Przestań się łudzić, że spełni się coś, o czym ty już wiesz, że nigdy nie dojdzie do skutku. Porozmawiaj z nim szczerze.

Miała rację, ale zwyczajnie brakowało mi odwagi, żeby to zrobić. Wybrałam więc rozwiązanie godne tchórza: po prostu przestałam odbierać telefony od niego. Wiadomości, jakie zostawiał na poczcie głosowej, dosłownie rozdzierały mi serce. Myślę, że nie mogłaby mnie spotkać większa kara za moje tchórzostwo. Zapłakana słuchałam, jak błagał, żebym do niego zadzwoniła albo chociaż napisała, bo nie rozumie, co się stało ani dlaczego już go nie kocham.

– To nic, że nie przyjechałaś – mówił. – To nic, jeśli już nigdy nie przyjedziesz. Ale wykańcza mnie, że się do mnie nie odzywasz. Proszę, Sophie, po prostu odbierz telefon i zamień ze mną choć kilka słów. Nie będę cię do niczego namawiał. Kocham cię i pragnę tylko usłyszeć twój głos.

Często niewiele brakowało, żebym chwyciła telefon i powiedziała Erionowi, jak bardzo mi przykro i że zaraz zrobię rezerwację na najbliższy lot do Albanii. Wszystko wydawało się lepsze od konieczności słuchania jego zdezorientowanego, nieszczęśliwego głosu. A jednak coś mnie zawsze powstrzymywało przed tym, żeby zrobić ten krok i podjąć nieodwracalne zobowiązanie, bo właśnie tak to postrzegałam.

Bywało też, że wypłakiwałam się matce w rękaw.

– Nie mogę porzucić Eriona. Nie mogę go tak zranić.

– To nieuniknione – odpowiadała. – Zranisz go tak czy siak. Wierzysz, że będziecie razem? No właśnie.

Dawałabyś mu tylko fałszywą nadzieję, co jest o wiele gorsze nawet od zupełnego braku nadziei.

Tak, miała rację, więc ostatecznie odcięłam się od niego bez żadnego wyjaśnienia. Do końca życia nie pozbędę się wyrzutów sumienia, jakie mnie dręczą i nigdy nie przestanę się zastanawiać, co by było gdyby.

Na szczęście nadal miałam swojego najlepszego przyjaciela, z którym mogłam pogadać. Kas dzwonił do mnie regularnie, od kiedy powiedziałam mu o operacji i jej konsekwencjach. Bardzo mi współczuł, ale szybko zapewnił mnie, że podjęłam słuszną decyzję. Pewnego dnia, parę miesięcy po mojej operacji, złożył mi propozycję.

– Wiem, jak blisko jesteś z matką, ale uważam, że dobrze by ci zrobiło, gdybyś na chwilę odpoczęła od wszystkich i wszystkiego. Powinnaś wyrwać się stamtąd na trochę i zapomnieć o tych problemach. W przyszłym tygodniu lecę do Hiszpanii, może do mnie dołączysz? Podaruj sobie kilka dni bez zmartwień i stresu.

Byłam przekonana, że matka, tak samo jak reszta członków rodziny i przyjaciele, chcą dla mnie jak najlepiej, ale nagle dotarło do mnie, jak bardzo potrzebuję uciec od swojej codzienności, choćby na krótko.

– Przyjadę – zgodziłam się.

– To super, Sophie – odparł Kas z zadowoleniem. – Zarezerwuj bilet. Odbiorę cię z lotniska.

Dwa dni, które spędziłam w Hiszpanii, przeszły moje najśmielsze oczekiwania. Zupełnie jakbym po płynięciu małą łódką przez wzburzone morze znalazła się nagle w bezpiecznej przystani. Kas podejmował wszelkie decyzje i troszczył się o każdą rzecz, tak więc ja nie musiałam o niczym myśleć. Choć był starszy ode mnie najwyżej o dwa lata, czułam się przy nim jak dziecko. Był czarujący, pewny siebie i miał wszystko pod kontrolą; zawsze dokładnie wiedział, czego chce, i wydawało się, że może osiągnąć wszystko, co tylko sobie postanowi.

Przeżyliśmy bajeczne chwile. Spacerowaliśmy plażą, puszczaliśmy kaczki, a potem rozkładaliśmy się na piasku i gadaliśmy. Pewnego wieczoru, kiedy słuchaliśmy na promenadzie kapeli jazzowej, Kas nagle porwał mnie w ramiona i tańcząc, przemieściliśmy się na środek ulicy, a ludzie śmiali się i bili nam brawo. W nocy z kolei siedzieliśmy ramię w ramię, patrzyliśmy na gwiazdy i rozmawialiśmy, jakbyśmy znali się całe życie.

Kas opowiadał mi o swoich studiach, językach, jakie zna, planach i marzeniach na przyszłość. Myślałam wtedy: jakie to musi być cudowne czuć się w swojej skórze tak dobrze jak on. Rozważałam również, jakby to było spędzić resztę życia z takim facetem, który jest totalnym przeciwieństwem mojego ojca, i wie, dokąd zmierza, a mnie pociągnąłby za sobą. W efekcie zaczęłam się zastanawiać, czy matka nie miała racji, że to jakaś siła wyższa powstrzymała mnie przed wyjazdem do Albanii i poślubieniem Eriona. Bez wątpienia kochałam Eriona, ale może to Kasa przeznaczył mi los.

Kas mówił też o tym, jak to byśmy razem podróżowali i zwiedzali świat. Opisywał życie, które nie polegało tylko na codziennym chodzeniu do pracy i taplaniu się w przyziemności. Roztaczał wizje prawdziwego życia – ciekawego i intensywnego. Im dłużej malował ten obraz, tym bardziej zaczynałam wierzyć, że wspólnie osiągnęlibyśmy wszystko.

Przez ten cały czas był miły, troskliwy i delikatny. Wiedziałam, co do mnie czuje, i doceniałam, że nie dąży do przekroczenia granicy przyjaźni. Ani razu nie wprawił mnie z zakłopotanie. Choć nadal uważałam go wyłącznie za najlepszego kumpla, nie przeszkadzało mi to zastanawiać się jeszcze przed końcem naszego wspólnego weekendu, co by się stało, gdyby wyzwolił mnie od bałaganu i nieszczęścia, które zawładnęły moim życiem.

Rzeczywiście to, że choć na chwilę oderwałam się od problemów, dobrze mi zrobiło, bo nawet jeśli nie wróciłam do domu pełna optymizmu, to przynajmniej nie widziałam swojej przyszłości już wyłącznie w czarnych barwach.

Stwierdziłam, że czas opuścić bezpieczne schronienie i wrócić do Leeds. Pod moją nieobecność współlokatorka przeniosła się do Londynu, gdzie dostała pracę, i bez niej w mieszkaniu zrobiło się głucho i pusto, co niezbyt mi się podobało. Zastrzyk optymizmu i pewności siebie, który zaaplikował mi podczas naszego weekendu Kas, szybko przestał działać, kiedy znalazłam się sama. Znów czułam się osamotniona i zagubiona. Każdego wieczoru po powrocie z pracy w mojej głowie kłębiły się ciągle te same pytania: Jak to się stało, że skończyłam tutaj samotna? Czy kiedykolwiek będę szczęśliwa? A jeśli za każdym razem zaprzepaszczę szansę na udane życie? A może po prostu nie potrafię być szczęśliwa? Skąd ludzie wiedzą, kiedy ktoś naprawdę ich kocha? I czy to, co do kogoś czują, to rzeczywiście miłość? Nie umiałam sobie odpowiedzieć na te pytania i znów przestałam panować nad sytuacją. Więc kiedy parę tygodni później Kas przedstawił mi kolejną propozycję, od razu na nią przystałam, żeby nie pogrążać się dalej w szaleństwie.

– Mieszkam teraz we Włoszech – poinformował. – I tęsknię za tobą. Proszę, przyjedź zobaczyć się ze mną. Tyle tu cudownych miejsc, w które chciałbym cię zabrać. Zrób sobie wolne i pozwól, żebym pokazał ci swoje życie.

Prawdopodobnie najbardziej w tym wszystkim kusiła mnie perspektywa, że ktoś inny przejmie kontrolę i będzie podejmować decyzje. Straciłam wiarę we własne siły i wydawało mi się, że wszystko robię źle, a Kas potrafił rozwiązać każdy problem. Choć opuściłam sporo dni w pracy ze względu na chorobę, nadal miałam trochę niewykorzystanego urlopu, więc wzięłam sobie tydzień wolnego i poleciałam do Włoch pełna radosnego entuzjazmu.

Zgodnie z obietnicą Kas czekał na mnie na lotnisku. Chwycił mnie w ramiona i mocno uściskał. Pomyślałam wtedy, jak głupio postąpiłam, że nie dałam mu szansy cztery lata temu, gdy uśmiechał się do mnie w klubie. Miałam dwadzieścia cztery lata i straciłam mnóstwo czasu, odpychając od siebie ludzi, bo nie mogłam, a raczej nie chciałam nikomu zaufać. Ale przecież Erion mnie kochał i nigdy nie zawiódł. Może więc nadeszła pora, żebym rozważyła możliwość, że nie wszyscy faceci są tacy jak mój ojciec, i zaufała również Kasowi.

Ta decyzja miała na zawsze zmienić moje życie.

Rozdział 5

Prosto z lotniska pojechaliśmy nad przepiękne jezioro, gdzie siedzieliśmy przed kafejką, rozkoszując się słońcem. Kas był dokładnie taki sam jak w Hiszpanii – zrelaksowany, przyjacielski – i od razu poczułam się dobrze w jego towarzystwie.

Wróciliśmy nad to jezioro wieczorem, a ponieważ po zachodzie słońca zrobiło się chłodno, weszliśmy do restauracji. Śmialiśmy się i gadaliśmy, a kelner nazwał mnie z uśmiechem *la bella signorina*. Było cudownie.

Po kolacji przenieśliśmy się do kawiarni, żeby spotkać się z dwoma przyjaciółmi Kasa. Odnosili się do mnie tak miło, że zaczęłam się zastanawiać, co powiedział im na temat łączącej nas relacji. Zjedliśmy lody i wypiliśmy brandy, a kiedy Kas i ja zbieraliśmy się do wyjścia, jego przyjaciele wstali, ucałowali mnie w oba policzki jak dobroduszni wujaszkowie i pożegnali słowami: *Arrivederci, Soffee*.

Tamtej nocy w mieszkaniu Kasa – w starym, ceglanym budynku kilka kilometrów od centrum miasta – kochaliśmy się pierwszy raz. Później Kas trzymał mnie w ramionach, a ja czułam się bezpieczna. Nie wiedziałam, czy się w nim zakochuję; z pewnością z nim było inaczej niż z Erionem – wtedy wydawało mi się, że promieniuję od środka światłem – ale mogłam się mylić, i tamta miłość wcale nie istniała, natomiast poczucie bezpieczeństwa, które dawał mi Kas, istniało jak najbardziej.

Przez resztę weekendu włóczyliśmy się po mieście. Raczyliśmy się w kawiarnianych ogródkach kawą i winem, jadaliśmy w restauracjach pełnych ludzi i śmiechu i gdzie wszyscy mówią prawie jednocześnie. W sobotę wieczorem udaliśmy się do eleganckiego klubu nocnego w centrum, z kryształowymi żyrandolami i rzeźbionymi marmurowymi fontannami; nigdy wcześniej nie widziałam takiego miejsca. Dom i moje zmartwienia były odległe o miliony lat świetlnych.

Niedzielę spędziliśmy nad jeziorem i gdy wczesnym wieczorem wróciliśmy do mieszkania Kasa, czułam niemal fizyczne zadowolenie. Kas obejmował mnie ramieniem, kiedy otwierał drzwi. Potem pocałowałam go w policzek i poszłam do łazienki.

Kiedy wróciłam parę minut później, stał w kuchni, tyłem do mnie, ale natychmiast po moim wejściu odwrócił się i popatrzył na mnie dziwnym wzrokiem. Nie wydawał się zły, ale oczy miał jakieś zimne. Zaniepokoiłam się.

– O co chodzi? Kas? Coś się stało?

Ale zamiast uśmiechnąć się i zapewnić mnie, że wszystko gra, na co liczyłam, wskazał mi głową drewniany stolik pod oknem i głosem, który przyprawił mnie o dreszcze, powiedział, że musimy pogadać.

Wysunęłam krzesło i usiadłam. Myślałam, że usiądzie ze mną, ale nie, stał oparty o blat.

– Nie jesteś tu bez powodu.

Uniosłam głowę i uśmiechnęłam się do niego, ale nie odpowiedział uśmiechem i poczułam ucisk w żołądku.

– Zaraz ci wytłumaczę, co to za powód – ciągnął. – Ale najpierw muszę cię o coś zapytać: kochasz mnie?

– Chyba tak – odparłam, próbując odpędzić od siebie złe przeczucia, bo zawisły nade mną jak czarna chmura. – Tylko nie mam pojęcia, skąd ludzie wiedzą, że to, co czują, to miłość. Ale wspierasz mnie od tak dawna, że...

Przerwał mi zniecierpliwionym gestem.

– Cóż, jeśli kogoś kochasz, poświęcasz się dla niego. Wszyscy musimy się poświęcać dla tych, których kochamy. I właśnie dlatego poprosiłem, żebyś przyjechała: możesz coś dla mnie zrobić. Poświęcić się, by pokazać, że mnie kochasz.

Nie podniósł głosu, ale wyczuwałam jego rozdrażnienie, a kiedy na mnie spojrzał, zobaczyłam na jego twarzy niemal odrazę. Mówił powoli, jakby wyjaśniał coś niedorozwiniętemu dziecku, i choć skinęłam głową, że rozumiem, wcale nie rozumiałam.

Kiedy znowu się odezwał, w jego głosie przebrzmiewała złość.

– Jak sama zauważyłaś, zawsze cię wspierałem, więc czas, żebyś mi się odwdzięczyła.

– Dobra – odparłam. – Przecież to oczywiste, że zrobię wszystko co w mojej mocy, żeby ci pomóc. Ale proszę cię, Kas, nie bądź taki śmiertelnie poważny. Stresujesz mnie. – Roześmiałam się, bo wiedziałam, że nie ma się czego bać. Kas nigdy na mnie nie krzyczał i przyjaźniliśmy się już od czterech lat. Poza Erionem, był jedynym facetem, któremu mogłam ufać.

– Jestem komuś winien pieniądze – oznajmił. – I ty spłacisz za mnie ten dług. Dlatego cię tu ściągnąłem.

Patrzył na mnie lodowatym wzrokiem, a jego twarz wydawała się jakaś obca. Jednak nadal powtarzałam sobie, że to głupie bać się Kasa. W końcu dlaczego miałby się na mnie złościć.

– Oczywiście, że ci pomogę, jeśli tylko zdołam – odpowiedziałam. – Ale chyba nie odniosłeś wrażenia, że jestem przy forsie. Prawie wszystko, co zarabiam, wydaję na bieżąco i praktycznie nic nie odkładam, więc…

Przerwał mi, mocno zirytowany i powtórzył:

– Właśnie po to tu jesteś. Żeby pomóc mi spłacić ten dług. Poprosiłem, żebyś przyjechała do Włoch, bo potrzebuję twojej pomocy przy spłacie długu. Chyba każdy chętnie by się tak poświęcił dla kogoś, kogo kocha.

Zrobiło mi się niedobrze. W ogóle nie łapałam, o co mu właściwie chodzi ani czemu zrobił się nagle taki zimny. Serce waliło mi jak młotem, po policzkach pociekły łzy. Chciałam go zapytać: Dlaczego do mnie tak mówisz? Co jest grane? Ale patrzył na mnie z taką niechęcią, że słowa uwięzły mi w gardle.

– Mam kłopoty – podjął po chwili. – Wiszę Mariowi sto tysięcy euro. Mario to jeden z kolesiów, których poznałaś w kawiarni. Muszę spłacić ten dług.

– Kas, tak mi przykro – zawołałam, choć muszę przyznać, że moje współczucie mieszało się z ulgą, że to nie ja wywołałam jego złość.

Kiedy pierwszy raz wspomniał o długu, i to o długu finansowym, mocno się zdziwiłam. Nie wyglądał mi na faceta, który musi pożyczać kasę. Nigdy nie mówił o swojej pracy – orientowałam się tylko, że zajmuje się importem i eksportem – ale wszystko wskazywało na to, że żyje dostatnio, więc też nieźle zarabia. Nie, żebym się nad tym kiedykolwiek zastanawiała. Znałam go jednak wystarczająco dobrze, żeby wiedzieć, ile go musi kosztować proszenie o pomoc, i postarałam się, aby mój głos nie zdradził zaskoczenia albo litości.

– Co się stało? – zapytałam.

Nie mam pojęcia, jakiej odpowiedzi się spodziewałam. Może, że ktoś z jego bliskich jest chory, potrzebuje kosztownego leczenia i dlatego Kas musiał wysłać do Albanii dużą sumę pieniędzy. Ale na pewno nie spodziewałam się tego, co usłyszałam.

– Chodzi o narkotyki – wyjaśnił. – Jeden deal nie wypalił.

W pierwszej chwili uznałam, że żartuje – sprzedaje mi jakąś niedorzeczną bajeczkę, bo wstydzi się wyznać prawdę – ale jego twarz była zupełnie poważna.

– Jeśli nie oddam tej forsy, ucierpi na tym moja rodzina. Dlatego potrzebuję, żebyś poświęciła się w imię miłości.

Oblało mnie gorąco i przez chwilę po prostu w osłupieniu wpatrywałam się w niego. W końcu wzruszyłam ramionami.

– Nie rozumiem. Jak ja mogę ci pomóc? Wiesz, że bym chciała, ale nie starczyłoby mi życia, żeby zarobić tyle kasy.

– Przecież nie zakładam, że zarobisz w swojej żałosnej pracy w Anglii – rzucił z pogardliwym uśmieszkiem. – Zarobisz je tutaj. Znajdę ci miejsce do pracy – na ulicy.

Odsapnęłam z ulgą i się roześmiałam.

– Przestań się nabijać! Niby co robiłabym na tej ulicy? – parsknęłam, po czym szybko dodałam: – Ale nie martw się, Kas. Pomogę ci. Coś wymyślimy, zobaczysz.

– Nie musimy niczego wymyślać – warknął ze złością. – Wszystko już obmyśliłem. Dlatego cię tu ściągnąłem. – Zrobił krok w moją stronę, a ja instynktownie się cofnęłam. – Jaki masz problem?! – krzyknął, zbliżając twarz do mojej. – No i co się tak na mnie gapisz? Jak śmiesz okazywać mi lekceważenie?

Wydawało się, jakby cała nagromadzona w nim wściekłość, którą do tej pory starał się kontrolować, wreszcie wybuchła. Twarz wykrzywiła mu się w złości:

– Jak śmiesz pyskować? – wydarł się. – Nie wiesz, że jeśli kogoś kochasz, poświęcasz się dla niego? Jesteś aż tak samolubna, że nie możesz tego dla mnie zrobić?

Czułam się jak aktorka, która wyszła na scenę i nagle zdała sobie sprawę, że nauczyła się tekstu z zupełnie innej sztuki; totalnie oszołomiona. W pewnej chwili dotarło do mnie, że kiedy mówił o „pracy na ulicy", chodziło mu o prostytucję.

Ogarnęła mnie fala mdłości, a zaraz potem z zażenowaniem uznałam, że musiałam coś źle zrozumieć. Na pewno chodziło mu o coś innego, powiedziałam sobie. Spokojnie. Takie rzeczy nie zdarzają się w prawdziwym życiu. Ale Kas zachowywał się śmiertelnie poważnie. Oparłam łokcie na stole i ukryłam twarz w dłoniach. Po policzkach płynęły mi łzy. Obleciał mnie strach. Do tej pory bałam się tylko swojego ojca, a teraz tamten lęk powrócił. Patrząc na Kasa, znów czułam się przerażona i bezbronna, choć obiecywałam sobie, że nigdy więcej tego nie doświadczę.

Kas chodził w tę i z powrotem po kuchni. Czasami krzyczał, a czasami syczał cicho, co przerażało mnie nawet bardziej niż jego gniew. Nagle nachylił się nade mną.

– Za kogo ty się uważasz, kobieto?! – wrzasnął. – Myślisz, że po tym, ile się na ciebie naczekałem, teraz pozwolę ci tak po prostu odejść? No to się mylisz. Nie pozwolę ci odejść. Rozumiesz? Nigdy. Teraz jesteś moja. Twoje życie należy do mnie i nigdy się ode mnie nie uwolnisz.

Wtedy przyszło mi do głowy, że może to wariat. Nikt przy zdrowych zmysłach nie wygadywałby podobnych głupot. Faceci tacy jak Kas nie bywali alfonsami albo dilerami narkotyków, dziewczyny takie jak ja nie pracowały na ulicy. Pomysł wydawał się naprawdę absurdalny, a zresztą, jak można kogokolwiek zmuszać, żeby wyszedł na ulicę? Wariat czy nie, nadal był wściekły – najwyraźniej na mnie, choć nie rozumiałam dlaczego – i bardzo się bałam.

Cały czas powtarzałam sobie, że jutro wszystko wróci do normy. Musimy tylko przetrwać tę noc. A gdyby jednak nie przeszło mu do rana, mogłam przecież powiedzieć: Nie zrobię tego. Myślałam, że mnie znasz. Gdybyś znał, wiedziałbyś, że nigdy nie zgodzę się na coś takiego. Przykro mi, że masz dług, ale w taki sposób to na pewno ci nie pomogę. Potem znalazłabym jakąś wymówkę i wróciłabym wcześniej do swojej „żałosnej" pracy, którą lubiłam, do rodziny, którą kochałam, i swojego „normalnego" życia.

Objęłam się rękami, usiłując zapanować nad swoim drżącym ciałem. Kas wysunął krzesło i usiadł naprzeciwko mnie. Dzięki Bogu, pomyślałam. Wreszcie się uspokoił. Teraz mnie przeprosi i się wytłumaczy. Muszę pamiętać, żeby go nie prowokować. Po prostu myśl, Sophie. Zastanów się, zanim coś palniesz.

Zaczął opowiadać, co się stało. Mówił spokojnym, obojętnym tonem, jakby opisywał zwykłe wydarzenie dnia codziennego. Ale ja nigdy nie brałam narkotyków ani nawet nie znałam nikogo, kto by brał, więc dla mnie to brzmiało jak jakaś scena z filmu.

– Wiozłem kokainę do Holandii – powiedział. – Kiedy zauważyłem, że śledzą mnie gliny, pozbyłem się towaru. Teraz diler domaga się pieniędzy, które stracił. – Wzruszył ramionami. – Czasami bywa i tak. Koka przepadła, a Mariowi zależy, żeby odzyskać swoją forsę. Dlatego chciał cię wtedy zobaczyć. Musiał się upewnić, czy zdołasz zarobić dla mnie pieniądze.

– Co? Boże! – Wpatrywałam się w niego z niedowierzaniem. Przez chwilę bałam się, że zaraz puszczę pawia. Potem przycisnęłam czoło do chłodnego blatu stołu, próbując to wszystko jakoś ogarnąć.

– Sama widzisz, że nie mam wyboru. – Kas przeciągnął się i ziewnął. – Tylko tak uzbieram szmal. Skorzystałbym z pomocy innych dziewczyn, ale im nie ufam tak jak tobie. Wiem, że mogę liczyć na twoją lojalność i że nie będziesz mnie lekceważyć.

– Coś wykombinujemy – wymamrotałam. Uniosłam głowę i wytarłam twarz wierzchem dłoni. – Jestem pewna, że jeśli wspólnie się zastanowimy…

– Nie będziesz mnie lekceważyć – powtórzył, patrząc w okno. – Bo gdybyś to zrobiła albo chociaż o tym pomyślała, dowiem się i cię ukarzę.

W prawdziwym życiu ludzie nie mówią takich rzeczy, wmawiałam sobie w duchu. Ale choć bardzo starałam się przekonać siebie, że to jakiś chory żart, w głębi serca wiedziałam, że Kas mówi zupełnie serio i że popełniłam fatalny błąd, gdy postanowiłam mu zaufać. Wyczerpana i oszołomiona zapragnęłam znaleźć się w domu, gdzie matka objęłaby mnie i zapewniła, że wszystko się ułoży. Ale cóż, życie to nie bajka. Nie miałam teleportera i nadal byłam sama w obcym kraju, z facetem, który deklarował mi miłość, a jednocześnie prosił, żebym zrobiła coś, czego nikt przy zdrowych zmysłach nigdy by nikomu nie zaproponował.

– Nie każ mi tego robić, Kas – zaczęłam go błagać. – Musi być jakiś inny sposób, żeby zwrócić te pieniądze. Nie mogę spełnić twojej prośby. Proszę, Kas.

Ale on nagle bez żadnego ostrzeżenia złapał mnie za włosy i pociągnął moją głowę do tyłu, zmuszając mnie, żebym patrzyła na niego.

– To nie prośba, kobieto! – ryknął. – Głupia jesteś czy co? Nie kapujesz? Żyłaś sobie beztrosko i nawet sobie nie wyobrażasz, jakie problemy na co dzień ma mnóstwo ludzi. – Mówiąc „beztrosko", szarpnął mnie za włosy, a ja miałam wrażenie, że milion igieł wbiło się w moją czaszkę. – Twoim jedynym zmartwieniem było: Tatuś mnie nie kocha – wycedził to jękliwym tonem rozkapryszonego dziecka, ale zaraz jego głos znów stał się zimny. – I ty uważasz, że to ciężkie życie? Nie masz pojęcia, co znaczy ciężkie życie. Nie masz pojęcia o rzeczach, jakie niektórzy muszą robić, bo są postawieni pod murem.

– Wcale tak nie uważam – załkałam, przez chwilę oburzona.

Przez całą znajomość z Kasem nigdy nawet przez myśl mi nie przeszło, że jest zdolny do agresji. Nie mogłam uwierzyć w tę nagłą przemianę. Mój mózg nie nadążał z przetwarzaniem wszystkich nowych informacji, które do niego docierały. Nadal się łudziłam, że gdybyśmy tylko na spokojnie to przegadali, znaleźlibyśmy jakieś bardziej realne rozwiązanie problemów finansowych Kasa.

Totalnie oszołomiona już niczego nie byłam pewna, no może poza tym, że tak naprawdę Kas wcale nie zamierza zmusić mnie do robienia tego, o czym mówił. Więc nawet gdyby nie paraliżował mnie strach, nie sądzę, żebym próbowała od niego uciekać. Powtarzałam sobie, że muszę jedynie znaleźć jakiś punkt zaczepienia, coś, na czym mogłabym się skupić, by wrócić do świata, który znam i rozumiem.

Nigdy wcześniej nie słyszałam nawet, żeby Kas przeklinał, więc choć jego dotychczasowe słowa mocno mnie szokowały, byłam zupełnie nieprzygotowana na to, co powiedział potem.

– Myślisz, że inne dziewczyny nie pracowały dla mnie na ulicy? – rzucił pogardliwie. Nagle jego nastrój się zmienił i zanim znów się odezwał, niemal pieszczotliwie dotknął mojej spuszczonej głowy. – Ale ty jesteś inna. Tamte dziewczyny były sukami. Wszystkie. Wiesz, kto jest tak naprawdę dziwką? – Znowu złapał mnie za włosy i pociągnął moją głowę do tyłu, żebym na niego patrzyła. – Wiesz?

Zamknęłam oczy i spróbowałam pokręcić głową.

– Dziwką jest kobieta, która nie szanuje swojego faceta, zdradza go z innymi. To właśnie prawdziwa dziwka! – oznajmił niemal triumfalnie, po czym uśmiechnął się i dodał: – Ale kobieta, która sprzedaje się za pieniądze, jest po prostu mądra. Twoja cipka będzie prawdziwą żyłą złota.

Zaczęłam szlochać. Podciągnęłam kolana i przycisnęłam je do piersi, żeby opanować drżenie ciała, a Kas wpadł w szał.

– Jeśli jeszcze raz tak na mnie spojrzysz – wrzeszczał – jeśli jeszcze raz okażesz mi brak szacunku, zobaczysz, na co mnie stać! Jak śmiesz? Jak śmiesz mi to robić?

Wbiłam paznokcie w uda i nakazałam sobie wziąć się w garść: Przestań, Sophie! Musisz przestać płakać. Nie okazuj mu swojego strachu. Twoje łzy tylko jeszcze bardziej go wkurzają. Jakby czytając w moich myślach, ryknął:

– Przestań! Jak śmiesz płakać? Jak śmiesz mi to robić? Tylko spójrz na siebie! Wyglądasz okropnie. Idź do łazienki i się uczesz. Doprowadź się do porządku, kobieto, na litość boską. No idź! Idź zobacz, jak koszmarnie wyglądasz.

Zapłakana wstałam i wyszłam z kuchni.

– Nie zamykaj drzwi do łazienki. Mają być otwarte – zawołał za mną Kas, a mnie nawet przez myśl nie przeszło, żeby go nie posłuchać.

Przyglądałam się w lustrze swojej bladej, zapłakanej twarzy i potarganym włosom i miałam wrażenie, jakbym patrzyła na kogoś obcego. Nie ogarniałam tego, co się stało. Próbowałam, ale nie mogłam. Nagle przestraszyłam się, że jeśli będę zbyt długo siedzieć w łazience, Kas może znowu się na mnie rozzłościć. Szybko uczesałam włosy, ochlapałam wodą twarz i wróciłam do kuchni. Kas stał oparty o zlew.

– Kochasz swoich młodszych braci, prawda? – zapytał niemal czule.

– Tak, jasne, że tak – odpowiedziałam szybko. Poczułam ulgę, że rozmawiamy o czymś normalnym, i modliłam się, żeby pozwolił mi wyjechać do domu, skoro jestem przywiązana do rodziny.

– Ile bliźniaki mają lat? Trzynaście? Czternaście?

– Trzynaście – starałam się mówić tonem pełnym szacunku.

– Hm. – Uśmiechnął się, a we mnie zatliła się nadzieja, ale zaraz zgasła. – Więc zmartwiłabyś się, gdyby coś im się stało? – Brzmiało to jak pytanie, ale ja dobrze wiedziałam, że to ostrzeżenie. – Oczywiście wiem, gdzie mieszka twoja rodzina – ciągnął. Sięgnął po nóż do krojenia mięsa i powoli obracał go w dłoni. – Więc jeśli jeszcze raz okażesz mi brak szacunku, dobiorę się do twoich braci. Ot, tak. – Zrobił krok w moją stronę i pstryknął palcami. – Nie masz pojęcia, do czego jestem zdolny. Jeśli kiedykolwiek spróbujesz dać nogę albo mnie zlekceważysz, twoi bracia dostaną się w moje ręce. Ot, tak. – Znowu pstryknął palcami, co w moich uszach zabrzmiało jak wystrzał z broni.

Świat zaczął mi wirować i osunęłam się na kolana, krzycząc w myślach: Nie! Boże, nie! To nie może dziać się naprawdę. Co teraz? Co ja zrobię?

Kas chwycił mnie za rękę i pociągnął w górę, potem pchnął w stronę otwartych drzwi.

– Zejdź mi z oczu! Natychmiast! Idź się połóż. Jutro pokażę ci, gdzie będziesz pracować.

Tamtej nocy prawie nie spałam. W głowie miałam gonitwę myśli. Za każdym razem, gdy wyczerpana zaczynałam odpływać, natychmiast otwierałam oczy i od nowa usiłowałam wymyślić jakiś powód, który przekonałby Kasa, że muszę wracać do domu. Próbowałam też – bezskutecznie – pocieszyć się: Jutro będzie dobrze. Kiedy się obudzi, wszystko odwoła. Wyjaśnię mu, że nie chcę tego robić, a on to zrozumie. Będzie okej.

– Muszę wracać do domu – oznajmiłam mu rano. – Przecież tak po prostu nie porzucę swojej rodziny i pracy. Poza tym nie zrobię tego, o co mnie prosisz. Nie chcę tego robić. A nawet gdybym chciała, to i tak wykluczone, z powodu operacji i problemów, które...

Kiedy wspomniałam o rodzinie, tylko wzruszył ramionami i parsknął lekceważąco „phi", ale w następnej chwili wpadł w furię:

– Nie bądź śmieszna, kobieto. Jesteś hipochondryczką. Miałaś operację i po problemie. Nic ci nie jest. Zamiast skupiać się na swoich urojonych dolegliwościach, pomyśl o tych ludziach, którzy mają o wiele gorzej od ciebie.

Ale pierwszego ranka nowego życia, jakie zaplanował dla mnie Kas, potrafiłam myśleć jedynie o tym, żeby jak najszybciej znaleźć przekonujący powód, dlaczego nie mogę zostać we Włoszech i pomagać mu spłacać długu. Podałam mu już wszystkie wymówki, które w nocy brzmiały bardzo sensownie, ale nie chciał ich nawet słuchać. Przez cztery lata był dla mnie bardzo dobry. Nawet kiedy pochwaliłam się mu, że poznałam Eriona – z czego wcale się nie cieszył i stwierdził, że ma gdzieś mojego nowego chłopaka – w jego głosie nie wychwyciłam ani cienia złości. Potem mówił mi jeszcze, że się we mnie zakochał. Tak więc nadal nie mogłam uwierzyć, że nie zmienił zdania, choć zdawał sobie sprawę, jak strasznie jestem zrozpaczona. Nie powiedział, że mu przykro, i nie zapewnił, że oczywiście nie muszę robić tych okropnych rzeczy. Wtedy nie wiedziałam jeszcze, że to, co on uważa za normalne i do przyjęcia, nie mieści się w definicji normalności uznawanej przez większość ludzi.

– Proszę, nie każ mi tego robić – powtarzałam błagalnie. – Chcę ci pomóc, ale nie tak.

Znowu się wydarł:

– Jak śmiesz mi się przeciwstawiać?! – I uderzył mnie w twarz tak mocno, że poleciałam na drugi koniec kuchni i osunęłam się na podłogę. – Zrobisz wszystko, co ci każę. Jeśli spróbujesz skontaktować się z kimkolwiek bez mojego pozwolenia, ucierpi twoja rodzina. Chcesz tego, kobieto? Jesteś aż tak samolubna? Pozwoliłabyś, żeby coś złego przytrafiło się twoim braciszkom tylko dlatego, że masz kaprysy?

W milczeniu pokręciłam głową.

– Myślisz, że ktoś by cię w ogóle słuchał? – Przysunął się do mnie, a ja skuliłam się pod ścianą, osłaniając głowę rękami. – Myślisz, że kogoś by to obeszło? Teraz jesteś tylko zwykłą dupą z ulicy.

Zadrżałam.

– Wiesz, co Włosi lubią najbardziej? – ciągnął, zaśmiewając się. Myślałam, że nie oczekuje odpowiedzi na to pytanie, ale nagle nachylił się nade mną i wrzasnął: – Wiesz?

– Nie, nie wiem – wyszeptałam.

– Trzy rzeczy na „p" – powiedział ze złośliwym uśmieszkiem. – Pipki, pizzę i pastę. Twój los nikogo nie obejdzie.

Rozdział 6

Kas mieszkał na położonym na wzgórzu osiedlu tuż za miastem i kiedy jechaliśmy wijącą się uliczką do głównej drogi, cały czas dręczył mnie i krytykował. Ja gapiłam się tępo w okno. Po przejechaniu kilkuset metrów ulicą prowadzącą do miasta skręcił w boczną drogę za stacją benzynową.

– To twoje miejsce pracy. – Wskazał głową w stronę drzew w pobliżu samotnego domu.

Spojrzałam w tamtym kierunku. Spodziewałam się zobaczyć… sama nie wiem co, ale coś. A nie było nic, tylko mały, mroczny zagajnik – który nawet w jasnym porannym słońcu wyglądał ponuro – i zakurzona, nieoświetlona droga.

– Tu będziesz przyjeżdżać z klientami – mówił dalej. – Dokładnie w to miejsce. Tylko tu nikt cię nie zobaczy z domu.

Po moich policzkach popłynęły łzy. Przycisnęłam czoło do szyby i pomyślałam: Czemu on mi to mówi?

Czemu nadal się zgrywa? Przecież to wszystko nieprawda. Wróciliśmy na główną.

– Tu będziesz czekać na klientów – oznajmił i wtedy zaczęło do mnie docierać, że przynajmniej dla niego to wszystko jednak prawda.

Kawałek dalej, gdy mijaliśmy skrawek wysuszonego trawnika, zwolnił.

– Tu też możesz czekać – poinformował.

Żadnego chodnika, lamp ulicznych jak na lekarstwo. Wolałam nie wyobrażać sobie, jakie to uczucie stać tam samotnie nocą. W głowie miałam istny kołowrót, bo Kas ciągle podawał mi nowe instrukcje.

– Kiedy ktoś się zatrzyma, zapyta cię o cenę – powiedział, po czym zaczął mnie uczyć liczebników po włosku i zwrotów, które musiałam znać. Kazał mi je powtarzać, dopóki nie zyskał pewności, że zostanę zrozumiana. – Kiedy podasz cenę – tłumaczył – albo każe ci wsiadać, albo odjedzie. Jeśli wsiądziesz, pytasz: *Bocca o figa*?, co znaczy „Usta czy cipka?"

Na sam dźwięk tych słów zrobiło mi się niedobrze i wiedziałam, że nie ma mowy, żebym je wypowiedziała, a tym bardziej żebym robiła te rzeczy z nieznajomymi.

Podczas drogi z jego mieszkania do mojego „miejsca pracy" starałam się zapamiętywać różne szczegóły, żebym potrafiła się zorientować, gdzie jestem, w razie gdyby kiedyś udało mi się uciec. Teraz jednak miałam absolutną pewność, że nigdy do tego nie dojdzie. Kas powiedział mi poprzedniego wieczoru – i kilka razy powtórzył w ciągu dnia – że gdybym tylko spróbowała uciec, on mnie znajdzie. Wiedziałam, że nie żartuje – zdążył mnie już uderzyć i szarpnąć za włosy tak mocno, że został mu w dłoni całkiem niezły kłąb. Poza tym opowiadał, jak to „przekazał" komuś innemu dziewczynę, która okazała się „głupia jak but", i straszył, że ze mną zrobi to samo, jeśli nie będę posłuszna.

W moim „prawdziwym" życiu oznajmiłabym po prostu: Nie, nie zrobię tego, i dała nogę. Ale nagle jakbym straciła całą zdolność do walki o siebie. Poprzedniego wieczoru Kas złapał moją torebkę i zabrał mi komórkę, paszport i portfel, w którym trzymałam wszystkie pieniądze i kartę kredytową. W ten prosty sposób uzyskał kontrolę nad moim życiem, a ja nie mogłam nic na to poradzić. Czułam się, jak gdybym spadała z wysoka, wiedziała, że nie zdołam się uratować, i bała się nieuniknionego momentu, kiedy roztrzaskam się o ziemię.

W głowie mi się nie mieściło, że wystarczyły zaledwie dwadzieścia cztery godziny, żebym nauczyła się bać człowieka, którego uważałam za swojego najlepszego przyjaciela. Byłam oszołomiona i zdezorientowana, ale jedno wiedziałam na pewno: nic nie powstrzyma Kasa przed tym, żeby osiągnął swój cel, co oznacza, że nie zawaha się skrzywdzić moich braci, gdybym okazała mu nieposłuszeństwo.

Jechaliśmy dalej, a Kas ciągle dawał mi instrukcje, choć czasami odnosiłam wrażenie, że mówi w obcym języku, bo jego słowa zwyczajnie do mnie nie docierały.

– Słuchasz mnie?! – wrzasnął nagle, a mnie aż serce załomotało. – Patrz na mnie, kobieto, kiedy się do ciebie zwracam. – Zanim zdążyłam spojrzeć na niego, walnął moją głową o szybę.

Byłam tak zaskoczona, że mimo okropnego bólu nie wydałam z siebie żadnego dźwięku, a Kas mówił dalej, zupełnie jakby nic się nie stało.

– Zawsze musisz mieć przy sobie dwie paczki chusteczek higienicznych, paczkę chusteczek nawilżanych i dużo kondomów. Nigdy nie rób tego bez kondomu i nigdy, przenigdy analnie. – Ze zdegustowaną miną dodał: – To niemoralne.

Niemoralne? Czy naprawdę nie dostrzegał nic niemoralnego w całej reszcie? Czułam się, jakbym utknęła w jakimś surrealistycznym koszmarze sennym.

– Cena, którą podajesz, jest za piętnaście minut. Maksymalnie – kontynuował. – Potrzebują dłużej, muszą zapłacić więcej. Nigdy nie zgadzasz się pojechać do domu klienta, zanim nie uzyskasz mojego pozwolenia. Jeśli do mnie zadzwonisz lub wyślesz wiadomość, natychmiast musisz wykasować to połączenie albo ten SMS z pamięci telefonu. Rozumiesz?

– Tak – szepnęłam. – Ale się boję. A jeśli ktoś mnie skrzywdzi? Proszę, Kas, nie każ mi tego robić. Musi być jakieś inne wyjście.

– Niby kto miałby cię skrzywdzić?! – krzyknął, odrywając dłonie od kierownicy, a ja przywarłam do okna, bo spodziewałam się kolejnego ataku. Jednak tym razem nie uderzył mnie, tylko poklepał po kolanie i powiedział ze śmiechem: – Nie jesteś nikim ważnym, żeby ktokolwiek miał interes cię skrzywdzić. – Nagle jego ton stał się lodowaty i groźny: – Jeśli kiedykolwiek przytrafi mi się coś złego, jeśli zostanę namierzony z powodu twojej głupoty lub dlatego, że nie postępowałaś zgodnie z moimi instrukcjami, poniesiesz karę. Jeśli będziesz mnie oszukiwać, ukrywać przede mną pieniądze czy łamać reguły, pożałujesz tego, wierz mi. Jasne?

Znów zamknęłam oczy i pokiwałam głową.

– Tak – wyszeptałam.

– Obsługujesz tylko Włochów. Żadnych czarnych, Marokańczyków, Mołdawian, Albańczyków, Rumunów...

Lista była długa. Kas opisywał cechy charakterystyczne dla poszczególnych nacji, żebym mogła odróżnić jednych od drugich. Słuchając tego, zaczęłam panikować.

– Ale co ja powiem? – zapytałam. – Jak im wytłumaczę, że nie mogę ich obsłużyć? – Na samą myśl, że będę zmuszona odrzucić kogoś z powodu jego pochodzenia, czułam wstyd i niepokój. Nie wspominając o mdłościach. Ale Kas tylko popatrzył na mnie z niedowierzaniem.

– Powiesz nie, i tyle – odparł.

A jeśli nie przyjmą mojego „nie" do wiadomości, tak jak i ty? – pomyślałam, jednak nie odważyłam się zadać tego pytania na głos.

Aż ściskało mnie w żołądku, kiedy powtarzałam za Kasem po włosku: „Żadnych czarnych", „Żadnych Albańczyków" i tak dalej. Po chwili jeszcze bardziej się zaniepokoiłam.

– Ci ze wschodu Europy i Marokańczycy, zwłaszcza Marokańczycy, porywają – poinformował. – Marokańczycy to brudni, plugawi ludzie, którzy cię okradną i zgwałcą.

Mówiłeś, że nikt mnie nie skrzywdzi! – chciałam krzyknąć, ale się powstrzymałam. Wpatrując się w drogę, rozważałam przez moment, czy nie otworzyć drzwi i nie wyskoczyć, ale zaraz pomyślałam o matce, która do końca życia wierzyłaby w jakąś bajeczkę sprzedaną przez Kasa policji i nie miałaby pojęcia, co tak naprawdę się ze mną stało. Zresztą jakaś część mnie chyba nie wierzyła, że to, o czym mówi Kas, stanie się rzeczywistością.

Po południu, kiedy wróciliśmy do domu, dał mi moją komórkę i kazał zadzwonić do matki. Wcześniej poinstruował mnie, co mam mówić, i ostrzegł, co się stanie, jeśli powiem coś innego. Stanął przy mnie, gdy wybierałam numer. Mama odebrała po pierwszym sygnale.

– Tak się cieszę, że zadzwoniłaś, Sophie – odezwała się z wyraźną ulgą. – Martwiłam się, kiedy nie odpowiedziałaś na moją wiadomość, choć Steve tłumaczył, że masz lepsze rzeczy do roboty niż dzwonić do matki. Wiem, że tak jest. Ale mimo to, martwiłam się. Wszystko w porządku?

– Tak, wszystko w porządku, mamo – wymamrotałam i przygryzłam wargę, żeby się nie rozpłakać. Odsunęłam telefon od ucha i zakasłałam, by zwalczyć drżenie w głosie, a kiedy Kas położył rękę na moim ramieniu i boleśnie wpił palce w ciało, wzięłam głęboki wdech i przybrałam radosny ton: – Cudownie się tu bawię i właściwie... – urwałam, zamykając oczy. Wiedziałam, że kiedy powiem to, co kazał Kas, będzie pozamiatane. Odetnę się od rodziny i stracę może jedyną szansę, żeby się od niego uwolnić, choć w głębi duszy czułam, że nie ma już dla mnie nadziei. – I właściwie – podjęłam – chcę wam coś powiedzieć. Nie zgadniesz co. – Wytarłam wierzchem dłoni łzy z twarzy. Bałam się, że lada moment to, co krzyczałam w środku, wydostanie się przez moje usta na zewnątrz i ściągnie na mnie straszliwy gniew Kasa. Ale zamiast zawołać: „Pomóż mi, mamo! Jestem tu uwięziona i potrzebuję twojej pomocy!", przełknęłam łzy i oznajmiłam: – Postanowiłam na razie zostać we Włoszech. Potem zamierzamy z Kasem podróżować. Tak więc... przez jakiś czas się nie zobaczymy.

– Zostajesz tam? – zapytała mama wyraźnie zaszokowana, a kiedy znów się odezwała, dałabym sobie rękę uciąć, że płacze: – Ale, kochanie, co... Co z twoją pracą? – Na moment umilkła, po czym dodała pospiesznie: – Oczywiście, cieszę się ze względu na ciebie. Jeśli jesteś szczęśliwa z Kasem, to super. Tylko...

– Muszę kończyć, mamo – przerwałam jej. – Sorry. Niedługo zadzwonię. – Wiedziałam, że ją zmartwiłam i okropnie się z tym czułam. Ściskało mnie w piersi i ledwie Kas zabrał mi telefon, zaczęłam płakać.

Później dowiedziałam się, że mama próbowała przekonać siebie, że jej niepokój tak naprawdę wynika ze zranionych uczuć, bo wyglądało na to, że niezwykle łatwo przyszła mi decyzja, żeby rozstać się z rodziną. Starała się przyjąć do wiadomości to, co powiedziałam, i cieszyć się moim szczęściem, ale kiedy na wieść o tym, że zostaję we Włoszech, moja siostra Emily wybuchła płaczem i zawodziła, że chce, żebym wróciła, mama też się rozkleiła. Choć z drugiej strony musiała przyznać rację Steve'owi.

– Sophie jest młoda – tłumaczył. – Dobrze się tam bawi. Przecież chcesz tego dla niej. Zdaję sobie sprawę, że zawsze byłyście ze sobą bardzo blisko, ale nie możesz trzymać jej kurczowo przy sobie. Wróci, jak tylko minie jej ta ekscytacja nowością. A nawet jeśli wyjdzie za tego faceta, Włochy nie są na drugim końcu świata.

Cóż, mnie wydawało się, że są na końcu świata, bo rzeczywistość, w jakiej przyszło mi żyć, okazała się nawet straszniejsza od moich najbardziej przerażających koszmarów.

Ponieważ do tej pory zazwyczaj kontaktowałam się z mamą przynajmniej raz dziennie, z początku dzwoniłam do niej równie często, bo Kas nie chciał wzbudzać niczyich podejrzeń. Ale z czasem przestałam się odzywać codziennie, bo traktował mnie coraz gorzej i prowadzenie normalnej rozmowy przychodziło mi z dużym trudem. Czasami mijało parę dni, zanim odpowiedziałam na jej SMS czy wiadomość zostawioną na poczcie głosowej.

Mamie musiało być bardzo ciężko, kiedy nasze relacje tak nagle się zmieniły. Ale powtarzała sobie, że jej obawy, czy aby na pewno jestem szczęśliwa, wynikały z tego, że zachowałam się bardzo nietypowo jak na mnie i że powinna być zadowolona, że wreszcie zdobyłam się na odwagę, by rozwinąć skrzydła i zacząć nowe, niezależne życie.

Inni – przyjaciele, znajomi, rodzeństwo – też się ze mną kontaktowali.

– Nie mów niczego, co mogłoby wydać się podejrzane – nakazywał mi Kas za każdym razem, zanim oddzwoniłam. – Zachowuj się normalnie. Nie schrzań tego.

Rozmowy z tymi ludźmi nie trwały długo, przeważnie mówiłam tylko, jak jest cudownie i jak świetnie się tu bawię, po czym udawałam, że muszę kończyć, bo właśnie wychodzę. Następnie oddawałam telefon Kasowi i czekałam na jego dalsze rozkazy.

Po pierwszej rozmowie z mamą jeszcze raz spróbowałam go ubłagać.

– Pozwól mi, proszę, pojechać do domu chociaż na parę dni. Muszę pozałatwiać różne sprawy i pożegnać się z ludźmi. Nie mogę tak po prostu wypiąć się na pracę. Obowiązuje mnie miesięczny okres wypowiedzenia.

Ale Kas uśmiechnął się szyderczo.

– Zachowujesz się jak mała, zalękniona myszka – prychnął. – Czemu tak bardzo przejmujesz się tymi gośćmi? Oni nawet by się nie zmartwili, gdyby cię zawiedli. Nie wychodziliby ze skóry, żeby pomóc tobie. A ty zawsze robisz to, czego oczekują inni. Chodzisz do pracy, bo uważasz, że powinnaś. Jesteś taka konwencjonalna. A tak naprawdę nikogo nie obchodzisz. To tylko praca.

Mylił się jednak, że chodziło tylko o pracę. Po prostu taka już byłam, że nie lubiłam sprawiać ludziom zawodu ani dawać im powodów, żeby źle o mnie myśleli. I z całego serca pragnęłam zobaczyć się z rodzeństwem, choćby tylko na chwilę. Chciałam powiedzieć im, że nigdy z własnej woli nie zniknęłabym z ich życia i że nigdy o nich nie zapomnę. Ojciec zostawił nas bez mrugnięcia okiem i serce mi się krajało na myśl, że teraz według nich zrobiłam to samo.

Około siódmej wieczorem, w tamten pierwszy poniedziałek, Kas dał mi jakieś ciuchy i kazał się przebrać. Wcześniej płakałam, więc trzepnął mnie w głowę i wrzasnął:

– Na litość boską, kobieto, ogarnij się! Popraw włosy! Masz pojęcie, jak wyglądasz? Kto przy zdrowych zmysłach chciałby zapłacić za seks z taką maszkarą?

Pociągając nosem, włożyłam rzeczy, które dostałam od Kasa – czarną hiperkrótką miniówkę z tandetnego, błyszczącego materiału, paskudny top, pończochy i kozaki za kolano. Potem zrobiłam makijaż – trzymając się ściśle wskazówek Kasa – i wyczesałam włosy, żeby były tak gładkie i błyszczące, jak życzył sobie Kas. Kiedy spojrzałam w lustro, odnosiłam wrażenie, że patrzę na cudze odbicie.

Czułam się głupio, jak dzieciak co przymierza ciuchy dorosłej osoby, ale gdy weszłam do salonu, Kas obrócił mnie powoli i po raz pierwszy tego dnia miło odezwał się do mnie:

– Moja mała myszka. Czyż nie wyglądasz pięknie?

Przez chwilę było mi wręcz przyjemnie, bo zamiast nakrzyczeć albo mnie uderzyć, czy chociażby spojrzeć lodowatym wzrokiem – jak wiele razy w ciągu ostatniej doby – pochwalił mnie. To oznaczało, że w końcu udało mi się zrobić coś dobrze – nawet jeśli źle się z tym czułam.

Zapadła już noc, kiedy dotarliśmy do głównej drogi. Po jakimś czasie Kas zatrzymał auto przy opuszczonych budynkach i z cienia wyłoniła się jakaś dziewczyna. Uśmiechnęła się, a potem nachyliła, by przez otwarte okno pocałować Kasa w oba policzki. Potem otaksowała mnie spojrzeniem, rzuciła do Kasa coś po włosku i oboje się roześmiali.

– Cara ci powie co i jak – zwrócił się do mnie. – Patrz i ucz się, bo będzie ci towarzyszyć tylko na początku. Potem musisz radzić sobie sama.

Poszłam za nią do samochodu zaparkowanego obok ciemnego budynku bez okien, a kiedy ruszyłyśmy w dół ulicy, zaczęła udzielać mi informacji, poszerzając moją wiedzę, jaką uzyskałam do tej pory od Kasa.

– Czasem jesteś tu – tłumaczyła łamaną angielszczyzną, wskazując kawałek trawnika pod samotnym, bezlistnym drzewem. – Jak *carabinieri* zobaczą cię w twoim drugim miejscu, idziesz tu.

Na chwilę stanęło mi serce i myślałam, że zemdleję.

– Policja? – zapytałam. – Co będzie, jeśli zobaczy mnie policja?

– To normalne. – Wzruszyła ramionami. – Powiedzą: „*Vai*! Odejdź!" Albo zabiorą na *stazione* na kilka godzin. To nie problem.

Popłynęły mi łzy, a kiedy Cara to zauważyła, znów wzruszyła ramionami. Najwyraźniej perspektywa wylądowania na posterunku policji w ogóle jej nie przerażała. Później opowiedziała mi, że kiedyś pracowała w piekarni, ale rzuciła to i z własnej woli zaczęła zarabiać na ulicy, bo potrzebowała forsy na dobrego adwokata dla swojego chłopaka – trafił do pierdla za to, że uprowadził dziewczynę i zmusił ją do prostytucji.

– W piekarni tyle nie zarobisz. Ani nie przeżyjesz tylu ekscytujących chwil – dodała ze śmiechem.

Musiałam nauczyć się na pamięć jej numeru – tak samo jak wcześniej Kasa – żeby móc do niej zadzwonić w razie jakiegoś problemu.

Wreszcie dojechałyśmy do miejsca, gdzie tego dnia miałyśmy razem czekać na klientów. Zaparkowała auto w wąskiej, ciemnej uliczce i zaprowadziła mnie z powrotem na główną drogę. Stała spokojna i pewna siebie, a ja walczyłam z mdłościami. W ciągu ostatniej godziny znacznie się ochłodziło i choć miałam na topie sweterek, cała dygotałam. Także ze strachu. Nagle Cara ruszyła z powrotem do samochodu. Wołałam za nią, w ogóle nie zareagowała i po chwili zniknęła w ciemności.

Stojąc sama pod latarnią przy ruchliwej drodze, walczyłam ze wzbierającą we mnie paniką i modliłam, żeby nikt się nie zatrzymał. Prawie popłakałam się ze szczęścia, gdy zobaczyłam, że moja towarzyszka wraca. Przyniosła mi białą bluzę dresową. Włożyłam ją, a Cara odwróciła mnie do siebie i zasunęła suwak, tak samo jak robiła to moja mama, gdy byłam dzieckiem. Zwilgotniały mi oczy. W tym momencie zatrzymał się przy nas samochód i Cara pchnęła mnie w jego stronę.

– Nie, proszę – szepnęłam. Ale dziewczyna nawet nie mrugnęła okiem.

Kiedy schyliłam się, by zajrzeć w otwarte okno auta, czułam się, jakbym opuściła ciało i patrzyła na to z boku. Jak ja mam to zrobić? Nie dam rady. Nie mogę, to było wszystko, co myślałam. Cara szturchnęła mnie w plecy.

– *Quanto*? – zapytał nieznajomy w tej samej chwili.

Wzięłam głęboki wdech.

– *Trenta euros* – wymamrotałam.

Ku mojemu przerażeniu wzruszył ramionami i powiedział:

– Okej.

Nadal stałam oparta o jego okno. Czułam mdłości i walczyłam ze sobą, żeby nie zwymiotować. Nogi miałam jak z ołowiu, a głos w mojej głowie krzyczał: Nie! Wreszcie Cara znów mnie szturchnęła i nie pozostało mi nic innego, jak obejść samochód, otworzyć drzwi pasażera i usiąść obok faceta, którego nie znam.

Przyklejona do drzwi tak kurczowo wczepiałam się palcami w podłokietnik, że facet pewnie się zastanawiał, co ze mną nie tak. Ale tylko spojrzał na mnie dziwnie i zapytał po włosku:

– Gdzie? Gdzie jedziemy?

Z walącym sercem usiłowałam sobie przypomnieć, co Cara powiedziała mi zaledwie parę minut wcześniej.

– Jedź prosto – wydukałam po włosku z nadzieją, że dobrze to wymówiłam. – Potem w lewo. – Brzmiałam jak przerażony, mały robocik i ten gość na pewno zaczynał sam się sobie dziwić, czemu zgodził się zapłacić trzydzieści euro za seks z kimś, kto najwyraźniej ma nierówno pod sufitem.

Był młody – niewiele starszy ode mnie. Podczas jazdy zapytał, jak się nazywam i skąd jestem. Kas wymyślił mi fikcyjną biografię, niedorzeczną bajeczkę, którą musiałam wciskać wszystkim tym, którzy chcieliby się czegoś o mnie dowiedzieć. Wyrecytowałam więc:

– Jestem Rosjanką, mam na imię Jenna i zostałam prostytutką, bo moja rodzina w Rosji potrzebuje pieniędzy. – Mówiłam, kalecząc angielski, żeby to przypominało rosyjski akcent, ale zdawałam sobie sprawę, że te moje wysiłki są żałosne. Nagle przyszło mi do głowy, że gdyby udało mi się przekonać tego faceta, że jestem Jenną, to może i ja bym w to uwierzyła – a wtedy odetnę się od tego, co się tutaj dzieje.

Zatrzymał samochód we wskazanym przeze mnie miejscu; głos w mojej głowie powtarzał uparcie: Nie, nie mogę. Boże, co robić? Przez dłuższą chwilę siedzieliśmy w nieznośnym milczeniu, po czym wygrzebałam kondom. Nigdy wcześniej nie zakładałam nikomu kondomu i nie miałam pojęcia, jak się za to zabrać. Najgorsze jednak, że musiałam zapytać: *Bocca o figa*? Kiedy to z siebie wydusiłam, znów zebrało mi się na wymioty.

– *Bocca* – odpowiedział, a ja poczułam chwilową ulgę.

Zaraz jednak dotarło do mnie, że ten moment naprawdę nadszedł i za sekundę będę musiała zrobić to, o co prosi. Przemknęło mi przez myśl, żeby powiedzieć mu prawdę, że nie przyjechałam z Rosji i nie mam rodziny na utrzymaniu, że jestem „miłą" dziewczyną z Anglii, wpadłam do Włoch odwiedzić człowieka, którego uważałam za swojego przyjaciela, a on, grożąc, że skrzywdzi moją rodzinę, zmusił mnie do prostytucji. Odsunęłam tę myśl od siebie, bo przypomniałam sobie ostrzeżenie Kasa: będzie podstawiał swoich ludzi, żeby mnie sprawdzali, i nigdy nie będę wiedzieć, czy facet, który się przy mnie zatrzymał, to naprawdę klient. Nie zapomniałam też wyrazu jego twarzy, kiedy mówił:

– Chyba nie chcesz, żeby twoim braciom przydarzyło się coś złego?

Zamiast więc wybuchnąć płaczem i błagać: Proszę, pomóż mi. Zostałam porwana. Nie chcę tego robić, wyjęłam prezerwatywę z opakowania, tłumacząc swoją niezdarność tym, że to mój pierwszy raz, a potem zabrałam się do tego, za co mi płacił.

Rozpinając mu drżącymi palcami rozporek, poczułam niesamowite obrzydzenie na myśl, że za chwilę, tu, w tym samochodzie, będę robiła coś tak intymnego z totalnie obcym facetem. A potem zamknęłam oczy i starałam się zupełnie wyłączyć.

Po wszystkim podałam mu chusteczki, a kiedy wycierał się i poprawiał spodnie, odwróciłam głowę, żeby nie widział moich łez. Strach i wstręt powoli ustępowały miejsca przytłaczającemu wstydowi. Nagle uświadomiłam sobie przerażona, że przecież nie wzięłam od gościa pieniędzy. Tak bardzo starałam się pamiętać o instrukcjach Kasa, że zapomniałam o najważniejszym – nie zainkasowałam forsy z góry. Na szczęście, kiedy poprosiłam o zapłatę, sięgnął do portfela i podał mi parę banknotów – upchnęłam je w kozakach, tak jak kazał mi Kas. Potem klient mnie odwiózł odrętwiałą i milczącą. Cara czekała na mnie.

– Jak tam? – zapytała. – Okej?

– Taak, okej – mruknęłam. W pewnym sensie było okej, bo pierwszy raz miałam już za sobą i wiedziałam, że od tej pory „okej" będzie znaczyło dla mnie coś zupełnie innego niż kiedyś.

Zatrzymywały się kolejne samochody, kolejni faceci dawali mi kolejne banknoty i upychałam je w kozakach w drodze powrotnej na „swoje miejsce". Za każdym razem, gdy obsługiwałam nieznajomego faceta, czułam się coraz bardziej jak Jenna – która robi to, bo musi pomóc swojej rodzinie – i coraz mniej jak Sophie, która mieszka w wygodnym mieszkanku w centrum Leeds, ma fajną pracę, a także mamę, ojczyma, siostrę i braci, co ją kochają i nigdy by nie uwierzyli, gdyby ktoś im powiedział, czym się teraz zajmuje.

W pewnym momencie zatrzymał się przy nas srebrny mercedes. Już chciałam podejść, ale Cara złapała mnie za rękę.

– Z nim nie możemy – szepnęła mi do ucha. – Powiedz „nie".

– Co? Dlaczego? – Serce gwałtownie mi przyspieszyło.

– Po prostu odmów – syknęła, a ponieważ nadal się ociągałam, sama zbliżyła się do samochodu i rzuciła stanowczo: – Nie! *Vai via*!

Zaczerwieniłam się, bo nie potraktowała go zbyt miło – dopiero później zdałam sobie sprawę, jak śmiesznie zareagowałam. Wstrzymałam oddech i czekałam, co facet zrobi. Ale tylko zaklął i po chwili odjechał.

– O co chodzi? – zapytałam. – Czemu go spławiłaś?

– Jest niedobry. – Skrzywiła się. – Bardzo niedobry. Zapamiętaj ten samochód i tę twarz. Nigdy z nim nie jedź. Nigdy – podkreśliła, a ja natychmiast zaczęłam się martwić, czy w przyszłości go rozpoznam.

Niektórzy faceci, kiedy usłyszeli cenę, odjeżdżali, aż wreszcie nadszedł moment, którego się najbardziej obawiałam. Klient zażyczył sobie pełnego seksu. Zawahałam się, ale jedno spojrzenie na Carę wystarczyło, żebym podeszła do drzwi pasażera i wsiadła.

Odjechaliśmy, a ja myślałam przerażona: Boże. No to koniec udawania. Nie jestem Jenną, tylko Sophie, i to się dzieje naprawdę. Spojrzałam w okno, by ukryć łzy. Jednocześnie modliłam się, żeby stało się coś, dzięki czemu nie musiałabym tego robić. Ale wiedziałam, że nie wolno mi zdradzić się ze swoim strachem ani dopuścić, żeby zorientował się, że to dla mnie odrażające. Powtarzając sobie w duchu: Musisz wziąć się w garść, wytarłam dłonią twarz i odpowiedziałam, jak mam na imię.

Zatrzymaliśmy się; z nerwów nie potrafiłam odsunąć do tyłu swojego fotela, więc zrobił to za mnie. Byłam cała spanikowana, ale jakoś udało mi się wyłączyć na tyle, żeby nie myśleć o swojej sytuacji – dopóki nie spróbował mnie dotknąć. Mogłam udawać, że nie czuję ciężaru jego ciała, mogłam odwrócić głowę, żeby nie czuć jego oddechu, od którego chciało mi się rzygać, ale tego, że mnie obmacuje, już nie mogłam znieść. Nikt nie miał prawa mnie obmacywać. Popatrzył na mnie totalnie zaskoczony, kiedy niemal wrzasnęłam:

– Nie wolno.

Po wszystkim dałam mu chusteczki i przez chwilę leżałam nieruchomo: Oto kim teraz jestem. Właśnie to będę musiała robić. Nie zdołam od tego uciec. Dokąd miałabym pójść? Komu powiedzieć? Jednak nie czułam przy tym złości czy żalu, bo byłam zupełnie odrętwiała. Psychicznie i fizycznie. Jak automat podciągnęłam majtki i wygładziłam ciuchy. W drodze powrotnej po prostu wpatrywałam się tępo w ciemność za oknem.

Od ósmej wieczorem do piątej rano kręciłam się tak w kółko: czekałam z Carą na poboczu, wsiadałam do samochodu, jechałam w „swoje miejsce", wracałam na pobocze i wszystko zaczynało się od nowa. Stopniowo byłam coraz bardziej obojętna i odrętwiała, a strach i obrzydzenie stawały się coraz mniejsze.

Cara podrzuciła mnie do wzgórza, resztę drogi musiałam pokonać pieszo. W końcu dotarłam do mieszkania Kasa wyczerpana i zdruzgotana. Kas czekał na mnie. Od razu przeliczył pieniądze.

– Trzysta pięćdziesiąt euro. Może być jak na pierwszą noc. Ale od jutra taka marna kasa już nie przejdzie. Od poniedziałku do środy musisz przynosić sześćset, osiemset euro. Od czwartku do niedzieli co najmniej tysiąc. Teraz idź się położyć. Wyglądasz okropnie. – Rzucił pieniądze na stolik przy sofie i pogłośnił telewizor.

Zdaje się, że tamtej nocy obsłużyłam dziesięciu facetów – dla mnie bardzo dużo. Chociaż brzydziłam się sama sobą, chyba miałam nadzieję, że Kas mnie pochwali, że tyle zarobiłam. Mimo to jego krytyczna uwaga nie zrobiła na mnie większego wrażenia, bo do tej pory zdążyłam tak się wyłączyć, że mało co do mnie docierało.

W łazience ściągnęłam te śmieszne kozaki, tandetną miniówkę i okropny top, po czym weszłam pod prysznic. Stałam pod nim i stałam, pozwalając wodzie obmywać moje ciało. Nie ruszyłam się stamtąd, nawet gdy do łazienki wszedł Kas. Przyglądał mi się w milczeniu, gdy nagle odzyskałam czucie i zaczęłam go błagać:

– Proszę. Proszę, Kas, nie każ mi więcej tego robić. Ja tak nie mogę. – Byłam wykończona i miałam gdzieś, czy się wydrze albo nawet mnie uderzy. Jednak tego, co się stało, zupełnie się nie spodziewałam.

Doskoczył do mnie, złapał za gardło i zaczął walić moją głową o wykafelkowaną ścianę. Krztusząc się wodą, próbowałam chwycić oddech.

– Za kogo ty się masz?! – wrzeszczał Kas. – Jak śmiesz kwestionować moje decyzje? Czy ty w ogóle mnie słuchałaś? Nie rozumiesz, że nie będziesz mi mówić, co możesz, a czego nie? Będziesz robić to, co ci każę. Od tej pory nie musisz nawet sama myśleć: po prostu masz wykonywać polecenia.

Krztusiłam się. Kiedy na moment poluźnił uścisk na moim gardle, zaczęłam łapczywie łapać powietrze. Ciągle charczałam, gdy znów zacisnął palce i walnął moją głową o ścianę.

– Tylko wytnij mi jakiś numer, a pożałujesz. Jeśli spróbujesz prysnąć albo cokolwiek komuś powiesz, zabiję cię.

Kiedy wreszcie wyciągnął mnie spod prysznica, płuca paliły mnie żywym ogniem, a czoło pulsowało bólem. Ale ledwie odzyskałam oddech, wyszeptałam:

– Boję się, że ktoś mnie skrzywdzi. Nie chcę pracować na ulicy. Nie mogłabym robić tego w domu?

– Głupia jesteś?! – wrzasnął i rąbnął mnie pięścią w skroń. Zachwiałam się i pewnie bym upadła, gdyby nie zdążył złapać mnie za mokre włosy. – Masz coś w tej głowie poza trocinami? Niby kto miałby cię skrzywdzić? Po co? Jedyne, czego oni chcą, to pieprzyć się z tobą.

Potem już pracowałam siedem razy w tygodniu, od dwudziestej do piątej, szóstej rano. Jednej nocy obsługiwałam średnio dwudziestu pięciu klientów. Mój najgorszy wynik to osiemnastu, a najlepszy – trzydziestu czterech. Mój duch walki szybko został złamany. Byłam tak wyczerpana, że nic mnie nie obchodziło, nawet to, czy przeżyję kolejny dzień.

Czasami, kiedy wracałam o świcie, Kas był zły, a czasami rozmawiał ze mną niemal normalnie – opowiadał o sobie i swoim życiu. Wtedy jeszcze nie przyszło mi do głowy wątpić, czy to, co mówi, jest prawdą. Wierzyłam we wszystko. Jednak z perspektywy czasu sądzę, że sprzedawał mi same kłamstwa.

Powiedział, że zaczął szmuglować w wieku siedemnastu lat. Najpierw przerzucał Albańczyków do Włoch, potem zajął się bronią, a w końcu narkotykami. Z początku przemycał narkotyki z Holandii, ale potem uświadomił sobie, że bezpieczniej działać wyłącznie na terenie Włoch. Twierdził, że jest największym dilerem w okolicy.

– Prawie zawsze pracuję sam – powiedział. – Ludzie są głupi i mogą wpakować cię w kłopoty, więc lepiej polegać tylko na sobie. Wtedy masz pewność, że nie wpadniesz. – Pogłaskał mnie po głowie i dodał: – Ale z tobą, moja mała myszko, jest inaczej. Wiem, że nigdy mnie nie zawiedziesz. Wiem, że mogę ci ufać. Nie wpędzisz mnie w kłopoty, prawda?

Przeszedł mnie przyjemny dreszcz na myśl, że może mimo wszystko naprawdę mnie kocha, więc pokręciłam głową i wyszeptałam: „nie".

Często, kiedy straszył mnie, że coś mi zrobi, jeśli nie będę okazywać mu szacunku, tłumaczyłam sobie w duchu: Jest po prostu zły, bo popełniłam błąd. Ale wcale mnie nie skrzywdzi. Kocha mnie. Niemal co dzień wrzeszczał:

– Co z tobą kobieto?! Z czym masz problem? Przecież nie każę ci robić niczego niezwykłego. Czemu jesteś taka głupia?

Wtedy płakałam i nienawidziłam siebie za to, że ciągle coś mi nie wychodzi. Bo wiedziałam, że Kas słusznie się wścieka i że ma rację: jestem zbyt głupia, by zasługiwać na czyjąkolwiek miłość.

Rozdział 7

Kas nie potrzebował dużo czasu, by mnie całkiem zmienić. Dawna Sophie gdzieś zniknęła i czasami, stojąc przed lustrem, nie poznawałam swojego odbicia.

Choć okazywałam Kasowi bezwzględne posłuszeństwo i bardzo starałam się, żeby był ze mnie zadowolony, ciągle robiłam coś nie tak. A ponieważ nawet z powodu najmniejszego błędu wpadał w gniew, stale się stresowałam. Przez większość czasu snułam się jak zombie z totalną pustką w głowie, bo szybko zorientowałam się, że im mniej myślę, tym mniej czuję, a tym samym mniej cierpię.

Nigdy nie odzywałam się do Kasa pierwsza, a kiedy nie potrafiłam odpowiedzieć na jego pytanie – zwykle dlatego, że z nerwów nie mogłam się skupić – mówiłam sobie, że ma rację, z każdym kolejnym dniem staję się coraz głupsza. Już prawie w ogóle samodzielnie nie myślałam, ale to nie miało znaczenia, bo jedyne, co musiałam, to pracować co noc na ulicy, wmuszać w siebie jedzenie, które stawiał przede mną Kas, i spać, dopóki nie nadeszła pora, żeby znowu wyjść na ulicę.

Przy rzadkich okazjach, gdy pokazywałam się z Kasem publicznie, nosiłam dres i czapkę niemal całkowicie nasuniętą na oczy. Tak mi kazał. Chodziło nie tylko o to, żeby nikt mnie nie rozpoznał, ale też żebym ja nie patrzyła na ludzi. Przede wszystkim na mężczyzn. Kas twierdził, że jeden z jego znajomych, z którymi spotkaliśmy się w kawiarni zaraz po moim przyjeździe do Włoch, powiedział mu później, że zerkałam na niego prowokacyjnie.

– Nieprawda. Wcale nie spoglądałam tak na niego – przysięgałam Kasowi, ale on i tak mnie uderzył, a potem krzyczał tak długo, że w końcu straciłam pewność, czy faktycznie nie patrzyłam w ten sposób.

Zwykle sypiałam sama w sypialni Kasa. Czasem budził mnie i zapraszał na sofę w salonie, gdzie leżeliśmy razem, a on gładził mnie po włosach i nazywał swoją „śliczną, małą myszką". Bardzo rzadko chciał uprawiać ze mną seks, a gdy już do tego dochodziło, znaczyło to, że zrobiłam coś jak trzeba i był ze mnie zadowolony. To, że sam akt nie dawał mi żadnej satysfakcji – czułam się tak samo jak z klientem – było mało istotne. Uzyskanie aprobaty Kasa szybko stało się moim najważniejszym celem.

Nie przestawał mi wymyślać i grozić. Miał bardzo bogaty repertuar, ale najczęściej słyszałam: „Musisz to robić, kiedy kogoś kochasz: musisz poświęcać się dla niego" i „Pożałujesz, jeśli nie okażesz się posłuszna". Lista obowiązujących mnie zasad była koszmarnie długa. Obowiązywało mnie tak dużo nakazów i zakazów, że choć nawet przez myśl mi nie przeszło, że mogłabym któryś celowo złamać, stale bałam się, że przypadkiem popełnię jakiś błąd.

Minęło sporo czasu, zanim zaczęłam się zastanawiać, czy Kas robi te wszystkie rzeczy, żeby rzeczywiście uciec przed ciężkim losem. Właściwie to nic nie wiem na temat jego pochodzenia czy dorastania – tych kilka rzeczy, które mi powiedział, zapewne było nieprawdą. Jestem niemal przekonana, że wybrał taką drogę z miłości do pieniędzy, a nie zamierzał sam pracować, skoro z łatwością mógł skłonić innych – w różny sposób – by pracowali na niego.

Aż do pamiętnego niedzielnego wieczoru podczas mojego pierwszego weekendu we Włoszech, byłam święcie przekonana, że Kas to wrażliwy, czuły mężczyzna. Szybko okazało się, że tak naprawdę jest bezwzględnym i totalnie samolubnym tyranem. Nie liczył się dla niego nikt, poza nim samym.

Choć zmuszał mnie do prostytucji i nikt przy zdrowych zmysłach nie pomyślałby, że Kas mnie kocha, czasami wyznawał mi miłość. Bardzo chciałam w nią wierzyć, ale w głębi duszy czułam, że on nie potrafi kochać i że jestem dla niego tylko narzędziem do osiągnięcia celu, kimś, kogo traktuje wyłącznie instrumentalnie i wcale o niego nie dba.

Ilekroć ośmieliłam się na coś poskarżyć albo poprosić go, żeby nie kazał mi robić czegoś, co mnie przeraża, mówił, żebym pomyślała o tych, którzy mają gorzej ode mnie, co było śmiechu warte, biorąc pod uwagę fakt, że on myślał wyłącznie o sobie. Na ludzi, których nie mógł wykorzystać do własnych korzyści, nie zwracał najmniejszej uwagi. Więc kiedy częstował mnie tą radą, często odnosiłam wrażenie, że po prostu powtarza coś, co może w dzieciństwie słyszał od swojej matki.

Trzeciej nocy, kiedy pracowałam już bez Cary, cały czas musiałam walczyć z pokusą, żeby przykucnąć za niskim murkiem na tyłach stacji benzynowej i przeczekać tak do rana. Wiedziałam jednak, że nic, co mógłby mi zrobić któryś z tych facetów, nie byłoby równie straszne jak to, co zrobiłby mi Kas, gdybym wróciła do domu bez pieniędzy.

Po jakimś czasie, kiedy zdążyłam już obsłużyć paru klientów, zatrzymał się przy mnie samochód i wyskoczyło z niego dwóch policjantów. Nie wiem czemu – może podjechali do mnie pod takim kątem – ale nie zauważyłam w porę napisu „*Carabinieri*", widniejącego po obu stronach auta. Z walącym sercem usiłowałam sobie szybko przypomnieć, co Kas i Cara kazali mi robić w takiej sytuacji.

Jeden z gliniarzy natychmiast ruszył w moją stronę. Krzyczał i wymachiwał rękami, a ja stałam jak sparaliżowana. Kiedy do mnie dotarł, wyrwał mi z dłoni torebkę.

– *Vai via! Non scopa!** – wrzasnął, wypuszczając mi prosto w twarz kłąb dymu papierosowego. – Ciągle pokrzykując, zaczął przeszukiwać moją torebkę. Na ziemię poleciały chusteczki higieniczne i kondomy. Przykucnęłam, żeby je pozbierać, ale złapał mnie za ramię i pociągnął w górę. – *Vai!* Nie będzie tu prostytutek.

Nie podnosiłam wzroku – żeby przypadkiem nie okazać mu braku szacunku – i milczałam, nawet gdy oddał mi torebkę i pchnął mnie w stronę radiowozu. Przytrzymując mnie jedną ręką, otworzył tylne drzwi.

– *Andiamo!*** – ryknął tuż przy mojej twarzy i po chwili znalazłam się na tylnym siedzeniu.

Kiedy wyjechaliśmy na drogę, drugi policjant powiedział coś po włosku i obaj się zaśmiali. Cała się trzęsłam, czułam się zupełnie bezbronna. Nikt poza tymi gliniarzami nie wiedział, gdzie jestem – nie, żeby ktoś miał się przejąć moim losem, gdyby wiedział. Nagle przypomniałam sobie instrukcje Kasa odnośnie do policyjnej wpadki.

Powoli, bardzo ostrożnie, sięgnęłam do torebki, wyjęłam komórkę i trzymając ją na kolanach, wysłałam SMS o treści: „glina". Potem usunęłam wiadomość, schowałam kartę SIM do kieszeni kurtki i odłożyłam telefon do torebki. Od razu poczułam się lepiej. Kas wkroczy do akcji; dopilnuje, żeby nic złego mi się nie

---

* Odejdź! Zakaz pieprzenia!

** Jedziemy!

stało. Po chwili ogarnęły mnie wątpliwości. A jeśli się wściekł, że dałam się złapać glinom? Co jeśli *carabinieri* mnie przeszukają i znajdą kartę SIM z numerem Kasa? Moje serce znowu przyspieszyło i przeklinałam w duchu swoją głupotę i to, że nie zauważyłam, że zbliża się do mnie policyjny samochód.

Jazda na posterunek trwała jakieś piętnaście, dwadzieścia minut i w tym czasie żaden z gliniarzy się do mnie nie odezwał. Na miejscu zaprowadzili mnie do pokoju przesłuchań.

– Zdejmij kurtkę. I buty – polecił jeden z nich po angielsku szorstkim tonem.

Musiałam przygryźć wargę, żeby się nie rozpłakać, bo czułam się strasznie upokorzona. Było mi siebie żal.

Jak dotąd wnętrze komisariatu widziałam jedynie w telewizji; nigdy nie miałam żadnych problemów z prawem i do głowy by mi nie przyszło, że kiedyś znajdę się w takiej sytuacji. Schyliłam się, żeby rozsunąć zamek tanich, białych kozaków, i nagle przed oczami stanęła mi twarz matki. Na policzki wypłynął mi rumieniec wstydu. Byłaby w ciężkim szoku, gdyby mnie teraz zobaczyła – jak stoję na posterunku policji w obcym kraju, zgarnięta z ulicy za prostytucję. Nic dziwnego, że policjanci patrzyli na mnie jak na szmatę.

Zdenerwowana i jednocześnie skupiona na tym, żeby pokazać tym facetom, że nie jestem taką dziewczyną, za jaką mnie biorą, ani nie zamierzam sprawiać żadnych kłopotów, zupełnie zapomniałam o pieniądzach ukrytych w butach. Kiedy wyleciały na podłogę, zaczęłam je natychmiast zbierać i upychać do kieszeni kurtki jak jakaś szalona żebraczka. Dopiero po chwili dotarło do mnie, że teraz na pewno nie uwierzą, że wcale nie robiłam na poboczu drogi tego, co myślą.

– Jesteś obrzydliwa! – wrzasnął policjant. – Zostaniesz odesłana do swojego kraju i wszyscy się dowiedzą, czym zajmowałaś się we Włoszech. Przynosisz wstyd rodzinie. – Potem wskazał mi krzesła i mały, metalowy stolik, jedyne meble w tym niedużym pomieszczeniu, a kiedy usiadłam, rozpoczął przesłuchanie. – Jak się nazywasz? Od kiedy jesteś we Włoszech? Gdzie mieszkasz?

Opowiedziałam im wymyśloną przez Kasa bajeczkę i wyrecytowałam adres, który kazał mi podawać w razie kontaktu z gliniarzami.

– Jeśli zawieziemy cię pod ten adres, otworzysz drzwi własnym kluczem i wejdziesz do środka? – zapytał drugi policjant.

– Oczywiście – wyszeptałam, starając się przybrać minę osoby pewnej siebie.

W pewnej chwili przebiegło mi przez myśl, żeby powiedzieć im prawdę. Ale zaraz usłyszałam w głowie głos Kasa: „Nigdy nie będziesz wiedziała, czy ludzie są naprawdę tymi, za kogo się podają. Nigdy nie będziesz mieć pewności, czy nie pracują dla mnie. Wiesz, co ci zrobię, jeśli okażesz mi nieposłuszeństwo?" I dotarło do mnie, że nie odważę się nikomu zaufać ani nie poproszę nikogo o pomoc.

Trzymali mnie na posterunku przez kilka godzin, a kiedy w końcu stamtąd wyszłam, okazało się, że jestem w nieznanym mi mieście. Przez moment desperacko myślałam, żeby spróbować złapać stopa – a nuż udałoby mi się w ten sposób dotrzeć do samej Anglii, a przynajmniej wystarczająco daleko, żeby skontaktować się z mamą i Steve'em, a oni by po mnie przyjechali i zabrali mnie do domu. I wyobrażałam sobie, jak byłoby cudownie zobaczyć ich samochód jadący w moją stronę. Zaraz jednak wróciłam do rzeczywistości. Wiedziałam, że nic z tego nie wyjdzie. Po pierwsze nigdy w życiu nie jeździłam stopem, a po drugie uznałam, że łapanie okazji o pierwszej w nocy, w miniówce i białych kozakach, to nie jest dobry pomysł. Poza tym Kas miał mój paszport, a ulice były puste.

Oddaliłam się od posterunku i usiadłam na ławce obok przystanku autobusowego, pogodzona z faktem, że tylko jedna osoba może mi pomóc.

Kas odebrał telefon już po pierwszym sygnale.

– Gdzie się podziewasz, do cholery?! – wrzasnął.

– Zgarnęła mnie policja – wyszlochałam. – Nie wiem, gdzie jestem.

– Przestań płakać, kobieto. – Przez moment był podejrzanie spokojny, po czym znowu się rozdarł: – Zobaczysz! Zobaczysz, co ci zrobię. Trzeba być totalną idiotką, żeby nie patrzeć, dokąd się jedzie! A teraz co? Spodziewasz się, że przylecę i cię znajdę, kiedy wszędzie kręcą się psy? Jeśli mnie zatrzymają, to wyłącznie przez ciebie, i możesz mi wierzyć, kobieto, że wtedy naprawdę będziesz miała powód do płaczu.

– Przepraszam – wyszeptałam. – Bałam się. Nie...

– Co widzisz? – przerwał mi. – Rozejrzyj się. Myśl, kobieto, myśl.

Dobrze znałam już zasadę dwóch sekund – czekał dwie sekundy na odpowiedź, a potem mnie lał – ale im bardziej mnie zastraszał i dręczył, tym ciężej było mi się skupić nad odpowiedzią albo zrobić to, czego ode mnie żądał. Na szczęście udało mi się opisać otoczenie wystarczająco dobrze, żeby Kas tu trafił. Pół godziny później siedziałam już obok niego w samochodzie, a on krzyczał na mnie, najpierw po albańsku, potem po angielsku.

– Dlaczego ty jesteś taka głupia? Chcesz, żebym miał problemy z policją? Odpowiedz! Tego właśnie chcesz?

– Nie, nie, oczywiście, że nie – załkałam. – Przepraszam.

– Nie wiem, czemu zawracam sobie tobą głowę – prychnął szyderczo. – Spójrz na siebie! Jesteś do niczego! Ile straciłem dzisiaj przez twoją głupotę? Cóż, wracasz do pracy.

Przerażona gwałtownie wciągnęłam powietrze i natychmiast próbowałam zamaskować to kaszlem, ale nie udało mi się zwieść Kasa. Nie odwracając głowy, oderwał rękę od kierownicy i zdzielił mnie w głowę.

– Ale z ciebie zalękniona mała myszka – wycedził. – Nie radzisz sobie z najprostszymi rzeczami. Niepotrzebnie tracę na ciebie czas. Wiem, że w końcu wpakujesz mnie w kłopoty. Powinienem się ciebie pozbyć i robić to z kimś innym.

– Przepraszam – wybełkotałam. – To dlatego, że nie mam w tym doświadczenia. – Modliłam się, żeby nie usłyszał głosu krzyczącego w mojej głowie: Proszę, proszę, proszę rób to z kimś innym.

– Czy to takie skomplikowane, kobieto?! – ryknął. – Jedyne co musisz, to rozłożyć nogi. Rozkładasz nogi, ktoś cię pieprzy i ruszasz dalej. Co w tym trudnego, do cholery?

Chciałam krzyknąć: To jest trudne. Samo stanie na ulicy jest trudne, ale powiedziałam jedynie:

– Boję się. Proszę, nie każ mi już dzisiaj wracać do pracy.

– Boisz się? – Zaśmiał się szyderczo. – Boisz się jakiegoś głupiego gliniarza? Z powodu jednego policjanta nie chcesz wrócić do pracy?

– Było ich dwóch – zauważyłam. – I nie pozwolili mi tam wracać.

– Ach tak. Teraz rozumiem – zakpił. – Nie wrócisz do pracy, bo ci nie pozwolili.

– A jeśli znów przyjadą? – zapytałam. – I mnie zgarną?

W jednym miał rację. To, że nie pozwolono mi tam wracać, było dla mnie wystarczającym powodem, by tego nie robić. Czułam się, jakbym zupełnie straciła grunt pod nogami; musiałam robić coś wbrew sobie, wbrew swoim zasadom moralnym, i to mnie przerażało. Zaczęłam płakać, a wtedy Kas całkiem stracił panowanie nad sobą. Złapał mnie za włosy i uderzał moją głową o szybę, aż zrobiło mi się słabo. Myślałam, że czaszka rozpadnie mi się na kawałki. Potem mocno chwycił mnie za gardło. Próbowałam oderwać jego rękę, a gdy już czułam, że lada moment eksplodują mi płuca, świat zasnuł się czernią.

Kiedy się ocknęłam, Kas nachylał się nade mną.

– Oddychaj, kobieto. Oddychaj – powtarzał. Staliśmy na poboczu, a on trzymał moją głowę w swoich dłoniach. – Co ja zrobiłem? Ocknij się, mała myszko. Proszę, ocknij się. Pojedziemy do szpitala. Zrobimy wszystko, co zechcesz. Tylko nie umieraj. Błagam. – W jego głosie wyraźnie brzmiała panika.

Zdawało mi się, że moje całe ciało płonie, ale kiedy tylko powietrze dotarło do płuc, spojrzałam na Kasa i pomyślałam: Zależy mu na mnie. Teraz wszystko już będzie dobrze. Jednak gdy próbowałam się odezwać, odepchnął mnie.

– Nie pogrywaj sobie ze mną, kobieto! – krzyknął. – Masz mnie tak więcej nie straszyć! – Przywarłam do drzwi, starając się nie rozpłakać, a Kas uruchomił silnik. – Dziś już się do niczego nie nadajesz – stwierdził. – Ale radzę ci, żebyś ogarnęła się do jutra. Musisz być w formie.

Leżałam w łóżku i cicho płakałam; odnosiłam wrażenie, jakby w mojej głowie ktoś grał na bębnie. Każde uderzenie wyzwalało nową falę bólu. Mijały godziny, a ja nadal czuwałam, zbyt wyczerpana, by zasnąć. Nagle zaczęłam podejrzewać, że ci dwaj policjanci byli kumplami Kasa; przysłał ich, żeby mnie sprawdzili. Im dłużej o tym myślałam, tym bardziej wydawało mi się to prawdopodobne. I może się nie myliłam, bo później też byłam zgarniana przez innych gliniarzy, ale zawsze wieźli mnie na posterunek oddalony o kilka minut drogi, a nie do innego miasta.

– Nie łudź się, że psy ci pomogą – powtarzał ciągle Kas. – Ani przez chwilę nie wierz w to, że są twoimi przyjaciółmi. Nikt nie jest twoim przyjacielem i nikt, kogokolwiek kiedykolwiek spotkasz, nigdy ci nie pomoże. Ani policja, ani inne dziewczyny, ani żaden facet. – A ja wiedziałam, że to prawda i że nikomu nie mogę ufać.

Czasami Kas wysadzał mnie kawałek od „mojego miejsca" i idąc ulicą, nakazywałam sobie w duchu: Weź się w garść. Nie myśl o jutrze, skoncentruj się wyłącznie na tym, żeby jakoś dociągnąć do rana. Później, gdy czekałam na klientów, modliłam się: Proszę, proszę, Boże, nie pozwól, żeby coś mi się stało. Pozwól mi przetrwać tę noc. Po każdej nocy czułam się, jakby znów udało mi się uniknąć kulki.

Już prawie zapomniałam, że pracuję na ulicy dlatego, żeby spłacić dług Kasa. Starałam się nie myśleć o jutrze ani o kolejnych dniach, bo kiedy to robiłam, widziałam jedynie ciągnącą się w nieskończoność teraźniejszość. Wybieganie myślą w przyszłość sprawiało, że trudniej mi było znieść bieżący dzień. Nie wiedziałam więc – i wolałam się nie zastanawiać – czy kiedyś nadejdzie chwila, gdy dzięki moim wysiłkom Kas odda wszystkie pieniądze.

Kiedy o piątej rano wracałam do miejsca, z którego mnie zabierał, wokół nie widziałam żywej duszy. Kas ciągle mi powtarzał, jakie to ważne, żebym upewniała się, czy nikt mnie nie śledzi, i podkreślał, jak bardzo ryzykuje, że ktoś go ze mną zobaczy. On ryzykuje – śmiechu warte, biorąc pod uwagę fakt, że właśnie spędziłam noc na ulicy, zadając się z nieznajomymi facetami. Często też mi przypominał, że gdyby ktoś zauważył nas razem, mam mówić, że go nie znam i że po prostu zgodził się mnie podwieźć. Jednak po kilku tygodniach przestał po mnie przyjeżdżać. Zapewne stwierdził, że boję się go już na tyle, że nie spróbuję uciec, i muszę radzić sobie sama. Czasami więc łapałam okazję, a czasami prosiłam ostatniego klienta, żeby podrzucił mnie do wzgórza.

W Anglii do głowy by mi nie przyszło, żeby jeździć stopem, nawet w biały dzień, a co dopiero bladym świtem, kiedy na drogach wieje pustką. Ale tym bardziej nie przypuszczałam, że kiedyś będę pracować jako prostytutka. Zdumiewająco szybko nauczyłam się ryzykować, zwłaszcza gdy miałam do wyboru: złapać stopa albo iść pieszo przemarznięta i wyczerpana. Nieraz myślałam: A nawet jeśli ktoś mnie zaatakuje, to co z tego. Jeśli zginę, przynajmniej uwolnię się od tego procederu.

Stojąc na poboczu drogi, niemal zawsze zastanawiałam się, co by mama powiedziała, gdyby mnie teraz zobaczyła. Nadal czułam się z nią mocno związana, ale w miarę jak mój świat się kurczył – by ostatecznie ograniczyć się jedynie do mieszkania Kasa i ulic, na których pracowałam – wszystko, co pozostało na zewnątrz, coraz bardziej się rozmywało.

Aby przetrwać, musiałam oddzielić umysł od ciała i wmawiać sobie, że już nie jestem Sophie, tylko dziewczyną z Rosji. Pracuję na ulicy, żeby pomóc rodzinie, i z całych sił staram się nie wpakować w kłopoty. Nie mogłam myśleć inaczej, bo to mnie rozstrajało i utrudniało zadanie, żeby oderwać się od swojej dawnej rzeczywistości, a teraz jedynie przeszłości. To, czego chciałam i co czułam, nie miało już znaczenia, bo moim jedynym celem stało się zarabianie pieniędzy dla Kasa.

Przez pierwsze tygodnie nie przynosiłam tyle, ile ode mnie oczekiwał, i noc w noc bałam się momentu, kiedy zacznie przeliczać forsę. Ciągle się na mnie złościł, choć obsługiwałam każdego klienta, który się przy mnie zatrzymał i zaakceptował cenę. Nie wiedziałam, co jeszcze mogłabym zrobić. Bałam się, że może nie jestem dość atrakcyjna, żeby faceci chcieli uprawiać ze mną seks. Zdecydowanie nie czułam się atrakcyjna, gdy tak stałam na poboczu, drżałam ze zdenerwowania jak nieśmiała dziewczynka. Poza tym wiedziałam, że wyglądałam głupio w ciuchach, które każe mi nosić Kas. Ale wszystko, co mówiłam, jakby zupełnie do niego nie docierało, i upierał się, że na pewno go okradam i zdradzam z innymi facetami. Nie wiem, czy naprawdę w to wierzył, czy po prostu taki wybrał sposób, żeby zmotywować mnie do większego wysiłku, ale przylał mi, kiedy powiedziałam z płaczem:

– Jak możesz podejrzewać, że cię okradam? Oddaję ci wszystko. I niby jak miałabym cię zdradzać? I po co? Ci faceci płacą za seks, nie interesuje ich związek ze mną.

Każdej nocy, gdy czekałam przy drodze na następnego klienta, byłam jakby dwiema osobami. Jedna modliła się: niech nikt się nie zatrzymuje, żebym nie musiała uprawiać z nikim seksu; druga błagała w duchu: niech zatrzymuje się więcej samochodów, żebym mogła zarobić dość, by zadowolić Kasa – bo wtedy może by mnie nie uderzył i nie krzyczał: „Czemu ty jesteś taka głupia? Nawet z najprostszej rzeczy robisz problem".

Kasa wkurzało też to, że mam trudności z jedzeniem. Nigdy nie jadłam zbyt dużo, ale myślę, że tam straciłam apetyt częściowo z powodu wyczerpania. Możliwe, że głodzenie się było też formą kary wymierzanej samej sobie za te wszystkie okropne, odrażające rzeczy, jakie robię każdej nocy. Albo sposobem, żeby zachować niezależność przynajmniej w jednym aspekcie swojego życia, które w przeciwnym wypadku całkowicie pozostawałoby pod kontrolą Kasa. Jednak w tamtym czasie nie zastanawiałam się nad tym, dlaczego nie mogę jeść, i nawet gdy Kas na siłę wpychał mi jedzenie do ust, przełykałam zaledwie parę kęsów, ponieważ po większej ilości natychmiast zbierało mi się na wymioty.

Któregoś południa wrócił do domu z panini z szynką parmeńską i tłustym majonezem.

– Jedz! – ryknął, jak to on, a mnie natychmiast zacisnęło się gardło.

Ugryzłam jednak kawałek i zaczęłam przeżuwać, walcząc z mdłościami. Cały czas czułam na sobie spojrzenie Kasa.

– No żryj! Jesteś obrzydliwa! – wrzasnął nagle. – Zdajesz sobie sprawę, że są na świecie ludzie, którzy nie mają niczego? Miliony ludzi umierają z głodu, a ty nie chcesz jeść takich dobrych rzeczy, które dostajesz pod sam nos. Wstydź się.

– Staram się jeść – odpowiedziałam ze łzami w oczach.

Natychmiast znalazł się przy mnie, wyrwał mi z rąk panini i zaczął wpychać do moich ust. Głowę odchylał mi do tyłu tak mocno, że myślałam, że mi zaraz trzaśnie szyja. Poczułam podchodzące do gardła wymioty, zerwałam się od stołu – po tym jak walnął mnie w głowę – i popędziłam do łazienki. Kiedy już wszystko zwróciłam, pragnęłam jedynie położyć się na chłodnej podłodze i zasnąć. Wiedziałam jednak, że Kas na mnie czeka.

Wróciłam do kuchni. Obrzucił mnie pogardliwym spojrzeniem, a potem wskazał na stół, warknął „wpieprzaj to" i wyszedł. Chwilę później usłyszałam z salonu włączony telewizor. Zjadłam tyle, ile zdołałam, resztę ukryłam w rękawach, po czym wróciłam do łazienki, gdzie znów puściłam pawia i pozbyłam się tego, co przemyciłam, spłukując to po kawałku w toalecie.

Jeśli rzeczywiście starałam się w ten sposób zachować nad sobą jakąkolwiek kontrolę, robiłam to podświadomie. Tak czy inaczej, byłam coraz bardziej niedożywiona i ciągle się przeziębiałam. Kas z odrazą patrzył na moje zapuchnięte oczy i czerwony nos, po czym wysyłał mnie do pracy jak zawsze. Ale zaczął karmić mnie co dzień bananami i miodem; od zawsze nie cierpiałam obu tych rzeczy, więc rzygałam po nich, co sprawiało, że Kas podawał mi ich jeszcze więcej.

Pewnego dnia skubałam właśnie banana, którego mi dał, starając się myśleć o czymś innym i nie zwracać uwagi na wzbierające mdłości, gdy nagle wyrwał mi go z ręki i rozgniótł na mojej głowie.

– Spójrz na siebie! – darł się. – Jesteś jak zwierzę. Czy ja muszę wszystko za ciebie robić? Nie potrafisz niczego zrobić sama? Jesteś tak głupia, że nie umiesz nawet zjeść banana bez mojej pomocy?

Czasami pojawiały się znaki ostrzegawcze, a czasami, tak jak tym razem, wybuchał bez ostrzeżenia. Ponieważ był nieprzewidywalny, cały czas żyłam w napięciu jak mały przerażony piesek, którego pan może w każdej chwili skrzyczeć i potraktować butem.

Innego wieczoru kazał mi przygotować makaron z sosem pomidorowym. Nienawidziłam takich zadań. Ponieważ bałam się popełnić choćby najmniejszy błąd, sprawdzałam wszystko po kilka razy i byłam cała roztrzęsiona. Choć zawsze sądziłam, że nieźle gotuję, któregoś razu Kas pokazał mi ze złością, jak zrobić to danie „prawidłowo". Tak więc, gdy w garnku gotował się makaron – w odpowiedniej, jak miałam nadzieję, ilości wody – mieszałam sos, odtwarzając w myślach, co po kolei dodawałam, aby się upewnić, że nie zapomniałam o żadnym składniku.

Kas wszedł do kuchni akurat, kiedy odlewałam makaron. Natychmiast ogarnęły mnie wątpliwości. Czy użyłam odpowiedniego garnka? Czy dobrze trzymam durszlak? Czy przypadkiem sos nie zaczyna już wrzeć? Czy gdybym odwróciła głowę, żeby to sprawdzić, część makaronu wleciałaby do zlewu zamiast do durszlaka? A jeśli nie sprawdzę i sos się przypali? Czy czuję spaleniznę?

Drżącymi rękoma położyłam durszlak z makaronem na pustym garnku – niestety przy okazji potrąciłam pokrywkę, a ta z głośnym brzdękiem zakołysała się na blacie. Zerknęłam szybko na Kasa i przeprosiłam. Ale, ku mojej uldze, tylko wzruszył ramionami i usiadł przy stole. Nie jest źle, stwierdziłam w duchu. Ma dobry humor, inaczej już by na mnie nawrzeszczał, że robię hałas. Wolniutko i ostrożnie zaniosłam mu makaron z sosem. Postawiłam przed nim talerz i wstrzymałam oddech, modląc się w duchu: Proszę, niech wszystko będzie w porządku.

Z walącym sercem patrzyłam, jak bierze do ust pierwszą porcję. Potem uniósł głowę, ale z jego spojrzenia niczego nie mogłam wyczytać. Czy jest zadowolony? Smakuje mu? Może sypnęłam za dużo soli? Albo rozgotowałam makaron?

Zerwał się znienacka, a ja skuliłam się w sobie jak przestraszone zwierzę.

– Ty cholerna małpo! – ryknął. – Chcesz mnie otruć? Co to jest? Nie dałbym tego obrzydlistwa nawet psu! Czy do ciebie nic nie dociera? Robisz to specjalnie? Lubisz mnie denerwować? Kto leje tyle sosu na makaron?

– Przepraszam. Przykro mi – wychlipałam.

– Przykro ci? – wrzasnął. – Przykro to ci dopiero zaraz będzie! – Chwycił ze stołu talerz i cisnął nim we mnie.

Schyliłam się odruchowo. Talerz rozbił się o ścianę z tyłu, a na moich włosach i ubraniu wylądowały jego odłamki i cząstki jedzenia. Ledwie kucnęłam, zakrywając głowę rękami, Kas doskoczył do mnie i złapał mnie za włosy. Zupełnie stracił nad sobą panowanie. Okładał mnie pięściami i kopał. Przypominał wielkie, agresywne dziecko w napadzie furii. Ścisnął mnie za gardło i pociągnął w górę, po czym zaczął walić moją głową o ścianę.

– Czemu ty jesteś taka głupia?! – krzyczał.

Kiedy osunęłam się na podłogę, znów dał mi parę kopów.

– Lepiej tu posprzątaj, suko! – Przycisnął moją twarz do posadzki i wycierał płytki moimi włosami. Po chwili ponownie przywrócił mnie do pionu. – Spójrz na swoje pieprzone włosy – darł się. – Nie masz w sobie za grosz godności, kobieto? – Potem puścił mnie i wyszedł.

Cała obolała zostałam pod ścianą. Byłam w zbyt dużym szoku, żeby się ruszyć. Nadal tam stałam, kiedy wrócił z elektryczną maszynką do golenia. Chciałam uciec, ale poślizgnęłam się i upadłam na zapaskudzoną podłogę. Chwycił mnie za ramię.

– Nie mogę dłużej patrzeć na te twoje obrzydliwe włosy – wrzasnął. – Zaraz ci je zgolę. Jesteś odrażająca. Jesteś jak zwierzę.

Muszę przyznać, że właśnie tak się czułam.

Nie ogolił mnie jednak, tylko odepchnął od siebie i powiedział z obrzydzeniem:

– Spójrz na siebie. Trzęsiesz się jak przerażona myszka. Zejdź mi z oczu. Ale najpierw tu posprzątaj.

Pozbierałam jedzenie i szczątki talerza, później dokładnie wymyłam kuchnię. Kiedy już parę razy sprawdziłam, czy gdzieś nie zostały jakieś ślady, poczłapałam do łazienki, umyłam się, ubrałam i poszłam do pracy wściekła na samą siebie, że jestem tak głupia, że nie wiem, ile sosu podaje się na talerz makaronu.

Rozdział 8

Ciągle bałam się Kasa, ale kiedy uświadomiłam sobie, że nie mam wpływu na swój los, poczułam, jakbym się wyzwoliła, i wkrótce po zajściu z sosem do makaronu zaczęłam myśleć: Nawet jeśli mnie zabije, to co. Już mi nie zależy. Zawsze dobrze się uczyłam, potem dostałam niezłą pracę, ale najwyraźniej byłam głupia życiowo i niezależnie od tego, jak bardzo się starałam, wszystko robiłam źle. Nic więc dziwnego, że Kas wściekał się na mnie, kiedy nie radziłam sobie z najprostszą rzeczą.

Któregoś dnia, niedługo po tym, jak zaczęłam pracować na ulicy, czymś go wkurzyłam – już nie pamiętam czym, bo tyle tego było – i zawiózł mnie nad rzekę. Zatrzymał samochód na zakurzonej trawie między nabrzeżem a ulicą i kazał mi wysiąść. Potem złapał mnie za rękę i pociągnął nad wodę.

– Jeśli jeszcze kiedykolwiek okażesz mi nieposłuszeństwo, to skończysz tutaj – powiedział. – Zabiję cię i wyrzucę twoje martwe, bezużyteczne ciało do tej rzeki.

Nie miałam wątpliwości, że mówi poważnie.

Przez kilka pierwszych nocy wciskałam się w siedzenie każdego kolejnego samochodu i płakałam w duchu. Ale stopniowo opanowałam sztukę wyłączania się i zupełnie nic do mnie nie docierało. Po paru tygodniach czasami czułam się bardziej bezbronna, kiedy byłam w mieszkaniu z Kasem niż sama na ulicy. W końcu nigdy nie wiedziałam, kiedy znów wpadnie w szał. Dziwnie to zabrzmi, ale zyskałam paru stałych klientów, którzy miło ze mną rozmawiali, a ja zachowywałam się przy nich niemal swobodnie. Niestety wielu innych wzbudzało we mnie przerażenie, a niektórzy kazali mi robić dziwaczne rzeczy, czego nie znosiłam.

Pewnego razu zatrzymał się przy mnie starszy facet. Ledwo wsiadłam do jego auta, ogarnął mnie strach. Nie wiedziałam czemu; po prostu miał w sobie coś takiego, co mi się nie podobało. Zauważyłam to już, kiedy gadałam z nim przez otwarte okno, ale nie zarobiłam tej nocy jeszcze dość pieniędzy i nie miałam wyboru, jeśli chciałam uniknąć gniewu Kasa.

Podczas seksu gość ciągle mnie obmacywał, choć powiedziałam mu – tak samo jak mówiłam wszystkim – że nie wolno mu tego robić. Większość facetów od razu mnie przepraszała i trzymała ręce przy sobie, ale ten zignorował moją prośbę. W końcu złapałam go za nadgarstek i oderwałam jego dłoń od swojego ciała.

– Skoro nie mogę cię dotykać, to jak mam to robić? – krzyknął. – Oddawaj pieniądze.

Natychmiast zwróciłam mu forsę i odetchnęłam z ulgą, kiedy wysadził mnie na poboczu niedaleko stacji benzynowej. Ale gdy czekałam na następnego klienta i rozmyślałam o tym, co się stało, uświadomiłam sobie, że zachowałam się śmiesznie: robiłam z obcymi facetami coś, co powinno być dopełnieniem miłości dwojga ludzi, więc co za różnica, czy mnie przy tym obmacywali, czy nie. Od tamtego momentu przestałam się tym przejmować.

Miałam klientów w różnym wieku, od dwudziestolatków po sześćdziesięciolatków lub nawet starszych. Niektórzy z nich wydawali się bardzo atrakcyjni – i to mnie mocno zaskakiwało. Gdybym w swoim poprzednim życiu kiedykolwiek zastanawiała się nad tym, jacy mężczyźni korzystają z usług prostytutek, pewnie uznałabym, że tylko jakieś kanalie. Nie sądzę, żeby przyszło mi do głowy, że część z nich to „normalni" faceci, którzy mają dziewczyny albo żony i dzieci. Tak więc ze zdziwieniem odkryłam, że w większość to zwyczajni goście, czasem nawet całkiem mili – przepraszali, jeśli coś mnie zabolało, i rozmawiali ze mną o swoim życiu i rodzinach. Zdawało się, że któryś mnie pytał, ile mam lat, a kiedy usłyszał odpowiedź, mówił: „Ooo, to tyle, ile moja córka". Jak dla mnie to było obleśne, ale im najwyraźniej to w ogóle nie przeszkadzało. To był dziwaczny, surrealistyczny świat; nie ogarniałam go, ale też niczemu specjalnie się nie dziwiłam.

Ale nawet w towarzystwie swoich stałych klientów – facetów, z którymi czułam się najbezpieczniej – nie zapominałam, że nikomu nie mogę ufać. Pamiętam, jak w dzieciństwie nauczycielka wytrąciła mnie z równowagi, kiedy powiedziała, że Bóg wszystko widzi, nawet gdy myślimy, że jesteśmy sami, a stojąc w ciemnościach na poboczu drogi, czasami przebiegało mi przez myśl, że może Kas też tak potrafi.

Pewnej nocy zatrzymało się przy mnie bmw, a w środku siedziało dwóch facetów. Zawsze uważałam na szpanerskie auta – zwłaszcza bmw i mercedesy – ponieważ lubowali się w nich Albańczycy. Kas stale mi powtarzał: „Żadnych Albańczyków".

– Zrobią, co zechcą, i będą mieli gdzieś, co stanie się z tobą potem – straszył mnie.

Ale tamtej nocy nie zarobiłam jeszcze wystarczająco dużo i zapewne strach przed furią Kasa sprawił, że nie byłam tak ostrożna, jak powinnam.

Kolesie zapłacili mi po pięćdziesiąt euro, a kiedy zaczęłam się upierać, że jeden z nich ma zaczekać na poboczu, kiedy pojadę z drugim, wzruszyli ramionami i ten od strony pasażera otworzył drzwi i wysiadł.

Kazałam kierowcy pojechać trochę dalej niż w moje zwykłe miejsce, bo obawiałam się, że jego koleżka może pójść za nami. Ale cały czas czułam, że coś jest nie tak, a kiedy nadarzyła się okazja, żebym mogła mu się bliżej przyjrzeć, ze strachu żołądek podszedł mi do gardła. Albańczyk.

Czemu nie zauważyłam tego od razu? W głowie usłyszałam głos Kasa: „Zgwałci cię albo porwie, a potem zabije". Bałam się, ale cóż, nie miałam zbyt wielkiego wpływu na to, co się stanie. A nawet jeśli mnie zgwałci, to co z tego? – pomyślałam. Czy to ma jakieś znaczenie? I tak muszę z nim uprawiać seks. A jeśli chodzi o porwanie – to czy może być jeszcze gorzej niż jest?

W tym momencie odwrócił się i spojrzał na mnie z takim wyrazem twarzy, że pomyślałam, że chyba jednak się myliłam i że nie może być jeszcze gorzej niż dotąd. Zatrzymał samochód i powiedział, że nie będzie uprawiać ze mną seksu. Chciał jedynie patrzeć, jak siedzę obok niego z rozłożonymi nogami. To było straszne. Poza tym czułam się skrępowana. Ogólnie dużo mnie kosztowało, żeby nie zdradzić się przed nim, że panikuję.

– Czas minął – oznajmiłam, gdy uznałam, że już wystarczy. – Musimy wracać.

Spodziewałam się, że odmówi, a przynajmniej zacznie ze mną dyskutować, ale tylko wzruszył ramionami, odpalił samochód i wrócił w miejsce, gdzie czekał jego towarzysz. Ledwie zahamował, wyskoczyłam z auta i powiedziałam temu drugiemu, że zmieniłam zdanie i nigdzie z nim nie pojadę.

– Masz swoje pieniądze. – Wyciągnęłam z kozaka pięćdziesiąt euro, które dał mi wcześniej, i wcisnęłam mu je w rękę. Byłam tak blisko niego, że czułam na twarzy jego oddech, a kiedy zrobiłam krok w tył, okazało się, że tamten pierwszy już wysiadł z samochodu i stoi tuż za mną.

No to się doigrałam, pomyślałam. To już koniec. Zaraz mi coś zrobią. Przypomniałam sobie, co często powtarzał mi Kas: „Nie pozwól, żeby ktokolwiek się zorientował, że się boisz. Jak tylko wywęszą twój strach, już po tobie". Ale jak miałam to ukryć, skoro cała dygotałam? Byłam o połowę mniejsza od wątlejszego z nich dwóch i wiedziałam, że gdyby postanowili wrzucić mnie do swojego auta, nic na to bym nie poradziła.

Ale żaden z nich nie próbował mnie nawet dotknąć.

– Oddaj moją forsę – odezwał się ten, z którym wcześniej pojechałam.

Totalnie mnie zaskoczył.

– Nie! – odpaliłam bez zastanowienia. – Wykorzystałeś swój czas. Nie dostaniesz forsy. Jedźcie już. – A potem dodałam po włosku: – *Il mio ragazzo è Albanese**. – Ten tekst zwykle studził facetów, którzy coś kombinowali. Jednak tym razem nie zadziałał

Przez chwilę patrzyli na mnie, po czym facet powtórzył:

– Oddaj moją forsę.

Co miałam robić? Zwróciłam pięćdziesiąt euro, które dostałam od niego zaledwie kilkanaście minut wcześniej. Uważałam to za niewygórowaną cenę za możliwość wyjścia z tej sytuacji bez szwanku, ale

---

* Mój chłopak jest Albańczykiem.

przypuszczałam, że na tym się nie skończy. Spokojnie przecież mogli zabrać mi wszystkie zarobione tej nocy pieniądze. Zdziwiłam się więc, że jak już wyrwał banknoty z mojej ręki, wrócili do samochodu i odjechali. Choć zanim to zrobili, ten od strony pasażera na chwilę utkwił we mnie wzrok, a jego mina mówiła: Nie myśl, że widzimy się ostatni raz. Wrócę po ciebie.

Gdy tylko samochód zniknął z widoku, puściły mi nerwy i rozpłakałam się, opadając na kolana. Zadzwoniłam do Kasa, żeby opowiedzieć mu, co się stało.

– Jak możesz być taka głupia?! – wrzasnął. – Czemu zadajesz się z Albańczykami? Nie pamiętasz, co ci mówiłem? Ile razy muszę powtarzać, żeby coś do ciebie dotarło? Nawet dziecko by to zrozumiało! – Krzyczał jeszcze przez jakiś czas, a potem zapytał: – Jak wyglądali? Jakim samochodem byli?

Od samego początku mówił mi, jakie to ważne, żebym zapamiętywała markę każdego samochodu, do jakiego wsiadam, i jego numery rejestracyjne. To okazało się o wiele trudniejsze, niżby się mogło wydawać, ale tym razem potrafiłam opisać auto i tych facetów. Zaledwie parę minut później minął mnie Kas. Pruł w kierunku, w którym odjechali, a ja uświadomiłam sobie, że musiał być gdzieś w pobliżu.

Nadal stałam na poboczu, gdy usłyszałam jakiś wystrzał. Czekałam na Kasa, ale nie wrócił. Starając się nie myśleć o tym, co zaszło, pracowałam dalej.

Później Kas opowiedział mi, że kawałek dalej od mojego miejsca zobaczył bmw i facetów ugadujących się z dziewczynami. I pewnie strzelił tak dla ostrzeżenia. Pokazał mi swój pistolet.

– Teraz rozumiesz, że to nie zabawa?

Byłam przerażona, ale nie tylko dlatego, że ktoś tak wybuchowy i nieprzewidywalny jak Kas posiada broń. Zdawałam sobie sprawę, że po tym, co zrobił, tamci wrócą, żeby się na mnie odegrać.

I owszem. Co jakiś czas przejeżdżali obok mnie bardzo powoli i gapili się na mnie. Któregoś razu, około piątej rano, gdy ulice były zupełnie puste i zbierałam się już do domu, rozpoznałam ich samochód – jechali w moją stronę. Z walącym sercem cofnęłam się szybko w cień, a potem pognałam na tył stacji benzynowej. Przykucnęłam za niskim murkiem i starałam się oddychać jak najciszej. Wiedziałam, że gdyby wysiedli z samochodu, to już nie wyszłabym z tego żywa. Ale jakimś cudem, choć przejechali przez stację z otwartymi oknami, uważnie mnie wypatrując, nie zatrzymali się i wkrótce potem zniknęli z horyzontu.

Jednak dostałam wystarczającą nauczkę i od tamtej pory zwracałam większą uwagę na opisane mi przez Kasa cechy charakterystyczne dla ludzi różnych narodowości, choć zastanawiałam się, czy ci dwaj Albańczycy wykazywaliby takie zainteresowanie moją osobą, gdyby Kas do nich nie strzelał.

Zawsze się stresowałam, gdy musiałam pojechać z klientem gdzieś indziej niż w jedno ze „swoich miejsc". Więc gdy któryś zabierał mnie do siebie do domu, całą drogę siedziałam ze wzrokiem utkwionym w okno i usiłowałam zapamiętać jak najwięcej szczegółów, które w razie czego pomogłyby Kasowi mnie odszukać. Zaraz gdy tylko zgodziłam się z kimś pojechać, musiałam poinformować o tym Kasa i podać mu numer rejestracyjny samochodu, ale wiedziałam, że gdyby ktoś faktycznie mnie zaatakował, „mój opiekun" niewiele zdołałby zdziałać. Za obsługiwanie klienta w domu mogłam zgarnąć więcej pieniędzy, co oznaczało, że Kas będzie zadowolony, więc robiłam to, nawet jeśli czułam się wtedy jeszcze bardziej bezbronna i przestraszona niż zwykle.

Któregoś razu jeden facet zapłacił mi sto pięćdziesiąt euro, żebym pojechała z nim do domu. Kiedy po seksie powiedziałam, że czas już minął, dał mi kolejne sto pięćdziesiąt, a potem jeszcze pięćdziesiąt. Później próbował wcisnąć mi swój zegarek, żebym jeszcze została. Najwyraźniej nie chciał zostać sam i było mi go szkoda, ale wolałam wyjść, bo czułam się nieswojo, jak jakiś przypadkowy podglądacz, który dowiedział się o nim czegoś, czego nikt inny nie wie. A ja wcale nie miałam ochoty zgłębiać tego tematu. Kiedy więc zaczął mi wciskać ten zegarek, jeszcze bardziej się zaniepokoiłam; cóż, to, że dał mi forsę, nie oznaczało, że pozwoli mi z nią odejść. Ale ostatecznie odwiózł mnie na stację benzynową i choć tego zupełnie nie rozumiałam, przez resztę nocy czułam się jeszcze marniej niż zwykle.

Z kolei inny gość zawiózł mnie na swoją łódź. Wszędzie stały zdjęcia jego żony i nie pojmowałam, czemu mnie tam zabrał, co więcej, wydawało się, że nie widzi nic złego w swoim postępowaniu. Nigdy nie przywykłam do tego, że dla większości seks z prostytutką to nic wielkiego ani tym bardziej wstydliwego. Jednak najgorsze na tej łodzi było to, że przypomniałam sobie tamten dzień, kiedy Kas zabrał mnie nad rzekę i powiedział, że bez problemu mógłby mnie zabić i wrzucić moje ciało do wody. I zdałam sobie sprawę, że gdyby facetowi przyszło do głowy wywalić mnie za burtę, pewnie nikt nigdy nie odnalazłby moich zwłok i nawet by nie wiedział, że w ogóle tam byłam

Niektórzy mężczyźni chcieli, żebym została ich dziewczyną, inni nawet proponowali mi małżeństwo, a jeden z moich stałych klientów błagał ciągle, żebym poszła z nim na kolację i za każdym razem, kiedy odmawiałam, czuł się bardzo zawiedziony. Dziwiło mnie, jak łatwo odrywają się od rzeczywistości i zapominają, że nasze „relacje" mają charakter czysto biznesowy. Zapewne nie zdawali sobie sprawy, że uczestniczyłam w tym wbrew własnej woli.

A co zabawniejsze, w swoim poprzednim życiu mogłabym zaprzyjaźnić się z kilkoma kolesiami w moim wieku. Zastanawiałam się, czemu płacą za seks, skoro są młodzi i przystojni, i bez większego problemu zdołaliby poderwać każdą dziewczynę. Chętnie bym tam teraz wróciła i opowiedziała im, co się ze mną stało, i wyjaśniła, że nie byłam żadną Jenną. Chciałabym zwłaszcza zobaczyć się z Markiem.

Przestraszyłam się, kiedy pojawił się po raz pierwszy – tuż po tym, jak zaczęłam pracować sama. Przyjechał bmw i choć powiedział, że jest Włochem, bałam się, że tak naprawdę to Albańczyk. Ale był dla mnie miły i nawet trochę się ucieszyłam, kiedy parę dni później znów przyjechał.

Ponieważ ciągle trułam Kasowi, że beznadziejnie naśladuję rosyjski akcent i nikt nie wierzy w moją historię, w końcu zgodził się, żebym przestała wciskać tę bajeczkę.

– Możesz mówić, że jesteś z RPA – oznajmił.

Ucieszyłam się, bo to oznaczało, że znów mogę mówić normalnie, gdyż większość ludzi i tak nie odróżnia angielskich akcentów. No i miałam rację, bo od kiedy zostałam dziewczyną z RPA, nikt nie powątpiewał w moją historię. Choć raz wpadłam w panikę, gdy koleś zapytał, co sądzę o apartheidzie i zmianach, jakie zaszły w RPA pod rządami Nelsona Mandeli!

Tak czy inaczej, podczas pierwszego spotkania z Markiem udawałam Rosjankę, a za drugim razem byłam już obywatelką RPA. Siedzieliśmy w jego samochodzie i gadaliśmy, kiedy nagle spojrzał na mnie ze zdziwioną miną.

– Czy w zeszłym tygodniu nie mówiłaś z innym akcentem? Nie jesteś Rosjanką?

– Nie, Afrykanerką – odparłam pogodnie. Potem odwróciłam się od niego i niby poprawiając sobie but, dodałam: – Z RPA.

– Aha, okej – mruknął, a kiedy znów na niego spojrzałam, wzruszył ramionami i wyszczerzył się w uśmiechu. Nie mogłam się nie uśmiechnąć.

Czasami Marco zjawiał się w ciągu tygodnia tylko po to, żeby sprawdzić, jak się miewam, a mnie zawsze robiło się lepiej na widok jego samochodu. Wołał do mnie: *Tutto bene?*, odjeżdżając, machał i mówił: *Ciao, bella*. Naprawdę żałuję, że nie mogłam wyznać mu prawdy.

Moi inni stali klienci też to robili – przejeżdżali tą ulicą specjalnie po to, żeby zapytać, czy wszystko gra – i musiałam sobie przypominać, że to nie są moi przyjaciele; to faceci, którzy płacą mi za seks. Ale Marco był wyjątkowy. Wiem, że to śmiesznie zabrzmi, ale okazywał mi szacunek. Nie obmacywał mnie i traktował jak fajną dziewczynę, a nie dmuchaną lalę.

Czasami tylko siedzieliśmy w samochodzie i rozmawialiśmy. Opowiadał mi o swojej pracy, o tym, co robił od naszego ostatniego spotkania, i próbował namówić mnie, żebym powiedziała mu coś o sobie.

– Nie jesteś taka jak inne dziewczyny – mówił. – Nie jesteś zimna i rozmawiasz ze mną jak z przyjacielem. Wyglądasz też inaczej. *Più elegante**.

Śmiałam się wtedy, ale po chwili robiło mi się smutno, bo bardzo chciałam z nim szczerze pogadać, ale nie mogłam. Już i tak bardzo ryzykowałam; gdyby akurat przejeżdżał Kas i nas zobaczył, wpadłby

---

* Bardziej elegancko.

w szał. Ale mimo to, siedząc w samochodzie Marca, pozwalałam sobie wyobrażać, że naprawdę jest moim kumplem i przy nim nic mi nie grozi.

– Nie łudź się, że którykolwiek z tych facetów jest twoim przyjacielem – powtarzał często Kas. – Oni nie są twoimi przyjaciółmi: jedyne, czego chcą, to cię przelecieć, a potem wrócić do domu.

Ale kiedy byłam z Markiem albo z którymś z tych klientów, którzy dobrze mnie traktowali, myślałam: Kas się myli. To nieprawda, że żadnemu z nich na mnie nie zależy.

Pewnego razu zatrzymał się przy mnie starszy, grubawy mężczyzna, który powiedział, że jest adwokatem. Wydawało się to prawdopodobne, zwłaszcza że jeździł wielkim bentleyem. Rozpoznałam go natychmiast, gdy po tygodniu wrócił ze swoim kolegą. Parę dni później znów się pojawili, tym razem z kobietą, i adwokat zapytał, czy pojadę z nimi do domu.

– Zapłacę pięćset euro – zaproponował, a ponieważ jak zwykle zależało mi, żeby zadowolić Kasa, zgodziłam się.

Usiadłam z tyłu, obok kobiety – jak się okazało dziewczyny adwokata. Kiedy jechaliśmy do eleganckiego osiedla tuż za miastem, cała trójka prowadziła uprzejmą rozmowę. Przystanęliśmy na chwilę, czekając, by otworzyła się elektryczna brama z kutego żelaza, po czym podjechaliśmy pod olbrzymi dom – z ogromnym salonem, większym od całego mieszkania Kasa.

Noc była zimna, a ponieważ nie miałam już na ciele ani grama tłuszczu, pomimo swetra i kurtki, dygotałam przemarznięta. Cieszyłam się więc, że przez jakiś czas pobędę w cieple, nawet jeśli to oznaczało, że muszę przebywać w domu położonym wiele kilometrów od znanej mi okolicy, w towarzystwie trojga dziwnych ludzi, którzy chcą, żebym wzięła udział w jakimś sex party. Ale przynajmniej byli mili i nie wywoływali we mnie strachu. Poza tym udało mi się powiadomić Kasa, gdzie jestem.

Kiedy tylko weszliśmy do domu, faceci zniknęli. Po paru minutach wrócili do salonu – w samych skarpetkach. Adwokat zapytał, czego się napiję, i przycupnięta na kremowej skórzanej sofie poprosiłam o wodę. Sobie i pozostałym nalał wina. Jego dziewczyna rozebrała się do bielizny i tak sobie siedzieli, paląc i gawędząc, jakby nigdy nic – ot, najnormalniejsza sytuacja pod słońcem.

Mówili dobrze po angielsku, a kiedy zapragnęli dowiedzieć się czegoś o mnie, zaserwowałam im swój stały tekst – że przyjechałam do Włoch z RPA i pracuję, żeby wysyłać pieniądze do domu.

– Pewnie jest ci ciężko – stwierdził ze współczuciem przyjaciel adwokata. – Ale twoja rodzina musi być ci bardzo wdzięczna za to, co dla nich robisz.

Ktoś uznałby, że to bardzo dziwna gadka, biorąc pod uwagę, że facet siedzi nago i za chwilę ma uprawiać seks ze mną i dziewczyną swojego kumpla. Ale w tym świecie wszystko wydawało się dziwne, a jednocześnie nie dziwiło ani nie gorszyło, ponieważ byłam Jenną. Tak bardzo wchodziłam w rolę młodej kobiety z RPA, która zarabia jako prostytutka, żeby jej rodzina nie cierpiała głodu, że naprawdę się nią stawałam. Właśnie tak udało mi się przetrwać te wszystkie noce – odcinałam się od Sophie i stawałam się Jenną, która musi się sprzedawać, bo od niej zależy życie innych ludzi. Co akurat nie mijało się z prawdą, bo nie miałam wątpliwości, że gdybym spróbowała sprzeciwić się Kasowi, spełniłby swoje groźby wobec moich młodszych braci.

– Lubisz to, co robisz? – zapytał adwokat.

Oszalałeś? – wrzasnęłam do niego, ale tylko w swojej głowie.

– Niezbyt – wymamrotałam ze wzrokiem wbitym w szklankę z wodą.

– Cóż, szkoda – odparł takim tonem, jakby ktoś powiedział mu, że starał się o pracę w Starbucs, ale musiał się zadowolić posadą w Costa Coffee. – Przynajmniej jednak masz satysfakcję, że pomagasz rodzinie. Podoba ci się we Włoszech? Co robisz, kiedy nie pracujesz?

Gdyby Alicja z Krainy Czarów udała się kiedykolwiek na cocktail party, wyglądałoby ono właśnie tak, pomyślałam, powstrzymując śmiech. Troje nagich, czy też prawie nagich, bogatych, wykształconych ludzi siedziało w eleganckim salonie obłędnej willi na przedmieściach włoskiego miasta, z młodą kobietą, zabraną z ulicy, sączyło wino z kryształowych kieliszków i wypytywało o jej życie i wybraną przez nią ścieżkę kariery. A co jeszcze śmieszniejsze, w rzeczywistości – z czego w ogóle nie zdawali sobie sprawy – ta prostytutka była tak naprawdę zwyczajną dziewczyną z Anglii, zwabioną do Włoch przez kogoś, kogo uważała za swojego przyjaciela, a kto okazał się dilerem narkotyków i alfonsem i zmusił ją do uprawiania nierządu.

Nagle przyszło mi do głowy, że może to moja szansa. Nie sądziłam, by kiedykolwiek trafiła mi się lepsza okazja, żeby wyznać komuś prawdę i uwolnić się od Kasa. Facet siedzący obok mnie w samych skarpetkach jest prawnikiem – i pomimo jego nietypowych upodobań seksualnych – z całą pewnością człowiekiem zamożnym i wpływowym, rozważałam w duchu. Mogłabym mu powiedzieć, co się stało, a on by mi pomógł. Jednak Kas wyprał mi mózg aż nadto skutecznie. Właściwa chwila minęła, a ja zbyt mocno się bałam, żeby komukolwiek pisnąć choć słowem o swojej sytuacji. Być może nawet gorsza od strachu była świadomość, by nigdy nie zwrócę się do nikogo o pomoc, bo nigdy nikomu nie zaufam.

Później, jak już gospodarz domu, jego dziewczyna, przyjaciel i ja zaliczyliśmy seks w różnych kombinacjach, upchnęłam pięćset euro w kozakach i adwokat odwiózł mnie na stację benzynową. Uśmiechnęłam się pod nosem, chociaż w całej tej sytuacji nie widziałam nic zabawnego. Moje życie ograniczało się jedynie do tego, że spałam, jadłam, uprawiałam seks z nieznajomymi, chowałam się przed policją, wracałam do domu, oddawałam wszystkie pieniądze Kasowi i znowu spałam. Krótko mówiąc, robiłam to, co kazał mi mój pan i władca, i starałam się go nie denerwować. Z jednej strony – to bardzo proste, bo właściwie nie musiałam nawet sama myśleć. Wystarczyło, żebym przestrzegała instrukcji udzielonych mi przez Kasa. A jednak to wcale nie było takie łatwe, jak by się mogło zdawać.

Choć Kas handlował narkotykami i czasami sam wciągał kokę, powiedział mi ostro:

– Jeśli kiedykolwiek przyłapię cię, że bierzesz, pożałujesz. Nikt nie chce pieprzyć się z ćpunką.

Ale nikt nigdy nie proponował mi narkotyków; tylko raz ktoś chciał je ode mnie kupić i nie wierzył własnym uszom, kiedy usłyszał, że niczego takiego nie sprzedaję. Nie rozumiałam – zresztą jak całej masy rzeczy związanych z Kasem – czemu wpadał w furię na samą myśl, że mogłabym brać narkotyki. Aż któregoś dnia oświadczył, że od tej pory zaczynam dilować kokainę.

– Głupio marnować okazję – stwierdził takim tonem, jakby chodziło o zwykłe przedsięwzięcie, a nie łamanie prawa. – Wszyscy faceci, z którymi masz do czynienia, są amatorami cipek i koki. Gliny nic ci nie zrobią, bo nie będziesz miała przy sobie tego dużo, więc w razie czego ściemnisz, że to na własny użytek.

A ja myślałam, że już gorzej być nie może. A jednak. Nie sądziłam, żebym trafiła do paki za prostytucję, ale z narkotykami sprawa wyglądała zupełnie inaczej. Obawa, że gliniarze przyłapią mnie z towarem, musiała być wypisana na mojej twarzy, bo nagle Kas wydarł się na mnie:

– Jesteś żałosna! Trzęsiesz tyłkiem, bo ludzie mówią, że czegoś nie wolno.

Wiedziałam, że nie ma sensu go prosić; podjął decyzję i klamka zapadła, niczego nie zmienię. Tego wieczoru czułam przed wyjściem do pracy jeszcze większy niepokój niż zwykle.

Kiedy włożyłam już swoje okropne ubrania robocze, Kas zawołał mnie do salonu. Siedział przy stole zawalonym małymi paczuszkami. Zrobiło mi się niedobrze: czułam, że nie podołam, że wszystko schrzanię – tak jak zawsze – i skończy się na tym, że matka będzie mnie odwiedzać we włoskim więzieniu.

– Boję się. Proszę, Kas, nie znam się na tym. Nie chcę tego robić – zaczęłam płakać i błagać. – Proszę, nie zmuszaj mnie.

W ułamku sekundy odwrócił się i uderzył mnie w twarz.

– Jesteś za tchórzliwa i za głupia, żeby to robić – wrzasnął. – Zejdź mi z oczu! Przynosisz tylko wstyd i sobie, i mnie. Jesteś beznadziejna. Skończy się na tym, że wpędzisz mnie w kłopoty przez swoją głupotę. – Potem zwinął dłoń w pięść i postukał nią w moją głowę: – Nie ma tam nic oprócz trocin. Dlatego nie myślisz. Dobra, zostawmy to. No już, zjeżdżaj.

Ten jeden raz cieszyłam się, że jestem głupia, bo dzięki temu nie musiałam robić czegoś, co wydawało mi się jeszcze gorsze od rzeczy, które do tej pory robiłam.

Pewnego wieczoru akurat szykowałam się do pracy, gdy rozległo się walenie do drzwi. Kas w tamtym czasie ostro dilował i na stole w salonie leżało mnóstwo paczuszek z koksem. Zaczął je zgarniać do plastikowej torebki, a ja stałam jak sparaliżowana. Wyraźnie nie spodziewał się nikogo, a to natarczywe walenie nie wróżyło nic dobrego.

Kas powtarzał mi – ciągle, tak jak wszystko – że gdyby kiedykolwiek zjawiła się w domu policja, mam mówić, że się nie znamy, że jestem po prostu znajomą jego znajomego, którą na chwilę przygarnął. Zastanawiałam się, czy właśnie nadszedł ten moment, i bałam się, że się pomylę, chlapnę coś, przez co wpakuję Kasa – i siebie – w kłopoty.

Zakręcił torebkę i usiłował mi ją wcisnąć, ale odskoczyłam instynktownie, cofając ręce. Złapał mnie więc za ramiona i warknął:

– Weź to! I schowaj. No już. Rusz się, kobieto!

– Gdzie… gdzie to schować? – wyszeptałam. Wzięłam torebkę, i nerwowo zerknęłam w stronę przedpokoju.

– Wsadź sobie do środka. – Pchnął mnie do sypialni. – I zamknij drzwi.

W tym momencie usłyszałam głośne: *carabinieri*! i popędziłam do sypialni, potem możliwie najciszej zamknęłam za sobą drzwi.

Na szczęście dwaj policjanci nie weszli do mieszkania. Przez kolejne dziesięć minut siedziałam spięta na łóżku i przysłuchiwałam się przytłumionym odgłosom rozmowy, marząc o papierosie. Nie wiedziałam, o czym mówią, a Kas nie powiedział mi później, po co przyszli. Kiedy w końcu kopnął w drzwi sypialni i wrzasnął, żebym wyszła, śmiał się pogardliwie.

– Pieprzone głupki. Za kogo oni się uważają? Myślą, że mnie przyskrzynią? Nigdy im się nie uda! Cholerne wieśniaki, jeżdżą w tych swoich radiowozach i wydaje im się, że są strasznie ważni.

Któregoś wieczoru zawołał mnie do kuchni i kazał wycinać małe kwadraty z folii aluminiowej.

– Trzeba rozparcelować worek kokainy – wyjaśnił i jeszcze przypomniał mi, zupełnie niepotrzebnie, że obetnie mi nos, jeśli chociaż głębiej wciągnę powietrze. Potem poszedł do salonu oglądać telewizję.

Zadanie było proste, ale i tak miałam spocone dłonie i cała się trzęsłam, jak zawsze kiedy mi coś zlecał. Mimo wszystko szło mi dobrze, więc z zaskoczenia oniemiałam, kiedy po powrocie do kuchni Kas wyrwał mi z ręki nożyczki i przyłożył ich końcówki do mojego policzka.

– Czemu ty musisz być taka durna? – ryknął. – Naprawdę masz aż tak pusty łeb?

Zamrugałam, kuląc się w sobie. Ale zamiast mnie uderzyć, wziął kawałek folii i wyciął kwadracik – tylko minimalnie większy od tych moich. Potem złapał mnie za włosy, pociągnął moją głowę w tył i przysunął mi kwadracik do oczu.

– Tak to się robi – powiedział ze złością. – To nie takie trudne. Czemu nie potrafisz nawet tego? Wychowywały cię zwierzęta, czy co?

Nie! – chciałam wrzasnąć. Wychowywali mnie ludzie, którzy nie byli dilerami narkotyków i nie kazali mi wycinać żadnych kwadracików z folii aluminiowej. Ale zamiast tego wymamrotałam cicho:

– Przepraszam. Nie wiedziałam. Nigdy wcześniej tego nie robiłam.

Najstraszniejsza w Kasie była chyba ta jego nieprzewidywalność i stale próbowałam wyczuć, kiedy i z jakiego powodu nastąpi wybuch, dlatego ciągle towarzyszył mi niepokój. W jednej chwili wszystko wydawało się w porządku – choć rzadko bywał zupełnie spokojny i wyluzowany – a w następnej tracił nad sobą kontrolę, bił mnie i krzyczał, jaką jestem idiotką i tak dalej.

Nadal nie wiem, czy celowo przyjął taką taktykę, żebym się go bała, czy po prostu miał zaburzenia psychiczne. Tak czy siak, ciągle robiłam coś źle i nawet najmniejsze potknięcia – na które większość ludzi nie zwróciłaby nawet uwagi – doprowadzały go do szału.

Któregoś dnia kazał mi spakować do walizki ciuchy, których nie potrzebuję. Klęcząc na podłodze, składałam T-shirty i swetry, a on siedział na łóżku, rozmawiał po albańsku przez telefon i jednocześnie mnie obserwował. Nie cierpiałam, kiedy to robił, bo denerwowałam się wtedy jeszcze bardziej niż zwykle. Ale tym razem nie sądziłam, żeby coś poszło nie tak, bo przecież chodziło tylko o zapakowanie ubrań do walizki. Myliłam się. Znienacka doskoczył do mnie i krzyknął:

– To tak pakujesz? Co z ciebie za kobieta? Jak ty chcesz mieć rodzinę? Nie umiesz sprzątać, nie umiesz gotować, nawet nie umiesz porządnie włożyć rzeczy do walizki. Według ciebie skarpety upycha się po bokach i jest w porządku, co?

Skuliłam się, a kiedy spojrzałam na niego, złapał mnie za włosy i pociągnął w górę.

– Ty pieprzona małpo! – wydarł się. – Jak śmiesz tak na mnie patrzeć? Jak śmiesz mnie lekceważyć? Jak śmiesz?

Nagle mnie puścił, a kiedy upadłam na podłogę i zwinęłam się w kulkę, próbując osłaniać głowę rękami, zaczął mnie kopać. Zachowywał się zupełnie jak rozjuszone zwierzę – i to dlatego, że nie spakowałam walizki według niego prawidłowo, a potem nieodpowiednio na niego spojrzałam.

Mówi się, że tuż przed utonięciem ludzie przestają walczyć, żeby utrzymać głowę na powierzchni, i czują niemal spokój. Właśnie tak było ze mną w tamtym momencie. Nieważne, jak bardzo się starałam, zawsze i tak wychodziło źle, i już miałam tego dosyć. Kop mnie, myślałam totalnie wyczerpana. Kop mnie, ile tylko chcesz, jeśli to cię uszczęśliwia. Zdałam sobie sprawę, że w końcu całkowicie złamał mojego ducha, i się poddałam.

Ale przestał mnie kopać i wybiegł. Nadal leżałam bez ruchu, cała obolała, z zamkniętymi oczami, kiedy po chwili wrócił z bronią. Podciągnął mnie za włosy, po czym wsadził mi do ust lufę pistoletu.

– Nigdy więcej tak na mnie nie patrz – wycedził spokojnym, lodowatym głosem, który przerażał nawet bardziej niż jego wrzaski.

Byłam przerażona, choć część mnie chciała krzyknąć: Śmiało, zrób to. Pociągnij za spust. Co ci zależy?

Potem zabrał pistolet i pchnął mnie w stronę łazienki z taką siłą, że wyłożyłam się jak długa.

– Idź się ogarnąć – powiedział.

Zawsze mi mówił, w co się ubrać, i tamtego dnia wybrał białą miniówkę, różowy top, króciutką kurtkę i szpilki. Kiedy wyszykowana weszłam do salonu, miał już zupełnie inny nastrój. Położył dłoń na moim ramieniu i obrócił mnie.

– Proszę, proszę! – zacmokał. – Naprawdę wyglądasz ślicznie, kobieto! Faceci będą ustawiać się w kolejce do ciebie, bo jesteś niesamowita. Prawdziwa gwiazda. Czekaj, zrobię ci zdjęcie.

Stałam totalnie zdezorientowana, a on pstrykał mi fotki.

– Moja dziewczynka, moja wyjątkowa, mała myszka – mruczał. Po chwili usiadł na sofie, posadził mnie sobie na kolanach i głaszcząc moje włosy, ciągnął: – Jesteś moją wyjątkową dziewczynką i nie powinienem ci tego zrobić. Przepraszam, ale strasznie mnie wkurzasz. Gdybyś nauczyła się mnie słuchać i okazywała mi szacunek, byłoby zupełnie inaczej. Ale ty ciągle popełniasz błędy. – Stuknął pięścią w bok mojej głowy i dodał: – Nie chcę, żebyś popełniała błędy. Chcę, żebyś była grzeczną myszką, żebym nie musiał się na ciebie denerwować. Chcę, żebyś robiła wszystko tak jak trzeba, wtedy przestanę na ciebie krzyczeć.

Siedziałam na jego kolanach i płakałam. Z całego serca pragnęłam nie zachowywać się już głupio i prawidłowo wypełniać jego polecenia. Znów mnie pogłaskał i otarł mi łzy z policzków.

– Ach, wyglądasz jak mały piesek z dużymi, smutnymi oczami – powiedział. – Nie chcę więcej widzieć łez w twoich oczach. Nie chcę, żebyś płakała.

Objęłam go za szyję.

– Przepraszam – wyszeptałam. – Strasznie przepraszam. Wcale nie chcę być niedobra. Nie wiem, czemu jestem taka głupia ani czemu ciągle mi coś nie wychodzi, ale obiecuję, że się poprawię. Zobaczysz, zmienię się.

Rozdział 9

Choć wszyscy powtarzali mojej matce: „Sofie dobrze się bawi. Odpręż się i ciesz, że jest zadowolona", nie mogła pozbyć się wrażenia, że coś jest nie tak. Wmawiała sobie, że to dlatego, że za mną tęskni i że to zupełnie nie w moim stylu tak znienacka postanowić nie wracać do domu. To jej jednak nie uspokajało i cały czas się martwiła.

Przed moim wyjazdem do Włoch ustaliłyśmy, że gdyby kiedykolwiek tak się zdarzyło, że potrzebowałabym pomocy, ale z jakiegoś powodu nie mogła poprosić o nią wprost, mam zadać pytanie: „Co słychać u cioci Lindy?" Któregoś dnia, po jakichś paru tygodniach od przyjazdu do Włoch, rozmawiałam z nią przez telefon. Po raz kolejny zapewniałam, że u mnie wszystko w porządku, gdy nagle mi przerwała.

– A nie chciałabyś zapytać o ciocię Lindę?

Nie pragnęłam niczego bardziej, niż krzyknąć „Tak!", ale Kas stał tuż obok mnie i choć bardzo mało prawdopodobne, żeby słyszał, co mama mówi, bałam się, że nabierze podejrzeń i potem oberwę. Poza tym tak bardzo wstydziłam się tego, co robię, że nie wiedziałam, czy kiedykolwiek zdołam się przyznać.

– Wszystko gra – odpowiedziałam. – Przestań się o mnie martwić, bo nic mi nie jest. – Kolejny raz powtórzyłam, że świetnie spędzam czas we Włoszech, po czym pożegnałam się z nią pogodnie i oddałam telefon Kasowi.

– Co gadała? – Patrzył na mnie zmrużonymi oczami. – Dlaczego mówiłaś, żeby się nie martwiła?

Serce momentalnie mi przyspieszyło. Może jednak słyszał jej słowa i jeśli nie powiem mu prawdy, wpadnie w szał? Ale gdybym powiedziała prawdę, musiałabym jakoś sensownie wytłumaczyć, o co jej chodziło, a byłam już tak przestraszona, że nie mogłam logicznie myśleć.

Jednak jakimś cudem udało mi się odpowiedzieć normalnym głosem:

– Och, to nic takiego. Wydawało się jej, że jestem przeziębiona, i zapytała, czy dobrze się czuję. – Wzruszyłam ramionami. – Wiesz, jakie są matki, zawsze martwią się o takie rzeczy.

Patrzył na mnie jeszcze przez chwilę.

– Okej – odezwał się w końcu. – Ale następnym razem nie zapomnij dodać, że dobrze się odżywiasz, i mocniej podkreśl, że wszystko w porządku.

Tak naprawdę byłam przeziębiona tamtego dnia. Prawie nie jadłam, noc w noc stałam na zimnie, czasem nawet w ulewnym deszczu, i z tego wycieńczenia praktycznie każdego dnia coś mi dolegało. Ale nawet gdy ledwo się trzymałam na nogach, i tak musiałam pracować. Tylko raz Kas pozwolił mi zostać w domu. Czułam się koszmarnie i cały dzień towarzyszyło mi okropne przeczucie, że jeśli wyjdę, stanie się coś złego. Powiedziałam więc Kasowi, że potwornie boli mnie brzuch, i choć na mnie nakrzyczał, ostatecznie się ugiął.

– Dobra, zostań u siebie i śpij. Tylko żebym nie widział, że oglądasz telewizję. A jak zobaczę, że się ruszyłaś na krok, pożałujesz. Tracę przez ciebie pieniądze, kobieto. Jutro wracasz do pracy, choćbyś zdychała.

Ale nie musiał mnie karać ani więcej straszyć, bo spałam niemal dwadzieścia cztery godziny i gdybym mogła, nie wychodziłabym z łóżka jeszcze z tydzień.

Czasami budził mnie w ciągu dnia i kazał się ubierać, bo wychodziliśmy na miasto – zwykle po to, żeby kupić mi nowe ciuchy do pracy. Zawsze to on decydował, w co się ubiorę. Za dnia do miasta wkładałam dres, adidasy, kurtkę i czapkę. Włosy wiązałam w koński ogon i robiłam bardzo delikatny makijaż, bo dla Kasa było najważniejsze, żebym nie rzucała się w oczy.

Kiedyś – już nie pamiętam, dokąd jechaliśmy – uniosłam wzrok akurat w chwili, gdy powoli mijał nas samochód policyjny. Kas zaczekał, aż radiowóz zniknie z widoku, po czym walnął moją głową o szybę.

– Dlaczego się gapiłaś? – wrzasnął. – Próbujesz ściągnąć na nas uwagę? Chcesz mnie wpakować w kłopoty? Mam w aucie kokę i gdyby mnie przez ciebie zwinęli, to co byś zrobiła? Zostałabyś sama jak palec, bez kogoś, kto by się o ciebie troszczył. Tego chcesz?

Naprawdę się na siebie wkurzyłam, że musiałam spojrzeć na tych gliniarzy.

Mnóstwo razy bałam się Kasa, mnóstwo razy miałam ściśnięte gardło i przechodziły mnie dreszcze ze strachu przed jego reakcją. Jeden z jego najstraszniejszych wybuchów nastąpił tamtego poranka, gdy doszedł do wniosku, że go zdradzam.

To było w niedzielę. Dochodziło wpół do szóstej i właśnie zamierzałam ruszyć w długą drogę powrotną do domu, kiedy zatrzymał się przy mnie samochód. Choć ledwo żyłam ze zmęczenia, postanowiłam, że obsłużę jeszcze tego ostatniego klienta. Jak tylko wsiadłam, zorientowałam się, że jest pijany. Zrzedła mi mina: pijani zawsze strasznie się grzebali, a ja wiedziałam, że Kas na mnie czeka. Nagle zadzwonił mój telefon.

Bałam się wielu rzeczy – tak wielu, że trudno zliczyć – ale chyba najbardziej przerażało mnie to, co by się stało, gdybym nie odebrała telefonu od Kasa. Już pierwszego dnia zaszczepił mi odruch natychmiastowego odbierania połączenia, ale nawet gdy to robiłam, ubliżał mi po albańsku i krzyczał, że się guzdrałam. Tak więc, niezależnie od tego z kim byłam i co akurat robiłam, natychmiast zaczynałam szukać telefonu.

– Gdzie jesteś?! – ryknął. – Masz wracać, migiem!

– Właśnie wsiadłam do samochodu – wyszeptałam. – To ostatni klient.

– Piętnaście minut – rzucił. – Za piętnaście minut wyjeżdżam po ciebie.

Kwadrans później facet ciągle nie skończył, a moja komórka znów zadzwoniła.

– Gdzie jesteś, do cholery? Zaraz oszaleję z nerwów, martwię, że coś ci się stało, równie dobrze mogłabyś być martwa do tej pory – krzyczał, choć to brzmiało bardziej, jakby był na mnie zły, a nie zmartwiony.

– Zaraz wracam – zapewniłam. – To... nie potrwa już długo.

Pięć minut później facet nadal nade mną sapał, a telefon zabrzęczał po raz trzeci.

– Pogrywasz sobie ze mną, kobieto?! – darł się Kas. – Pożałujesz tego! Zaraz tam będę i najpierw zabiję jego, a potem ciebie. Już nie żyjesz.

Zaczęłam odpychać od siebie klienta.

– Musisz odjechać. Natychmiast!

– Co? Dlaczego? – wymamrotał, ale musiało do niego dotrzeć, że sytuacja jest groźna, bo szybko wrócił na swój fotel i odjechał, ledwie zdążyłam wysiąść.

Stałam roztrzęsiona na poboczu i czekałam na Kasa. Zatrzymał się przy mnie, otworzył tylne drzwi, a kiedy schyliłam się, żeby wsiąść, chwycił mnie za włosy i pociągnął do środka. Ruszył – jedną ręką trzymał kierownicę, a drugą moje włosy.

– Gdzie on jest?! – wrzasnął. – Gdzie ten sukinsyn? Zabiję go.

Straciłam już rachubę, ile razy widziałam go rozgniewanego, ale jeszcze nigdy nie był aż tak rozwścieczony.

– Ale o co ci chodzi? – zaskomliłam. Złapałam się rękami za głowę, żeby mniej bolało, bo strasznie mocno ciągnął mnie za włosy.

– Wiem, że mnie zdradzasz! – darł się. – Jak śmiesz mnie tak lekceważyć?

– Nie zdradzam – załkałam. – Przysięgam.

– Jak śmiesz mi to robić. – Raz po raz walił moją głową o siedzenie i myślałam, że zaraz zemdleję. – Przez ciebie musiałem ryzykować, że zwiną mnie gliny. Znajdę go i zatłukę. Mów, jaki ma samochód?!

Nie zaczekał na odpowiedź. Podciągnął mnie za włosy i zaczął okładać pięścią, od czasu do czasu zerkając na drogę.

Kiedy wreszcie wróciliśmy do domu, całe ciało płonęło mi bólem. Kas kazał mi usiąść na sofie, a kiedy stanął przede mną, zamknęłam oczy, bo spodziewałam się, że za chwilę dostanę w twarz. Ale on nachylił się nade mną, poprawił mi włosy i powiedział niemal normalnym głosem:

– Pokaż, ile masz forsy.

Podałam mu zwitek banknotów. Usiadł obok na krześle, żeby je przeliczyć. Zawsze sam liczył pieniądze. Rozdzielał je na kupki o tych samych nominałach: setki, pięćdziesiątki, dwudziestki i dziesiątki. Kupki układał na stoliku przed sobą, dbając o to, żeby banknoty leżały równo i miały wygładzone rogi. Był zły, kiedy przynosiłam piątki.

– Kasa wieśniaków – mówił z obrzydzeniem.

Jednego razu strasznie się wściekł, bo oprócz papierowych pieniędzy miałam też trochę monet.

– Kto płaci za seks drobnymi? – wrzeszczał. – I kim trzeba być, żeby je przyjąć?

Zawsze więc bałam się tego momentu.

Ale tym razem byłam w miarę spokojna, mimo że jak zawsze wstrzymywałam oddech. Pracowałam ponad dziewięć godzin i wiedziałam, że zarobiłam dość, by zadowolić nawet Kasa. Jednak znienacka zerwał się z krzesła i wrzasnął:

– Ty zdradliwa suko! Ile razy ci mówiłem, że nie możesz mnie zdradzać ani okradać? Myślisz, że...

Czułam się, jakbym utknęła w jakimś przerażającym, surrealistycznym śnie, gdzie wszystko jest zupełnie pozbawione sensu i nieprzewidywalne.

– Nie zdradziłam cię! – zawołałam. – Ani nie okradłam. Wszystkie pieniądze są tutaj. Wszystko, co dziś zarobiłam, leży przed tobą.

– Jak śmiesz mi przerywać? – wycedził lodowatym tonem.

Zacisnęłam powieki, znów wstrzymałam oddech i czekałam na cios. Ale tym razem wybiegł z pokoju. Po chwili wrócił z nożem i szczotką do zamiatania. Nóż rzucił na krzesło, a szczotkę zdjął z kija. Potem znów chwycił nóż i stanął nade mną.

– Pozwolę ci wybrać – oznajmił niepokojąco uprzejmym głosem. – Co wolisz? Nóż czy kij?

– Nie zrobiłam nic złego – wyszeptałam. – Proszę, Kas, ja…

– Nóż czy kij? – powtórzył głośniej, podtykając mi obie te rzeczy pod nos.

– Kij – wydusiłam z siebie, a kiedy odłożył nóż i uniósł kij nad głowę, padłam mu do nóg. – Proszę, proszę, przestań. Przysięgam, nic nie zrobiłam. Proszę…

Kij spadł na moją głowę tylko raz, potem Kas cisnął go na podłogę.

– Zobacz, do czego mnie doprowadziłaś! – wrzasnął. – A wszystko dlatego, że zachciało ci się pieprzyć z kimś innym.

– Nieprawda. Nie zrobiłam nic złego – załkałam ledwo słyszalnie. Przytrzymując się sofy, zdołałam się jakoś podźwignąć i powlokłam się do łazienki. Dotarłam w ostatniej chwili.

Kiedy już zwymiotowałam, wróciłam do salonu. Kręciło mi się w głowie i byłam strasznie oszołomiona. Czułam się trochę tak, jakbym opuściła swoje ciało i patrzyła na siebie z boku. Kas nadal szalał. Złapał mnie za włosy i przyciągnął do siebie, a potem uderzył z taką siłą, że poleciałam na ścianę.

Jeszcze nigdy się go tak nie bałam. Wiedziałam, że z łatwością mógłby mnie zabić – celowo albo nieumyślnie – choć niczym nie zawiniłam. Wtedy też pękła mi łopatka, choć zdałam sobie z tego sprawę dopiero jakiś czas później.

Już wcześniej całe ciało miałam w siniakach, bo przecież bił mnie regularnie, ale pierwszy raz doświadczałam aż tak strasznego bólu. Kiedy w końcu machnął z obrzydzeniem ręką i kazał mi się położyć, musiałam spać w ubraniu, bo nie mogłam dostatecznie wysoko unieść rąk, żeby się rozebrać.

Nie pozwalał mi liczyć pieniędzy, ale prowadziłam obliczenia w głowie, żeby wiedzieć, ilu jeszcze muszę obsłużyć klientów, żeby zarobić przynajmniej oczekiwane przez niego minimum. Po pierwszym tygodniu przestałam chować forsę w butach, bo bałam się, że ktoś mnie okradnie, i pięćdziesiątki wpychałam pod podszewkę kurtki – przez małą dziurkę, którą sama zrobiłam – a resztę wkładałam do plastikowej torebki i zakopywałam w ziemi za stacją benzynową.

Kiedyś w sobotnią noc pracowałam nieprzerwanie aż do szóstej – w pewnym momencie nawet ustawiła się do mnie kolejka, składająca się z moich trzech stałych klientów – i wiedziałam, że musiałam zgarnąć małą fortunę. Kas przyjmował wtedy gości, którzy zostali na noc. Kiedy wróciłam, wszyscy spali, a mieszkanie tonęło w ciemności. Nie lubiłam, kiedy do Kasa przychodzili kumple, bo wiedziałam, że jestem dla nich nikim i praktycznie wszystko może się zdarzyć. Po cichu przekradłam się do łazienki, otworzyłam plastikową torebkę z pieniędzmi i je policzyłam. Potem zdjęłam kurtkę, wsunęłam dłoń pod podszewkę i gorączkowo szukałam banknotów – przecież musiałam je tam włożyć. Nie! – krzyknęłam w myślach.

Pamiętałam, że zarobiłam co najmniej tysiąc euro, ale jakkolwiek dokładnie bym szukała i ile razy bym liczyła, ciągle wychodziło sześćset. Nie rozumiałam tego. Myśl, nakazałam sobie. Uspokój się i pomyśl. Gdzie mogłaś je schować? No, nigdzie. To już wszystko.

Doszłam do wniosku, że musiałam pomylić się w obliczeniach. Albo zostałam okradziona – to jednak wydawało się niemożliwe. Ale jedno było pewne – gniew Kasa.

Cała rozdygotana poszłam go obudzić.

– Przepraszam, bardzo przepraszam, tylko tyle dzisiaj zarobiłam – wyszeptałam i pokazałam mu zwitek.

Natychmiast wyskoczył z łóżka, bez słowa złapał mnie za ramię i zaczął ciągnąć do łazienki.

Zamknął za nami drzwi i uśmiechnął się, a mnie ogarnęła panika.

– Ach! *Rrushit tim pak** – powiedział z westchnieniem, po czym wyrwał mi pieniądze i przeliczył. Kiedy znów się odezwał, jego głos brzmiał twardo i bezlitośnie: – Myślisz, że możesz wracać do domu o szóstej i przynosić mi takie ochłapy? Tylko zaczekaj, aż wyjdą moi przyjaciele. Wtedy się tym zajmiemy. A do tego czasu lepiej sobie przypomnij, co się stało z moim szmalem. Wiem, że mnie zdradziłaś i okradłaś.

– Nieprawda. Przysięgam, nie zrobiłam tego – wyjąkałam. – Ktoś musiał mi zabrać część pieniędzy, które zakopałam. To jedyna możliwość. Ja…

---

* Moje małe winogronko.

– Co? – Wykręcił mi rękę tak mocno, że omal jej nie złamał. – Czemu ktoś miałby zabrać część pieniędzy? Pogięło cię? Uważasz, że wszyscy są tacy głupi jak ty? Gdyby ktoś postanowił cię okraść, zabrałby wszystko. Myślisz, że wziąłby twoją skrytkę za bank, wypłacił trochę i wrócił po resztę dopiero, kiedy by już wydał to, co zabrał? Tak? Nie wciskaj mi kitu, kobieto. Zapłacisz mi za to.

Tamtej nocy nie spałam. Leżałam i płakałam cicho w poduszkę. Bałam się nieuniknionego. Zastanawiałam się też, co pomyślałaby moja matka, gdyby poznała prawdę o życiu, jakie prowadzę.

Ledwie jego przyjaciele wyszli, Kas uderzył mnie w twarz, potem wzruszył ramionami.

– To, co straciłaś, możesz odrobić dzisiaj – stwierdził. Włączył telewizor, zapalił papierosa i odwrócił się do mnie plecami.

Nieprzewidywalność Kasa była równie wykańczająca, jak jego gniew. Nigdy nie wiedziałam, co zrobi, i niezmiennie żyłam w stresie.

Pracowałam siedem nocy w tygodniu i często odnosiłam wrażenie, jakbym bez przerwy przechodziła przez obrotowe drzwi. Stałam na poboczu, zatrzymywał się samochód, facet pytał o cenę, wsiadałam, jechaliśmy na drogę obok stacji benzynowej, później podrzucał mnie na stację, zatrzymywał się kolejny samochód...

Noce były chłodne od samego początku, ale z tygodnia na tydzień temperatura stopniowo się obniżała i w końcu, nawet po ciepłym, słonecznym dniu, po zachodzie słońca robiło się tak zimno, że niezależnie od tego, ile miałam na sobie warstw swetrów i kurtek, ciągle marzłam. To, że schudłam do jakichś czterdziestu kilo i wypalałam około dwudziestu papierosów w ciągu nocy – choć rzadko zdążałam wypalić całego, zanim zatrzymał się kolejny samochód – z pewnością nie pomagało. W Anglii sporadycznie sięgałam po fajki, a to, że teraz kopciłam jak komin, było kolejną oznaką tego, że Sophie zniknęła. Zapewne mój brak apetytu, znaczna utrata wagi i uporczywy kaszel, którego nie miałam szans się pozbyć, bo noc w noc sterczałam na zimnie i ostro jarałam, przyczyniały się do tego, że dosłownie z dnia na dzień stawałam się coraz słabsza. Czasami odczuwałam wręcz ulgę, że mogę pobyć przez piętnaście minut w ciepłym samochodzie, zwłaszcza jeśli należał do jednego z facetów, którzy byli dla mnie mili. Pewnej wyjątkowo zimnej nocy przemarzłam do szpiku kości i zęby szczękały mi tak mocno, że kiedy jeden klient zapytał mnie o cenę, ledwo zdołał zrozumieć odpowiedź. Tak bardzo pragnęłam choć na chwilę znaleźć się w cieple, że nawet się gościowi nie przyjrzałam. Zrobiłam to dopiero w samochodzie. W tym samym momencie, gdy dotarło do mnie, że jest albo naćpany, albo zalany, albo totalnie stuknięty – albo wszystko naraz – zablokował zamki.

– Wypuść mnie – zażądałam. Starałam się mówić normalnie, żeby nie okazać paniki. – Otwieraj. Chcę wysiąść.

Już włączył się do ruchu, więc kiedy wyciągnął rękę w moją stronę, przez sekundę bałam się, że otworzy drzwi i mnie wypchnie. Ale zamiast tego złapał mnie za gardło.

– Nie. Pojedziesz ze mną – powiedział. – Wszystko jest okej.

Zachowaj spokój, nakazałam sobie w duchu. Nie szamocz się. Będzie dobrze.

Poluzował trochę uścisk, ale nie zabrał ręki przez całą drogę ani później, gdy już zatrzymał się w bocznej uliczce.

– Wypuść mnie. Otwórz drzwi. *Vai via! No scopare* – rzuciłam.

Nagle na mojej szyi zacisnęły się obie jego ręce. Krzyczał do mnie coś po włosku, a ja próbowałam go odepchnąć.

– *Vai via!* Zostaw mnie! – powtarzałam, ale z trudem łapałam powietrze i mój głos brzmiał jak przytłumiony skrzek. – *Mio ragazzo è albanese* – wyjąkałam. Roześmiał się.

– *Dove è il vostro denaro?**

Nie miałam przy sobie dużo pieniędzy – większość z tego, co zarobiłam tej nocy, już zakopałam za stacją benzynową – i w pierwszym odruchu chciałam dać mu, co mam. Ale wiedziałam, że nawet jeśli dostanie forsę, i tak to nie powstrzyma go i mnie zabije – a jeśli nie on, to z pewnością zrobi to Kas, gdy wrócę do domu bez całej kwoty.

---

* Gdzie masz forsę?

Zaraz po tym, jak zablokował zamki, sięgnęłam do kieszeni i zacisnęłam palce na komórce. Teraz wybrałam numer Kasa, odczekałam kilka sekund, żeby odebrał, i wyciągnęłam telefon.

– Przyjeżdżaj! – wrzasnęłam do niego. – Uliczka przy uschniętym drzewie. To psychopata.

Facet sięgnął, żeby wytrącić mi telefon z dłoni, a gdy to mu się nie udało, bo natychmiast cofnęłam rękę, znów złapał mnie za szyję i zaczął walić moją głową w zagłówek.

Nie wiem, gdzie był Kas, kiedy odebrał mój telefon, ale wydawało mi się, że dotarł w kilka sekund. Zahamował obok z piskiem opon i zanim facet zdążył zareagować, Kas walił już w szybę od jego strony. Koleś oszołomiony i zdezorientowany odwrócił się, a wtedy ja odblokowałam zamki. Drzwi kierowcy natychmiast otworzyły się na oścież i Kas wyciągnął faceta na zewnątrz. Najpierw go kopał, potem zaczął wbijać jego twarz w maskę samochodu z taką furią, że myślałam, że go zabije.

Facet zalał się krwią. Kas w końcu pociągnął go do góry i podtrzymując, zawlókł do miejsca, gdzie stałam zdrętwiała z zimna i strachu.

– Przeproś ją! – ryknął. Złapał klienta za szczękę i przekręcił jego głowę, żeby patrzył prosto na mnie.

– Przepraszam. Przepraszam – wymamrotał mój oprawca.

– Teraz zjeżdżaj. Już! – Kas go puścił.

Potykając się, facet wrócił do samochodu. Zaraz jak wsiadł, zablokował zamki, odpalił silnik i odjechał.

Siedząc w aucie obok Kasa, czekałam na nieuniknioną tyradę i fizyczną napaść, ale w zamian poklepał mnie po kolanie i powiedział:

– Dobra robota. Zachowałaś się jak trzeba. Nie okazałaś przed nim strachu. Naprawdę się spisałaś.

A ja pomyślałam, że warto było przejść przez ten koszmar, by w końcu usłyszeć pochwałę od zadowolonego Kasa.

Jednym z moich głównych zmartwień, kiedy stałam na poboczu, byli polujący na mnie *carabinieri*. Czasami, gdy zobaczyłam ich wystarczająco wcześnie, chowałam się w zagajniku za stacją benzynową. Ale częściej nie udawało mi się uciec i zatrzymywali się przy mnie.

– Nie możesz tu stać – mówili. – Odejdź!

Szłam wtedy przez kilka minut wzdłuż drogi i czekałam, aż odjadą, po czym wracałam na swoje miejsce.

Kiedy zgarniali mnie na posterunek, trzymali mnie tam do piątej, a potem wypuszczali. Muszę przyznać, że choć podczas pierwszego zatrzymania czułam się strasznie upokorzona, w sumie nie było to takie złe – mogłam spędzić noc w cieple, co więcej, miałam dobre usprawiedliwienie, dlaczego nic nie zarobiłam. Poza tym, zwykle *carabinieri* zachowywali się wobec mnie w porządku.

Niezależnie więc od tego, że zawsze złościłam się na siebie, że jestem na tyle głupia, by dać się złapać glinom, niespecjalnie się zmartwiłam, kiedy którejś nocy zatrzymał się przy mnie samochód policyjny i usłyszałam:

– Nie dzisiaj. Wsiadaj. Musisz pojechać z nami.

Ale tym razem, kiedy dotarliśmy na posterunek, dwaj policjanci wzięli mnie w krzyżowy ogień. Stwierdzili, że nie wierzą w moją bajeczkę o tym, że pochodzę z RPA, i tak długo drążyli, skąd naprawdę przyjechałam, że w końcu uznałam, że nie ma sensu dłużej się zapierać.

– W Anglii też to robiłaś? – zapytał jeden z nich. – Adres.

Przez chwilę chodziło mi pogłowie, żeby powiedzieć im: Nie jestem tym, za kogo mnie uważacie. Nie jestem Jenną. Mam na imię Sophie i nie trudnię się prostytucją. W Anglii miałam dobrą pracę i tam mieszka moja rodzina, która mnie kocha. Ale właściwie po co? Nawet gdyby mi uwierzyli, nawet gdyby nie byli znajomymi Kasa, którzy mnie sprawdzają, czy złamię się pod presją i go wydam, ich pomoc i tak na niewiele by się zdała. Wcześniej czy później Kas dowiedziałby się, co zrobiłam, i skrzywdziłby moich bliskich, a potem mnie zabił.

Opowiedziałam im więc drugą historyjkę ułożoną przez Kasa. Jestem w Anglii tancerką erotyczną i przyjechałam do Włoch zarabiać większe pieniądze. Chyba to łyknęli, bo powiedzieli, że mogę już iść. Ale dopiero minęła północ, a ja byłam zmęczona. Co więcej, jakaś część mnie chciała odegrać się na Kasie za to, jak mnie traktuje, za to, że zawsze martwi się wyłącznie o swoje bezpieczeństwo i ma w głębokim poważaniu to, co się ze mną stanie. Zawsze kiedy gliniarze pytali, gdzie mieszkam, musiałam podawać wymyślony adres. Dlatego na posterunku zapytałam:

– Mogę tu zaczekać na pociąg do miasta? Byłam z kimś umówiona, ale teraz już nie zdążę.

A oni okazali się tak mili, że pozwolili mi zostać w ciepłej poczekalni.

Spędziłam tam resztę nocy – modląc się, żeby Kas akurat nie przejeżdżał tamtędy, bo wtedy mógłby mnie zobaczyć przez szybę – a o piątej poszłam do domu i powiedziałam, że *carabinieri* przetrzymali mnie na posterunku. I choć bałam się, że kiedyś odkryje prawdę, strach był w sumie małą ceną za świadomość, że choć raz stracił nade mną kontrolę.

Pewnej nocy, niedługo potem, zatrzymał się przy mnie minivan i jakoś tak wyszło, że nachyliłam się do okna pasażera, choć zwykle podchodziłam do auta od strony kierowcy. W każdym razie, dopiero gdy zajrzałam do środka, zorientowałam się, że mam do czynienia z policjantem. Przyjechał nieoznakowanym samochodem, ale nosił mundur Guardia di Finanza, Straży Skarbowej, zajmującej się między innymi walką z przemytem i handlem narkotykami. Zrobiłam krok w tył, po czym zamarłam, bo facet wycelował we mnie pistolet.

– *Vai! Vai! Vai! Vai via!* – krzyczał.

Wiedziałam, że moje życie nic nie znaczy dla wielu mężczyzn, którzy się przy mnie zatrzymują, i że znaczy mniej niż zero dla większości policjantów – ci nie widzieli we mnie człowieka, tylko irytujący kłopot. Nie wątpiłam też, że gdyby ten strażnik chciał mnie zastrzelić, nic by go przed tym nie powstrzymało.

Pobiegłam za samochód, ale facet natychmiast otworzył drzwi i wyskoczył na zewnątrz. Kiedy się potknęłam, stanął nade mną, wycelował w moją twarz i krzyknął, żebym odeszła. Cholernie chciałam rzucić się do ucieczki, ale nie zrobiłam tego z obawy, że strzeli mi w plecy, a potem wymyśli jakąś bajeczkę odnośnie do tego, co się stało, której nikt by nawet nie sprawdził. Wstałam więc i zaczęłam się powoli cofać. W pewnym momencie po prostu opuścił broń, wsiadł do samochodu i odjechał.

Byłam tak roztrzęsiona, że nie mogłam odtworzyć w pamięci numeru Kasa. Wreszcie sobie przypomniałam i kiedy odebrał, powtarzałam w kółko: „O Boże". W końcu uspokoiłam się na tyle, żeby wydusić z siebie coś więcej.

– Przed chwilą ktoś trzymał mnie na muszce – wybełkotałam.

– Zostań tam – polecił.

Popłakując, poszłam za stację benzynową i przykucnęłam w trawie pod murkiem oddzielającym stację od zagajnika, żeby tam na niego zaczekać.

Parę minut później wsiadłam do samochodu Kasa.

– Jaki miał numer rejestracyjny? – zapytał.

– Chyba była tam dwójka – mruknęłam niespiesznie. – A może trójka. Nie wiem. Strasznie się bałam.

Natychmiast się wściekł.

– Ile razy ci mówiłem, żebyś zapamiętywała numery? Nawet tego nie potrafisz? Marnujesz tylko mój czas. A gdyby ktoś mnie tu z tobą zobaczył? Chcesz mnie wpakować w kłopoty? A jeśli znów tu przyjedzie? Co wtedy? Jak mam zadziałać, skoro nie pamiętasz jego numerów? – Ale z jakiegoś powodu uderzył mnie tylko raz, w dodatku lekko, i więcej nie wracał do tego tematu.

Zastanawiałam się później, co go tak właściwie wkurzyło, i czy ten strażnik, który do mnie celował, był jego znajomym, przysłanym, aby mi przypomnieć, że cały czas muszę mieć się na baczności.

Rozdział 10

Po jakimś czasie całkiem biegle rozpoznawałam poszczególne narodowości – zarówno po szczegółach wyglądu, takich jak chociażby kształt czaszki, jak i po akcencie, z jakim mówili po włosku. Niektórzy złościli się, kiedy informowałam, że obsługuję tylko Włochów – oczywiście nie zdradzałam dlaczego. Na szczęście jedynie nieliczni dopytywali się o powody, a potem w większości po prostu przeklinali mnie i odjeżdżali. Ale nie zawsze dobrze oceniałam i raz, po tym jak wypaliłam jednemu facetowi: „Żadnych Marokańczyków" – choć upierał się, że jest Włochem – wrócił parę dni później z dowodem osobistym!

Czasem jednak nie przyglądałam się zbyt uważnie i dochodziło do groźnych sytuacji. Pewnego razu już otwierałam drzwi, gdy nagle uświadomiłam sobie, że gość wygląda na Macedończyka. Kiedy go zapytałam, skąd pochodzi, odparł że jest Włochem, ale z radia leciała muzyka zdecydowanie wschodnioeuropejska i powiedziałam „nie". Spodziewałam się, że puści jakąś wiązankę pod moim adresem, ale dosłownie zamarło mi serce, gdy wyskoczył z samochodu, zaczął wrzeszczeć i wymachiwać mi przed twarzą rękami.

Wiedziałam, że nie mogę okazać strachu, i kazałam mu się wynosić, strasząc go swoim chłopakiem Albańczykiem. Ledwie to wymówiłam, z ulicy zjechał samochód i zatrzymał się za jego autem. Kiedy oboje spojrzeliśmy w jego stronę, niemal rozpłakałam się z ulgi – za kierownicą siedział Kas. Udając, że się nie znamy, wychylił się z okna i zapytał o cenę, a ja podałam mu ją i odsunęłam się od tamtego kolesia.

– Okej. *Andiamo* – rzucił Kas, otworzył drzwi pasażera, a ja natychmiast wskoczyłam i odjechaliśmy.

Wysadził mnie kawałek dalej, kazał mi wracać na „swoje miejsce", a sam ruszył za facetem dopilnować, żeby nie wrócił. Poczułam przypływ wdzięczności do niego za to, że się zjawił, gdy potrzebowałam pomocy, ale jednocześnie zaniepokoiłam się, bo nie wiedziałam, jakim cudem nadjechał akurat w tamtym momencie. Przypadkiem kręcił się w pobliżu czy może często obserwował mnie z ukrycia, by mieć pewność, że robię, co do mnie należy?

To była po prostu jeszcze jedna niewiadoma w moim świecie pełnym wątpliwości i niejasności. Nie mogłam nikomu ufać ani czegokolwiek przewidzieć – zwłaszcza gniewu Kasa. Nigdy nie wiedziałam, jak zareaguje w danej sytuacji. Zupełnie jakby cierpiał na rozdwojenie osobowości, z tym że tych osobowości miał znacznie więcej niż dwie. Czasami przejeżdżał obok stacji benzynowej i machał do mnie albo nawet opuszczał szybę i wołał: „kocham cię", a jednego razu zatrąbił i rzucił mi różę. Jednak przez większość czasu był wkurzony lub na granicy wybuchu. Co najgorsze – jego nagłe przypływy złości często wywoływała jakaś zupełnie błaha czy urojona rzecz.

Pewnej nocy, kiedy nie zarobiłam wystarczająco dużo, przeszedł od złości do furii dosłownie w mgnieniu oka. Cisnął we mnie komórką – roztrzaskała się na ścianie w drobny mak.

– Masz pięć sekund – krzyknął. – Dokładnie pięć sekund, żeby to posprzątać. – Rzuciłam się na podłogę, gorączkowo szukałam części nawet pod meblami, ale tak się trzęsłam, że to, co podniosłam, zaraz wypadało mi z rąk. – Jeden. Dwa... – zaczął powoli odliczać.

W tym momencie zadzwonił jego drugi telefon, więc poszedł do sypialni odebrać. Słyszałam, jak chodzi w tę i z powrotem po pokoju, docierały do mnie też pojedyncze słowa. Choć mówił po albańsku, zorientowałam się, że rozmawia ze swoją matką. Nagle krzyknął: „schizofrenia", i sądząc po odgłosie, walnął krzesłem o drzwi. Ale kiedy po paru minutach wrócił do salonu, był już w zupełnie innym nastroju.

– Przepraszam. Powiedziałem matce, co się przed chwilą stało, a ona poprosiła, żebym cię więcej nie krzywdził – odezwał się całkiem spokojnie.

Nie wiedziałam, czy mówi prawdę, a jeśli nie, to co spowodowało tak nagłą zmianę. Jakiś czas wcześniej oznajmił, że jego matka chce, żebyśmy się pobrali. To wydawało mi się mało prawdopodobne, głównie dlatego, że ta kobieta nawet mnie nie znała. Nie po raz pierwszy przemknęło mi przez myśl, że może to nie Kas kieruje tym biznesem.

Pewnego dnia, kiedy wyjątkowo dopisywał mu humor, wyznał, że zakochał się we mnie od pierwszego wejrzenia.

– Chyba żartujesz – wypaliłam. – Jak możesz mnie kochać? Spójrz tylko, jestem jak zombie: nie odzywam się, chyba że ktoś zagada do mnie pierwszy; uśmiecham się jedynie wtedy, gdy mi każesz. Dlaczego miałbyś kochać kogoś takiego?

Zaśmiał się.

– Oszalałaś, kobieto. Ubzdurałaś sobie coś w tej swojej głowie.

Na chwilę dopuściłam do siebie myśl, że może naprawdę mnie kocha, a ja tego nie dostrzegam, bo całe życie byłam przekonana, że nie zasługuję na miłość. Od kiedy tylko pamiętam, pragnęłam zakochać się w kimś, kto wszystkim się zajmie i zorganizuje nam wspaniałe wspólne życie. Problem polegał na tym, że ilekroć ktoś się do mnie zbliżał, odpychałam go od siebie – albo go zawodziłam, tak jak Eriona. Nie panowałam nad tym. Po prostu nie wierzyłam facetom. Uważałam, że albo kłamią, albo im się tylko wydaje, że darzą mnie uczuciem. Jak ktokolwiek mógł pokochać kogoś, kogo nie lubił nawet własny ojciec? Krótko mówiąc, brakowało mi pewności siebie, jeszcze zanim zabrał się do mnie Kas.

Wiem, że to dziwnie zabrzmi, kiedy po tym, co Kas mi zrobił, powiem, że zastanawiałam się, czy mnie kocha. Trudno też opisać, co ja czułam. Choć go nienawidziłam, chciałam wierzyć, że istnieje jakieś zrozumiałe wytłumaczenie jego zachowania. Wtedy przychodziło mi do głowy wyłącznie jedno – to wszystko moja wina.

Kas i ja przyjaźniliśmy się i regularnie rozmawialiśmy przez telefon przez cztery lata przed moim przyjazdem do Włoch, więc wiedział o moich lękach, pragnieniach i zahamowaniach prawie tyle samo co ja, a może nawet więcej. I był na tyle sprytny, by wykorzystać tę wiedzę do własnych celów. Może to, że zastraszał mnie, tyranizował i krytykował, tak jak dawniej robił to mój ojciec, sprawiało, że chciałam, żeby mnie kochał, tak jak zawsze pragnęłam miłości ojca.

– Boże, wyglądasz jak anioł – powiedział znienacka któregoś wieczoru, tuż zanim wysadził mnie u podnóża wzgórza. – Dostaję gęsiej skórki, kiedy na ciebie patrzę. Doprowadzasz mnie do szaleństwa. Nie panuję nad sobą, kiedy cię widzę.

Natychmiast stałam się czujna, bo nie wiedziałam, czy mówi serio, czy z ironią i jego słowa zwiastują wybuch gniewu, ponieważ czasami zdarzało się, że jego pozornie miłe teksty stanowiły wstęp do krytyki i wrzasków. Jednak tym razem wydawało się, że jest naprawdę w dobrym humorze, bo pojechał ze mną kawałek dalej, skręcił w polną dróżkę i poprosił, żebym zdjęła legginsy i się z nim kochała. Nie włożył prezerwatywy, a ja byłam tak wdzięczna za te kilka minut, kiedy jest dla mnie miły, że nawet nie przyszło mi do głowy, żeby go o to poprosić – zresztą, jakżebym śmiała.

Seks z Kasem nie zdarzał się często, a kiedy już do tego dochodziło, czułam się zupełnie tak samo jak z klientami – po prostu bez żadnych emocji godziłam się na ingerencję w swoje ciało. Czasami rano wołał mnie, żebym przyszła i dała mu buziaka, a ja natychmiast zrywałam się z łóżka – nawet gdy spałam, jakaś część mnie czuwała, żebym od razu mogła reagować na jego polecenia – i pędziłam do salonu, gdzie kładłam się obok niego na sofie.

– Wiesz, że zawsze będę się o ciebie troszczyć, prawda, mała myszko? – spytał kiedyś, przytulając mnie i głaszcząc po włosach. – Nigdy nie zależało mi na nikim, tak jak na tobie. Przykro mi, że musisz robić te wszystkie rzeczy, ale przecież to nie potrwa do końca życia. Pewnego dnia wyruszymy w świat. Pojedziemy, gdzie nam się spodoba i będziemy robić, co tylko przyjdzie nam do głowy.

Ale chociaż cieszyłam się, że tak miło mnie traktuje, wiedziałam, że kłamie i że to się nie skończy, bo niezależnie od moich starań, nigdy nie zarobię dość, by nie chciał jeszcze więcej.

Momenty takie jak ten należały do rzadkości i nawet jeśli kiedyś myśl o dzieleniu życia z Kasem mogła wydawać się mi kusząca, teraz napełniała mnie przerażeniem. Ale objęłam go i przywarłam do niego jak dziecko. Po prostu czerpałam radość z obecnej chwili, ponieważ przyjemnie było tak sobie leżeć, kiedy nie szalał.

Nie pozwalał jednak, żebym przychodziła do niego sama.

– Czemu taki dla mnie jesteś? – pytałam czasem. – Czemu nie mogę być blisko ciebie bez twojej zgody?

– To nie zawsze byłoby w porę i trzeba się nauczyć czekać – odpowiadał, jeśli akurat humor mu dopisywał. – Poza tym nie możesz spełniać wszystkich swoich zachcianek.

Więc czekałam jak mały piesek i próbowałam niczego nie przeskrobać, żeby zasłużyć na jego zainteresowanie.

Pewnego wieczoru, zanim wyszłam do pracy, kazał mi uprasować swoją koszulę. Nie cierpiałam takich zadań, bo zawsze tak się stresowałam, że coś mi nie wyjdzie, że niezależnie od tego, jak bardzo starałam się nie popełnić błędu, i tak go popełniałam. Ale, ku mojej uldze, tym razem ledwie zerknął na mnie, gdy prasowałam, i włożył ciepłą koszulę bez żadnego komentarza.

Chwilę później, całkowicie ubrany i wypachniony wodą po goleniu, stanął w kuchennych drzwiach.

– Spójrz na mnie! – powiedział. – Co za przystojniak! Wszyscy będą chcieli dzisiaj ze mną rozmawiać. Jesteś ciekawa, dokąd idę? Śmiało, zapytaj. Wiem, co myślisz. To niesprawiedliwe, on się bawi, a ja pracuję. Ale tak to już jest. Ja wykonuję swoje obowiązki: spotykam się z ludźmi i dbam o swoje interesy, a ty o swoje. Po prostu.

Owszem, to niesprawiedliwe, pomyślałam. Ty idziesz sobie używać, a ja będę uprawiać seks z obcymi facetami, którzy, jak zechcą, mogą mi nie zapłacić albo mnie skrzywdzić. Nic jednak nie powiedziałam, bo nauczyłam się nie reagować w żaden sposób. Ale tym razem nawet milczenie okazało się błędem.

– Czyli tobie to pasuje?! – zaczął wrzeszczeć. – Wszystko gra? Widocznie nie obchodzi cię, gdzie będę, bo ci na mnie nie zależy.

Niekiedy, gdy wydawało mi się, że jest w dobrym nastroju, opowiadałam mu o niektórych swoich klientach.

– Podoba ci się czasem? – zapytał pewnego dnia – przyznaj się – mówił to z uśmiechem, a kiedy obruszona zaprzeczyłam, roześmiał się i dalej drążył temat: – Przecież możesz mi powiedzieć. Chyba zdarza się, że masz z tego przyjemność.

– Nie, nigdy – odparłam.

– Kłamiesz! – Nadal się śmiał. – Mam uwierzyć, że uprawiasz seks przynajmniej dwadzieścia razy w ciągu nocy i ani razu nie było ci przyjemnie?

– Nie było. – Zastanawiałam się, jak to możliwe, że ma tak błędne wyobrażenie odnośnie do tego, co czuje kobieta, która została zmuszona do seksu z nieznajomymi mężczyznami. Wiedziałam jednak, że te pytania do czegoś prowadzą, więc cały czas trzymałam się na baczności.

Wszystko wskazywało na to, że nie odpuści i dalej mnie wypytywał.

– Daj spokój – powiedział wreszcie. – Mnie możesz się zwierzyć. Musiał być ktoś. Wśród tych wszystkich gości na pewno trafił się jakiś jeden wyjątkowy. Kto to był?

W końcu postanowiłam skłamać, żeby przestał mnie zadręczać tymi pytaniami.

– Okej, raz się zdarzyło.

I nagle jakby ktoś pstryknął przełącznik w jego głowie. Uśmiech zgasł. W następnej sekundzie Kas był już przy mnie. Szarpnął mnie za włosy, boleśnie odchylając moją głowę w tył.

– Ty pieprzona dziwko! – wydarł się. – Jak śmiesz mnie nie szanować? Jesteś podła. I odrażająca.

Miał rację, ale nie dlatego, że niby lubiłam uprawiać seks z nieznajomymi, tylko dlatego, że robiłam to, do czego mnie zmuszał.

Pewnej nocy zadzwonił, kiedy byłam akurat ze starszym, miłym gościem, którego obsługiwałam już wcześniej kilka razy. Odnośnie do odbierania telefonu – tak jak w każdym innym przypadku – obowiązywały ścisłe zasady: mogłam odbierać połączenia wyłącznie od Kasa i najpóźniej po trzecim sygnale. Wtedy mi się to nie udało. Kiedy wyciągnęłam komórkę, przestała brzęczeć i choć natychmiast oddzwoniłam, było już pozamiatane.

– Co robisz, do cholery? – wrzasnął. – Jak śmiesz nie odbierać, kiedy do ciebie dzwonię? Zaczekaj tylko, aż cię dorwę. – Następnie opisał mi ze szczegółami, co ze mną zrobi, a mój klient siedział z otwartymi ustami, bo choć na pewno nie słyszał co, dokładnie mówił mój rozmówca, docierały do niego pełne gniewu krzyki.

Kiedy Kas wreszcie się rozłączył, usiłowałam udawać, że nic się nie stało, choć w rzeczywistości cała drżałam i byłam bliska paniki. Facet musiał to zauważyć, bo poklepał mnie po ręce i powiedział:

– Zmywajmy się stąd. Pojedziemy gdzieś indziej.

Kas stale mi przypominał, że nie mogę się ruszać poza moje stałe miejsca, dopóki go o tym nie poinformuję, ale nagle poczułam się całkowicie wyczerpana i nie pamiętałam o wszystkich obowiązujących mnie zasadach. Zresztą i tak miałam już przechlapane. Spróbowałam się uśmiechnąć do klienta i odparłam:

– Okej, przenieśmy się.

Nie ujechaliśmy daleko, gdy zobaczyłam w bocznym lusterku, że Kas jest tuż za nami. Odruchowo chciałam odwrócić głowę, ale choć tego nie zrobiłam i nadal gapiłam się przed siebie, przysłał mi wiadomość: „Nie udawaj, że mnie nie widziałaś. Zdradzasz mnie, co?"

Uznałam, że to niedorzeczne, więc nie odpisałam ani niczego nie wyjaśniałam klientowi. Niedługo potem Kas przestał nas śledzić i przez resztę nocy bałam się kary, która mnie czeka po powrocie do domu.

Klient był co najmniej czterdzieści lat starszy ode mnie i wsiadłam do jego samochodu dlatego, żeby zarobić forsę dla Kasa. Nie chciałam tam być. Nie chciałam być ani z tym, ani z żadnym innym facetem. Nie chciałam być z Kasem ani nie chciałam być we Włoszech. Chciałam być w domu ze swoją rodziną i robić zwyczajne rzeczy – siedzieć na kanapie i oglądać telewizję z mamą i siostrą, grać w gry komputerowe z młodszymi braćmi albo pić kawę w knajpie podczas przerwy na lunch i ustalać przez telefon z przyjaciółką plany na weekend. Tak bardzo pragnęłam powrotu do normalności, że nie wiedziałam, jak długo jeszcze zdołam prowadzić życie narzucone mi przez Kasa.

I może wydać się zaskakujące, ale nigdy nie myślałam o tym, żeby popełnić samobójstwo. Co więcej, tak bardzo bałam się, że Kas albo któryś z klientów mnie zabije, że utrzymanie się przy życiu stało się niemal moją obsesją. Każdej nocy, stercząc na poboczu, składałam dłonie – i tak mocno przyciskałam je do piersi, że aż bolały mnie nadgarstki – i powtarzałam w myślach wciąż te same słowa: Proszę, Boże, nie pozwól, żeby ktoś mnie skrzywdził. Proszę, Boże, miej mnie w swojej opiece. Potem patrzyłam na księżyc i wyobrażałam sobie, że patrzy na niego też moja matka, i przez chwilę czułam się, jakbym stała blisko niej. Mówiłam sobie, że muszę wierzyć, że któregoś dnia ucieknę i znów będziemy razem, a wtedy wszystko wróci do normy.

Innej nocy pewien gość dał mi sto pięćdziesiąt euro, żebym pojechała z nim na godzinę do jego domu. Chuda jak patyk wyglądałam niemal jak dziecko, co mogło przyciągać niektórych mężczyzn – choć wtedy nie zdawałam sobie z tego sprawy. Ale ten facet wydawał się po prostu samotny, a poza tym był miły. Zabrał mnie do swojej małej, ciepłej kuchni, kazał usiąść przy stole, a sam zrobił mi najlepszy omlet, jak w życiu jadłam. Potem podał mi kubek gorącego kakao.

– Jedz! Pij! – powiedział. – Jesteś przemarznięta. To cię rozgrzeje.

Później pokazał mi zdjęcia swojej rodziny – starałam się nie rozpłakać, kiedy je oglądałam – a na koniec naładował mi do kieszeni cukierków, jakby naprawdę miał do czynienia z dzieckiem. Odwiózł mnie w pobliże stacji benzynowej, a gdy wysiadałam, poklepał mnie po ramieniu jak troskliwy wujek.

– *Stai attenta**.

Jeden z moich stałych klientów – bardzo przystojny, choć nieśmiały – zawsze chciał ze mną rozmawiać, mimo że słabo mówił po angielsku. Woził ze sobą koc, który zawsze rozkładał na siedzeniu, i za każdym razem, kiedy podrzucał mnie na moje miejsce, mówił:

– Bóg zapłać. Będę się za ciebie modlić.

Którejś nocy powiedział mi, że jego matka znalazła w samochodzie opakowanie po prezerwatywie

---

* Uważaj na siebie.

i strasznie się na niego rozzłościła. Rozśmieszyło mnie to, bo miał co najmniej trzydzieści lat, ale też zrobiło mi się smutno, ponieważ okropnie tęskniłam za własną matką.

Każdego wieczoru, zanim wyszłam, stałam przez chwilę w łazience i szeptałam: „Proszę, Boże, nie dopuść, żeby coś mi się stało", a potem, czekając na poboczu na klientów, patrzyłam w niebo i myślałam: Mama gdzieś tam jest i widzi te same gwiazdy i ten sam księżyc. Choć w jakimś sensie to było pocieszające, bo czułam się bliżej niej, z drugiej strony nie mogłam znieść świadomości, że nawet jeśli patrzymy na to samo niebo w tym samym czasie, równie dobrze moglibyśmy się znajdować w dwóch różnych światach. W głębi duszy zawsze wierzyłam, że niezależnie od tego, jak bardzo teraz jest kiepsko, wszystko dobrze się skończy, stanie się jakiś cud i odzyskam wolność. Każdej nocy musiałam wierzyć, że to prawda, bo to, jak koszmarnie czułam się samotna i zagubiona, przechodziło moje najśmielsze wyobrażenia.

Sposób, w jaki ojciec traktował mnie i resztę rodziny, sprawił, że straciłam zaufanie do mężczyzn i minęło dużo czasu, zanim przyjęłam przyjaźń Kasa, który później to wszystko podeptał. Ale może, pomimo ciężkich doświadczeń, człowiek nie traci nadziei, że znajdzie kogoś, komu mógłby powierzyć swoje tajemnice. Kiedyś niewiele brakowało, a powiedziałabym prawdę takiemu jednemu facetowi. Był policjantem i kiedy spotkaliśmy się po raz pierwszy, przyjechał radiowozem razem z kolegą.

– Jak masz na imię? – zapytał.

– Jenna – odpowiedziałam.

– Ale chodzi mi o twoje prawdziwe imię. – Uśmiechnął się do mnie.

– Jestem Jenna – powtórzyłam. Zaczęłam gmerać w kieszeni w poszukiwaniu papierosa, a kiedy go zapalałam, odwróciłam się od kolesia, żeby ukryć swój niepokój.

– Spokojnie. Nie masz żadnych kłopotów. – Roześmiał się. – Po prostu chciałbym poznać twoje prawdziwe imię.

Nie wiem czemu, ale mu je zdradziłam.

– Ach, Sofija – powiedział, a ponieważ to brzmiało jakoś ładniej niż Sophie, nie poprawiłam go.

– *Alora, Sofija*, wszystko okej? – zapytał, a kiedy zapewniłam, że tak, znów się uśmiechnął, a potem pożegnał się ze mną, wołając *ciao*.

Wrócił parę dni później, sam i w bmw. Poznałam go dopiero, gdy zajrzałam przez okno. Rozpromienił się.

– *Ciao, Sofija. Como stai? Tutta bene?**

– *La polizia?* – zapytałam.

– *Si, si. Andiamo*. Jedźmy. – Wychylił się i otworzył drzwi pasażera.

Kiedy wsiadłam, powiedział, że ma na imię Angelo, a mnie zrobiło się smutno, bo w innym życiu mógłby

---

* Jak się masz? Wszystko w porządku?

nawet zostać moim chłopakiem, ale na powrót do tamtego życia raczej nie liczyłam.

Był bardzo przystojny i równie uroczy. Nie chciał seksu; interesowała go jedynie rozmowa. Czułam się przy nim swobodnie i naprawdę z całego serca pragnęłam mu zaufać, ale nie mogłam ryzykować.

– Kim naprawdę jesteś? – wypytywałam go. – O co ci chodzi? Nie wierzę, że przyjechałeś tylko po to, żeby ze mną pogadać.

Odpowiedział, że kiedy był poprzednio z kolegą, zobaczył w moich oczach coś takiego, co go zasmuciło, i zdecydował, że chciałby mnie poznać.

Zjawił się ponownie parę dni później i wtedy też tylko rozmawialiśmy. Następnym razem poprosił, żebym pojechała do niego.

– No, weź. – Zaczął mi wciskać w dłoń zwitek banknotów.

Próbowałam go odsunąć, mówiłam, że głupio mi przyjmować od niego pieniądze, ale się uparł – może podejrzewał, że miałabym kłopoty, gdybym tego nie zrobiła – i ostatecznie się zgodziłam.

Przy Angelu, i tylko przy nim, czułam, że to coś więcej niż „uprawianie seksu". Po paru moich wizytach w jego domu zaproponował, żebyśmy byli razem. Zapytał, ile zarabia policjant w Anglii, i snuł wizje naszej wspólnej przyszłości. Na krótką chwilę nawet uwierzyłam, że ucieczka z nim jest możliwa. Ale kiedy chciał mój numer telefonu, powiedziałam, że nie mogę mu go podać.

– Cóż, to przynajmniej weź mój – odparł.

Zbyt mocno jednak się bałam, że Kas się o tym dowie. I właśnie w tym momencie zadzwonił.

– Gdzie jesteś? – warknął.

– W drodze. – Miałam nadzieję, że nie usłyszał w moim głosie poczucia winy.

– O co chodzi? – zawołał podejrzliwie. – Czemu masz taki dziwny głos? Gdzie byłaś? – urwał na chwilę. – Są z tobą gliny? – obrzucił szeptem.

Gorączkowo próbowałam coś wymyślić, ale miałam w głowie zupełną pustkę, więc niemal rozpłakałam się z ulgi, gdy sam podsunął mi rozwiązanie.

– Tak, zgadza się – wymamrotałam.

– Pracujesz?

– Tak.

– Trzeba mi było od razu powiedzieć. Gdyby założyli ci podsłuch, już by mnie nagrali. – Rozłączył się.

Angelo cały czas mi się przyglądał, a kiedy schowałam komórkę z powrotem do kieszeni, zapytał:

– Wszystko w porządku?

– Mhm – mruknęłam, siląc się na uśmiech. – To tylko przyjaciel, chciał się upewnić, że już wracam do domu.

Po raz kolejny próbował wcisnąć mi swój numer, a ja odmówiłam. Później żałowałam, że nie wzięłam tego numeru i że nie poprosiłam Angela o pomoc, bo naprawdę go lubiłam i wiem, że by mi pomógł. Ale przez nieobliczalność i brutalność Kasa całkiem straciłam wiarę w trafność swoich osądów i nie śmiałam zaufać Angelowi. Odwróciłam się od niego, żeby nie musieć patrzeć na smutek w jego oczach, i nigdy więcej się nie spotkaliśmy.

Którejś nocy, kiedy klient odwiózł mnie w okolice stacji benzynowej, stała tam jakaś brunetka. Choć inne dziewczyny czasem pracowały trochę dalej przy tej drodze lub przy sąsiednich, nigdy wcześniej żadna nie przekroczyła granic mojego rewiru i aż dziwiła mnie ta wyznaczona terytorialność.

– Przepraszam, to moje miejsce – poinformowałam stanowczo na tyle dobrym włoskim, żeby mnie zrozumiała.

Ale ona nagle zaczęła wymachiwać rękami i krzyczeć:

– Nie, nie, nie. – Miała zacięty wyraz twarzy.

W pierwszym odruchu chciałam uciekać, bo słyszałam, że niektóre dziewczyny pracujące w tej okolicy są nieźle stuknięte, i ostatnie, czego mi było trzeba, to wdać się z którąś z nich w awanturę. Ale wtedy w mojej głowie rozległ się głos Kasa: „Strach jest oznaką słabości, i jeśli go okażesz, już po tobie". Zwinęłam więc drżące dłonie w pięści i jeszcze raz powiedziałam jej, żeby odeszła. Na co ona znowu się wydarła i nie ruszyła się ani o krok.

Nie chciałam iść na tyły stacji benzynowej, bo bałam się, że mnie tam zaatakuje. A zatem uważnie ją obserwując, odeszłam kawałek wzdłuż drogi i zadzwoniłam do Kasa. Przyjechał parę minut później.

No, teraz zobaczymy, czyje to miejsce, pomyślałam triumfalnie. Jednak, ku mojemu zdziwieniu, Kas przywitał dziewczynę po albańsku i porozmawiał z nią chwilę, po czym oznajmił:

– Wszystko okej. To panna mojego kumpla. Zabiorę ją i poszukam jakiegoś miejsca trochę dalej.

Szturchnęła mnie, obchodząc jego samochód, a kiedy wsiadała, uśmiechnęła się złośliwie. Wkurzyło mnie to, bo zachowywała się, jakby „wygrała". Potem zdałam sobie sprawę, że widziałam w niej rywalkę, co oznaczało, że w pewnym sensie zaakceptowałam fakt, że jestem prostytutką. Ogarnęły mnie żałość i przerażenie.

W kolejnych tygodniach wydarzyło się parę rzeczy, przez które stawałam się coraz bardziej nerwowa i zaczęłam mieć złe przeczucia. Może działo się tak po prostu dlatego, że to, co robiłam, było niebezpieczne – pod różnymi względami – i wydawało się logiczne, że im dłużej uprawiam ten proceder, tym częściej kuszę los i w końcu mogę oberwać.

Jednego faceta – obsługiwałam go parę razy – bardzo nie lubiłam. Skrzywiłam się w duchu, kiedy któregoś nocy zatrzymał się przy mnie po raz kolejny. Nie wiedziałam, czemu czuję się przy nim tak nieswojo; po prostu miał w sobie coś niepokojącego, choć nie potrafiłam określić co, i zawsze w jego towarzystwie całkowicie się wyłączałam. Po wszystkim odetchnęłam z ulgą, ale gdy wiózł mnie z powrotem, zobaczyłam w ciemności błyskające niebieskie światła, a zaraz potem całe mnóstwo *carabinieri*; ich samochody blokowały oba wjazdy na boczną drogę biegnącą za stacją.

– Nie zatrzymuj się – rzuciłam. – Wysadzisz mnie gdzieś indziej. – Zaczęłam go kierować do miejsca, gdzie na samym początku pracowałam z Carą. W pewnym momencie powiedziałam: – Skręć tutaj w lewo. – On jednak pojechał prosto. – Mówiłam w lewo – niemal krzyknęłam. – Pojechaliśmy za daleko. Musimy zawrócić. – Zerknęłam na jego twarz i natychmiast stało się dla mnie jasne, że się nie pomylił, tylko mnie ignorował.

Jedna z najważniejszych zasad z całego regulaminu Kasa brzmiała: Nigdy nie pozwól, żeby klient zabrał cię w nieznane miejsce.

– To ty decydujesz – powtarzał. – Ty mówisz, gdzie ma się zatrzymać i później cię odwieźć. – Jeśli nie wiedziałabym, gdzie jestem, nie mogłabym zadzwonić do niego po pomoc, więc gdyby jakiś facet postanowił mnie zabić i wyrzucić moje ciało, znaleźliby je dopiero po tygodniach albo miesiącach, albo nigdy.

Chwilę później gość skręcił w jakąś boczną drogę i zażądał, żebym znów uprawiała z nim seks. Odmawiając, starałam się nie okazać strachu, ale w tamtym czasie ważyłam niewiele ponad czterdzieści kilo i byłam jak komar przy postawnym, wysokim mężczyźnie. Przynajmniej dobrze, że nigdy wcześniej nie zachowywał się gwałtownie ani agresywnie, chociaż był dziwny i przerażający.

Tak czy inaczej, kiedy go obsługiwałam, zastanawiałam się, co zrobię, jeśli później mnie zaatakuje.

Cały czas walczyłam z myślą, że w gruncie rzeczy jestem bezbronna. Mocno się zdziwiłam, kiedy mi zapłacił, uruchomił samochód i zawrócił na główną drogę. Jednak podczas jazdy rozpiął rozporek, wziął moją dłoń i kazał siebie dotykać. Wyrwałam rękę, a on znów po nią sięgnął.

– Chcesz, żebym wysadził cię gdzieś indziej? – zapytał cierpliwie. – Jeśli ty wyświadczysz mi przysługę, ja wyświadczę przysługę tobie.

Zrozumiałam, że nie mam wyboru.

Tamtej nocy uniknęłam spotkania z *carabinieri*, ale jeden policjant się na mnie uwziął. Nazywał się Roberto Rossi i był szefem lokalnej policji. Ten zwalisty, agresywny facet strasznie mnie nienawidził i między innymi dlatego obawiałam się, że zdarzy się coś niedobrego. Wyglądało to, że jego życiową misją jest uniemożliwienie mi pracy w tej okolicy. Przez kilka nocy hamował przy mnie z piskiem opon, wyskakiwał z samochodu, stawał tuż przede mną i bryzgając śliną, krzyczał:

– *No scopare! Vai via!*

Odwracałam się i ruszałam wzdłuż drogi, a on wracał do radiowozu i jechał powoli za mną, żeby cały świat mnie widział w świetle reflektorów. Jeśli próbowałam uciekać i się chować, zawsze mnie znajdował, a że nie mogłam pójść do domu, kiedy mnie śledził, nie miałam innego wyjścia, jak iść przed siebie z nadzieją, że wkrótce znudzi się mu ta zabawa lub zostanie wezwany do jakiegoś poważniejszego przestępstwa.

Czasami, kiedy z jakiegoś powodu w moim zwykłym miejscu kręciła się policja, przenosiłam się w inne – jakieś piętnaście minut marszu od tego poprzedniego przy głównej drodze. Tam stało zalewie kilka latarni na krzyż, a chodnik był położony krótkimi odcinkami. Czasami długo musiałam ciągnąć tę męczącą zabawę w kotka i myszkę z Rossim; unikałam go, przemieszczając się z jednego miejsca do drugiego, a on jeździł w tę i z powrotem i mnie wypatrywał. Aż wreszcie którejś nocy zatrzymał się przy mnie i ze złośliwym uśmiechem wręczył mi zakaz poruszania się w tym rejonie przez tydzień.

Wymachując rękami, nakazał mi odejść, a potem jechał za mną, tak jak to często robił. Tyle że tym razem nie tylko mnie oświetlił, ale też powtarzał przez megafon monotonnym głosem:

– *Vai via! Andiamo. Vai via!*

Mijające nas samochody zwalniały, bo każdy chciał się przyjrzeć, jak dziewczyna truchta poboczem w świetle reflektorów. Czułam się tak upokorzona, że marzyłam, by rozstąpiła się pode mną ziemia.

W pewnym momencie znacznie oddaliłam się od samochodu Rossiego, a kiedy na chwilę przystanął, zaczęłam biec i wyciągałam rękę, żeby złapać stopa. Już po jakiejś minucie zatrzymał się przy mnie samochód. Wskoczyłam do środka, nawet nie patrząc na kierowcę.

– Jedź! Jedź! – krzyknęłam.

Na szczęście facet nie był seryjnym mordercą ani szalonym porywaczem i podrzucił mnie na tyle daleko, że mogłam spokojnie czekać na klientów poza zasięgiem wzroku Rossiego.

Przez całą noc ze strachem myślałam o chwili, kiedy będę musiała powiedzieć Kasowi o akcji szefa policji. Nie miałam innego wyjścia, bo zakaz, jaki dostałam, wykluczał mnie z pracy na tydzień. Przerażona podałam mu kartkę, a kiedy czytał, stałam ze spuszczoną głową i splecionymi dłońmi, które tak mocno zaciskałam, że aż zaczęły drętwieć mi palce.

Ale kiedy Kas znów na mnie spojrzał, po prostu wzruszył ramionami.

– No i?

– No i nie mogę tam wrócić – wymamrotałam. – Jeśli mnie złapie, pójdę do więzienia.

– Więc nie daj się złapać. – Zmiął zakaz w kulkę i rzucił na stolik.

Przez chwilę byłam zła. Ciągle wściekał się na mnie, bo podejrzewał, że zrobiłam coś, przez co on może trafić za kratki, ale mnie miał totalnie gdzieś, i o ile nie pociągnęłabym go za sobą, wcale by się nie przejął, gdybym wylądowała w ciupie lub skończyła martwa w rowie.

Kas zamknął temat, a ja nie byłam na tyle głupia, żeby do niego wracać. Nie miałam innego wyboru, musiałam dalej pracować, starając się unikać gliniarzy.

Niedługo po moim pamiętnym spacerze w świetle reflektorów widziałam dwóch Albańczyków, do których

Kas kiedyś strzelał. Stałam na poboczu i czekałam na klientów, a oni przejechali obok, bardzo powoli, gapiąc się na mnie. Już wcześniej byłam kłębkiem nerwów – płoszył mnie niemal każdy dźwięk – ale wtedy to już wpadłam w panikę, bo poczułam się zupełnie bezbronna. Włoski na karku stanęły mi dęba i pomyślałam, że mój los został przesądzony.

Kiedy parę dni później Kas poinformował mnie, że jedziemy do Francji, prawie rozpłakałam się z ulgi. Nie zdradził mi żadnych szczegółów, a ja oczywiście o nic nie pytałam. Dwa dni po tym, jak mi ogłosił tę nowinę, po prostu obudził mnie wcześniej niż zwykle i powiedział:

– Spakuj się przed wyjściem do pracy. Wyjedziemy zaraz o świcie. Będziesz musiała przespać się w samochodzie, bo jak tylko dotrzemy na miejsce, od razu ruszysz na ulicę.

Spędziłam we Włoszech jakieś cztery miesiące i choć cieszyłam się, że wyjeżdżamy, stresowałam się na myśl, że będę muszę zaczynać od nowa, w nieznanym miejscu. Tutaj miałam przynajmniej swoich stałych klientów, którzy od czasu do czasu sprawdzali, czy u mnie wszystko w porządku. Pocieszałam się, że mówię trochę po francusku, więc może nie będę czuła się aż tak zagubiona i przerażona jak na początku we Włoszech.

Tamtej nocy *carabinieri* stale siedzieli mi na ogonie. Dokądkolwiek bym się ruszyła, oni też tam się zjawiali. Nie mogłam się ich pozbyć i nawet zaczęłam się zastanawiać, jak wrócę do domu. W końcu usiadłam na ławce w parku i paląc jednego papierosa za drugim, czekałam, aż im się znudzi i zostawią mnie w spokoju. Nie zarobiłam wtedy zbyt dużo, ale czułam się, jakbym uniknęła kulki i niemal liczyłam minuty do wyjazdu.

Skończyłam trochę wcześniej niż zwykle i po powrocie dorzuciłam parę rzeczy do walizki, w czasie gdy Kas siedział na łóżku i rozmawiał przez telefon. Nagle cisnął komórką przez pokój.

– Zwariowałaś, kobieto?! – wrzasnął. Klęczałam akurat przy walizce i kiedy się cofnęłam, wstał, złapał mnie za koszulkę i podniósł jak szmacianą lalkę. Potem rzucił mnie na ścianę i krzyknął: – Nadal nie umiesz dobrze się spakować. – Potrząsnął mną i bił mnie po twarzy. – Nie mówiłem ci, jak to się robi? Czy nie tłumaczyłem dość jasno, żeby nawet ktoś tak głupi jak ty mógł zrozumieć?

Puścił mnie i zaczął wywalać wszystko z walizki. Na moment zaiskrzyła we mnie złość. Nie jestem dzieckiem, pomyślałam. Nie trzeba mnie uczyć, jak się pakuje walizkę. Ale Kas uważał inaczej. Znów walnął mnie w twarz, złapał T-shirt i go złożył.

– Tak składasz ubrania – warknął. – Tak układasz je w walizce. To nie takie trudne, prawda? Na pewno nawet ty to potrafisz. Zapakuj to prawidłowo!

Mimo mojego chwilowego niemego oporu uważnie obserwowałam Kasa, bo wiedziałam, że będę musiała to zrobić według jego widzimisię i to bardzo dokładnie.

Drżącymi rękami zaczęłam pakować walizkę od nowa. Czemu jestem taka głupia? – wymyślałam sobie w duchu. Nic dziwnego, że Kas nie ma do mnie cierpliwości.

Kiedy wreszcie wyruszyliśmy do Francji, patrzyłam na wschodzące słońce i czułam ulgę, równie wielką, jak nieuzasadnioną.

Rozdział 11

W samochodzie nie mogłam zasnąć, więc kiedy w połowie dnia dojechaliśmy na południe Francji, byłam wykończona. Nawet nie zastanawiałam się nad tym, dlaczego Kas chciał jechać do Francji, i tak nie odważyłabym mu się sprzeciwić. Powiedział, że będę tam pracować. Najwyraźniej uznał, że więcej nie muszę wiedzieć. Zresztą na tyle niepokoiłam się tą perspektywą, że umysł miałam wystarczająco zaprzątnięty przez całą drogę, podczas której Kas udzielał mi nowych wskazówek.

– Co powiesz policji, jak spytają, gdzie nocujesz? – zagadnął, kiedy jechaliśmy szeroką, zatłoczoną nadmorską promenadą.

– W hotelu Mirabelle – odpowiedziałam, a kiedy odwróciłam się, żeby na niego spojrzeć zmęczonymi, zaczerwienionymi oczami, dostałam silny cios pięścią w lewą kość policzkową.

Głowa poleciała mi do tyłu i rąbnęła o szybę.

– Popieprzyło cię, kobieto? Podasz policji nazwę hotelu, w którym naprawdę mieszkamy? Chcesz, żeby nas złapali?

To, czego naprawdę chciałam, to krzyknąć: Niedobrze mi się robi od tego ściemniania. Zanim cię poznałam, nigdy nikogo nie okłamywałam, a teraz rzadko mówię prawdę.

– Przepraszam – wyszeptałam tylko. – Po prostu... jestem naprawdę bardzo, bardzo zmęczona.

Kiedy przyjechaliśmy do Mirabelle, twarz miałam czerwoną i spuchniętą, ale w takich hotelach jak ten nikt nie zadaje żadnych pytań. Większość klientów płaci za pokoje na godziny i nie zwraca uwagi na innych gości. Kiedy Kas nas zameldował, zostawiliśmy bagaże i objechaliśmy miasto. Pokazał mi miejsce przy jakichś światłach na ulicy równoległej do promenady, w którym miałam pracować.

Tamtej nocy byłam nieżywa. Nie spałam ponad trzydzieści godzin i nienawidziłam Kasa, że kazał mi iść pracować w obcym miejscu, a sam siedział w hotelu albo w gdzieś w barze, bezpieczny, w cieple i nawet przez moment nie pomyślał o tym, co się ze mną dzieje. Prawie wróciłam na pierwszy plac – nie wiedziałam, jakich klientów mogę się tu spodziewać i nie znałam żadnej drogi ucieczki – i chociaż byłam szczęśliwa, że wyjechałam z Włoch, rzeczywistość, która czekała mnie we Francji, okazała się o wiele bardziej przerażająca, niż się spodziewałam. We Włoszech praca na ulicy była jak gra w szachy, ale we Francji nie przypominała żadnej gry i miałam brutalną świadomość tego, że zupełnie nie wiem, co ja tu robię.

Obok świateł przy moim nowym miejscu pracy była ławka, a po drugiej stronie ulicy kawiarnia, prawie zawsze zamknięta o tej porze, kawałek dalej stał blok mieszkalny. W ciemności ulica wydawać by się mogła prawie opuszczona, gdyby nie piekarnia, naprzeciwko po skosie od miejsca, gdzie stałam, otwarta dwadzieścia cztery godziny na dobę. Często chodziłam do niej kupić sobie coś do jedzenia, zanim wróciłam do hotelu nad ranem.

Pierwsza noc minęła bardzo spokojnie, miałam tylko paru przeciętnych klientów. Ale drugiej nocy, niedługo po tym jak wyszłam, zabrał mnie mężczyzna błyszczącym czerwonym maserati. Pojechał na parking na otwartej przestrzeni, a jak tylko wyłączył silnik, stanął za nami inny samochód, oślepiając nas jasnym strumieniem świateł.

Natychmiast poczułam, że jestem w pułapce, bezbronna, i serce zaczęło mi walić. Facet objął mnie ramieniem.

– To policja – powiedział. – Udawaj, że jesteś moją dziewczyną.

Wydawało się dziwne, że ktoś, kto może sobie pozwolić na maserati, zabiera swoją dziewczynę w takie miejsce, ale policjantom było wszystko jedno, bo po kilku sekundach odjechali. I chociaż akurat ten facet okazał się w porządku, od niego chyba zaczął prześladować mnie pech. Miałam we Francji paru dziwnych i niemiłych klientów. Pewien mężczyzna zabrał mnie do samochodu, zawiózł do tunelu w podziemnym parkingu, dał mi sto euro i kazał mi się kopać.

Nawet gdybym nie miała kozaków na wysokich szpilkach, powiedziałabym mu, że nie mogę. Ale tak długo nalegał, aż w końcu się zgodziłam. Nie chciał, żebym się rozebrała, nie chciał uprawiać seksu; chciał tylko siedzieć na fotelu kierowcy i bawić się ze sobą.

– Mocniej, mocniej – powtarzał.

A ja siedziałam obok i kopałam go po całym ciele.

Prawdę mówiąc, chyba nie miałam ani jednego klienta, przy którym czułabym się równie swobodnie, jak z niektórymi stałymi klientami we Włoszech. Odnosiłam wrażenie, że jest tu nieproporcjonalnie dużo wariatów; zdarzali się faceci z seksualnymi upodobaniami, o jakich nigdy wcześniej nie słyszałam.

Dlatego poczułam jeszcze większy niepokój, kiedy po zaledwie trzech dniach pobytu we Francji Kas oznajmił, że wyjeżdża do Holandii, żeby odebrać przesyłkę z narkotykami, i zostawia mnie samą.

– Nie będzie mnie tylko parę dni – oznajmił. – Ty pracuj i nie zapominaj, że jeżeli cokolwiek się stanie, jeżeli ktoś spróbuje cię porwać, nie walcz. Nie stawiaj się. Rób, co ci każą, a jak przyjadę, to cię znajdę.

Ogarnął mnie paniczny strach. Byłam wystarczająco przerażona, kiedy stałam na ulicy, a Kas znajdował się niedaleko i wystarczyło zadzwonić, ale jeżeli zostanę sama, bez żadnej pomocy, to wiedziałam, że w razie problemu nie mam żadnych szans. Plan, żeby nie walczyć i czekać na powrót Kasa z Holandii, nie dodawał mi pewności siebie. Biorąc pod uwagę wszystkich wariatów i dziwaków, których już spotkałam, całkiem realne wydawało się to, że coś się wydarzy.

Chociaż wmawiałam sobie, że Kas naprawdę wierzy w to, co mówi – że zdoła mnie odnaleźć, gdybym została porwana – to chyba w głębi duszy zdawałam sobie sprawę, że tak naprawdę go nie obchodzę.

– Jesteś najlepszą dziewczyną, jaką w życiu miałem – powtarzał.

I co z tego, wiedziałam, że jest mnóstwo dziewczyn takich jak ja i że bez trudu znajdzie inną, jeżeli zajdzie potrzeba.

I wszystko wskazywało, że tym się skończy, bo jak tylko wyjechał z Francji, rozpętało się piekło.

We Włoszech doskonale się orientowałam, że na ulicach pracują też inne dziewczyny, ale rzadko jakąś spotykałam. A teraz widziałam ich całe mnóstwo, i od samego początku dawały mi do zrozumienia, że mnie tu nie chcą. Pierwsza dopadła mnie Bułgarka – pracowała jakieś pięćdziesiąt metrów od świateł. Tej nocy, kiedy Kas mnie zostawił, podeszła do mnie żwawym krokiem.

– Nie możesz tu być. To nie twoje miejsce. Znajdź sobie inne.

Nie daj po sobie poznać, że się boisz, mówił głos w mojej głowie, ale drugi niemal go zagłuszał: Uciekaj! – krzyczał.

Jakimś cudem jednak ani drgnęłam i spojrzałam jej w oczy.

– To miejsce mojego chłopaka. Mogę tu być. Mój chłopak jest Albańczykiem.

– A mój Rosjaninem – prychnęła. Zrobiła kolejny krok w moją stronę i stała na tyle blisko, że musiałam odwrócić twarz. – I mówi, że to moje miejsce – dodała.

I tak właśnie tam, na ulicy, prowadziłyśmy głupią, bezcelową, przerażającą kłótnię, czyj chłopak ma większą władzę i jest bardziej przerażający.

– Tą okolicą rządzą Rosjanie – zakończyła Bułgarka. – Niedawno zabili taką jedną, więc lepiej uważaj i bądź bardzo, bardzo ostrożna.

Nie potrafiłam stwierdzić, czy naprawdę mnie ostrzega dla mojego dobra, czy po prostu usiłuje mnie przestraszyć – co jej się z całą pewnością udało. Jednak cały problem w tym, że nie miałam dokąd pójść, co oznaczało prosty wybór: zostaję tam i czekam, aż zadźgają mnie Rosjanie, albo przestaję pracować do powrotu Kasa – wtedy na pewno zabiłby mnie on. Więc się nie ruszyłam, a dziewczyna w końcu odeszła i zostawiła mnie w spokoju.

Niestety najwyraźniej nie tylko ona mnie nienawidziła, bo parę godzin później przymaszerowała do mnie transseksualistka, która stała kawałek dalej na tej samej ulicy. Jej okropny mały pies rzucał się na mnie, szczekał i drapał mi pazurami nogi, a ona krzyczała.

– Nie chcemy cię tu! Spływaj!

– Ani mi się śni – powiedziałam z nadzieją, że w moim głosie słychać pewność, której wcale nie czułam. Jednocześnie próbowałam odpędzić wrednego kundla od mojej nogi. – Pracuję tu. Odwal się ode mnie.

Nie miałam odwagi, żeby rozmyślać nad swoją sytuacją – że tkwię na rogu ulicy w południowej Francji, w środku nocy i kłócę się ze sprytniejszymi, bardziej obeznanymi prostytutkami o to, który skrawek ulicy należy do kogo – w pewnym stopniu dlatego, że nie chciałam mierzyć się z tym, kim się stałam.

Jednak mimo pozornej brawury byłam naprawdę przerażona. Wiedziałam, że nikt się nie cieszy z mojej obecności i że nie zostawią mnie tak po prostu w spokoju, a jestem zdana tylko na siebie. Na szczęście tamtej nocy nie miałam więcej spięć z innymi dziewczynami, więc mogłam się martwić jedynie tym, co zrobi mi Kas, kiedy wróci z Holandii, a ja mu powiem, że nie zarobiłam za dużo. Dlatego kolejnej nocy postanowiłam wyjść wcześniej, o siódmej zamiast o wpół do dziewiątej, i zostać do wpół do szóstej albo do szóstej rano.

Noc po tym, jak usiłowały mnie wystraszyć Bułgarka i transseksualistka, byłam z klientem, który odwiózł mnie z powrotem na miejsce, i wtedy zobaczyłam najbardziej przerażającą kobietę w życiu. Stała na głównej promenadzie, równoległej do mojej. Miała chyba pod czterdziestkę, jakieś metr sześćdziesiąt wzrostu i ważyła przynajmniej dziewięćdziesiąt kilo. Głowa ogolona na łyso, krótkie futerko, kozaki na płaskich obcasach, minispódniczka. Nie nosiła stanika. Nie wyglądała na kobietę, której jakikolwiek facet zapłaciłby za seks. Kiedy później opisałam ją jednemu ze swoich klientów, jego twarz spoważniała.

– Wiem, o kogo ci chodzi. Nazywają ją Przerażającą Sue. Trzymaj się od niej z daleka. To wariatka.

Serce mi na chwilę stanęło, gdy chwilę potem zobaczyłam, jak ta Sue rozmawia z Bułgarką. Po kilku minutach dziarskim krokiem skręciła za róg i podeszła do mnie. Warknęła coś, czego nie zrozumiałam, a za moment zaczęła wymachiwać rękami i krzyczeć na mnie. Cały wieczór mżył zimny, uporczywy deszcz, a ja miałam parasol – jedyną rzecz, która łączyła Jennę z Sophie, bo to była jedyna ładna rzecz, jaką posiadałam i mogłabym sobie kupić w poprzednim życiu. Wyciągnęłam ją przed siebie jak tarczę i żałośnie próbowałam odeprzeć atak, odsuwając się od Przerażającej Sue.

Przez kilka ostatnich nocy widziałam, jak dziewczyny walczą ze sobą i bronią swojego miejsca, ale ja nigdy w życiu nie brałam udziału w bójce i nie przyszłoby mi nawet do głowy, żeby się postawić tej kobiecie. Zawsze, kiedy Kas mnie bił, starałam się rękami chronić głowę, ale nigdy, przenigdy nie wpadłabym na to, żeby go uderzyć albo kopnąć. Uznałam, że najlepsze, co mogę teraz zrobić, to osłaniać twarz przed tą straszną napastniczką. Ale ona, zamiast mnie zaatakować, wyciągnęła krótką rękę i pulchnymi palcami wyrwała mi parasol, przełamała go na pół, jakby to był patyk i rzuciła mi pod nogi.

Nie była to superbroń, ale bez niej czułam się zupełnie bezradna i wiedziałam, że bardzo prawdopodobne, że ta rozwścieczona, zwariowana baba mnie zabije. Jakby na potwierdzenie tej obawy, niespodziewanie rzuciła się na mnie, chwyciła mnie za włosy i zaczęła mnie obracać dookoła, kopiąc mnie po nogach, aż upadłam na kolana na zalany deszczem chodnik.

– *Allez, allez, allez!* – krzyczała. Obróciła mnie na bok i kilka razy wbiła mi czubek kozaka w żebra. Potem pochyliła się i napluła mi w twarz.

Miałam wrażenie, że moje ciało lada chwila eksploduje, ale nagle, mimo zamglonej bólem, blaknącej świadomości, usłyszałam pisk opon i głos mężczyzny.

– Wskakuj! Wskakuj! – krzyczał po angielsku.

W głowie mi dudniło, a kiedy usiłowałam się podnieść, poczułam mdłości. Ale jakoś udało mi się wstać i doczłapać do otwartych drzwi samochodu. Czyjeś ręce wciągnęły mnie na fotel pasażera.

Kiedy samochód oddalał się pędem, spojrzałam w boczne lusterko i zobaczyłam biegnącą za nim Przerażającą Sue. Znowu wymachiwała rękami i wykrzykiwała coś, czego na szczęście nie słyszałam.

– Nic ci nie jest? Jesteś cała? – spytał kierowca, ale ja nie zdołałam oprzytomnieć na tyle, żeby mu odpowiedzieć.

Zawsze miałam pełno siniaków przez to, co robił mi Kas, ale tym razem ból był inny. Czułam się tak, jakby nawet do najmniejszej komórki mojego ciała wlewał się wrzątek. Pulsował mi każdy mięsień, a cała skóra mnie piekła i bolała tak, że ledwie mogłam się ruszać. Oparłam głowę o fotel i jęknęłam, a kiedy nieznajomy wyciągnął do mnie rękę, nie miałam siły zareagować. Nie wiedziałam, kim jest ani dlaczego mnie zabrał, ale byłam zupełnie bezbronna; nie miałam wpływu na to, co się ze mną stanie. Widocznie zauważył grymas na mojej twarzy, bo otworzył schowek i wyjął paczkę chusteczek i małą butelkę.

– Nie bój się. Nic ci nie zrobię. Weź to. Przemyj się. Obawiam się, że na ranach będzie szczypało. Ale to chyba nic w porównaniu z tym, przez co właśnie przeszłaś.

Wtedy się rozpłakałam.

– Potwornie się boję – wychlipałam. – Ona mnie zabije.

– To całkiem możliwe – odparł drwiąco. – Na pewno nie możesz tam dziś wrócić. No, rozchmurz się. Przynajmniej chwilowo jesteś bezpieczna.

Po paru minutach zatrzymał samochód na poboczu, wyłączył silnik i pomógł mi przemyć skaleczenia. Potem zapalił papierosa i ostrożnie wetknął mi go do drżącej dłoni.

– Musisz uważać. Trzymaj się od niej z daleka. Jest stuknięta i już ci nie odpuści. Najwyraźniej cię nie lubi, ale przede wszystkim nie podoba jej się, że tu jesteś. Żadna z dziewczyn cię tu nie chce. Nie wyglądasz odpowiednio. Nie pasujesz.

Mówił tak dobrze po angielsku, że dopiero teraz usłyszałam jego lekki francuski akcent, i zastanawiałam się, czy wie, że jestem Angielką i czy przypadkowo pojawił się w samą porę, żeby uratować mnie przed śmiercią z rąk Przerażającej Sue. A może Kas poprosił go, żeby miał mnie na oku pod jego nieobecność. Tak czy siak, to nie miało znaczenia. Ja po prostu bezgranicznie cieszyłam się, że przyjechał akurat wtedy.

– Chodź. – Założył mi kosmyk włosów za ucho i klepnął mnie w kolano. – Musisz zjeść. Zamówimy coś.

Dziwne, ale trafił w dziesiątkę – potrzebowałam właśnie jedzenia. Usiadłam naprzeciwko niego przy stoliku w pizzerii przy porcie i wsuwałam tak, jakbym nigdy nie widziała jedzenia, a on popijał wino z kieliszka i obserwował mnie. Później sam zapłacił za wszystko i wysadził mnie na ulicy niedaleko mojego stałego miejsca.

Tamtej nocy nie zarobiłam prawie nic i wiedziałam, że powinnam wracać do pracy, ale zaraz uświadomiłam sobie, że to bez sensu. Byłam tak obolała, że nie mogłam nawet poruszyć głową. Powlokłam się więc do hotelu i położyłam w wannie z ciepłą wodą.

To najgorszy dzień w życiu, myślałam. Jeżeli ona mnie znowu przyuważy, to już po mnie. Muszę schodzić jej z oczu.

Spodziewałam się, że będzie się na mnie czaić, dlatego zdziwiłam się, kiedy jej nie zobaczyłam ani następnej, ani jeszcze kolejnej nocy. Na ulicy, z prawej strony od mojego miejsca, stała grupa transseksualistów.

Kiedy spytałam, czy mogę tu być, powiedzieli, że bardzo się cieszą, że będę obok nich pracować. Ale kilka godzin później podbiegły do mnie z krzykiem dwie Albanki.

– Nie, nie, wynoś się! Wynoś!

Musiałam się przenieść.

Cały czas byłam czujna, miałam oczy i uszy dookoła głowy. Prosiłam klientów, żeby odwozili mnie na inną ulicę, a później okrężną drogą wracałam pieszo do swojego miejsca. Zaglądałam w boczne uliczki, które mijałam, i podskakiwałam na widok każdego cienia. Trzeciej nocy po tym, jak napadła mnie Przerażająca Sue, o drugiej wziął mnie do samochodu mężczyzna, który przejechał krótki odcinek promenadą i zaparkował w małej zatoczce nad morzem. Wydawał się zawstydzony i niespokojny, ale ponieważ większość moich klientów była na swój sposób dziwna, nie zwróciłam na to większej uwagi. Zastanowiło mnie jednak, że nie chce uprawiać seksu, a nawet niespecjalnie mu zależy, żebym to zrobiła ręką. Chciałam mieć to jak najszybciej za sobą, więc chociaż słyszałam kroki zbliżające się do samochodu, mój umysł ich nie zarejestrował, bo zdążyłam go wyłączyć i wyrzucić wszystko z głowy.

Zawsze mówiłam klientom, żeby zamykali drzwi samochodu, kiedy się zatrzymywaliśmy, ale nie mogłam sobie potem przypomnieć, czy tym razem też to powiedziałam. W każdym razie nagle drzwi po mojej stronie się otworzyły, a ja poczułam, jakby kilkanaście rąk wbijało się w moje ciało i szarpało mnie, aż zostałam za włosy wyciągnięta na zewnątrz. Kiedy upadłam na ziemię, spojrzałam w górę i zobaczyłam dwie Albanki, które szukały zaczepki poprzedniej nocy. Kopały mnie z całych sił, a ja próbowałam zwinąć się w kłębek, żeby chronić twarz i brzuch.

– Pomóż mi! Proszę! Zabiją mnie! – krzyczałam po francusku do faceta w samochodzie, ale on się nie ruszył. Kiedy na niego zerknęłam, popatrzył na mnie spokojnie i wzruszył ramionami.

– *Non, je suis desolé**.

Zrozumiałam, że nadeszła chwila, której tak panicznie się bałam. Jednak na szczęście – nie wiem, czy dlatego, że zrobiło jej się mnie żal, czy dotarło do niej, że naprawdę mogą mnie zabić – jedna z nich nagle przestała się nade mną znęcać i odciągnęła koleżankę.

– Odejdź. Po prostu, odejdź – powiedziała.

Jakoś zdołałam się podnieść i dowlec do głównej drogi tak wstrząśnięta, że nie mogłam nawet płakać.

Później dowiedziałam się tego, co mocno podejrzewałam – napad został zaplanowany przez Przerażającą Sue. Chciała przekazać mi wiadomość i przekazała, głośno i wyraźnie, chociaż nadal nie rozumiałam, dlaczego tak bardzo przeszkadza jej moja obecność. We Włoszech nigdy nie miałam takich problemów. Ale kto w mojej sytuacji by się kłócił. Zdawałam sobie sprawę, że będę musiała szczególnie uważać, chociaż

---

* Nie, przykro mi.

tak naprawdę niewiele zdołam zrobić, jeżeli ona się uprze, żeby uniemożliwić mi pracę w tej okolicy.

Francuz, który mówił prawie idealnie po angielsku i uratował mnie przed pierwszym atakiem Przerażającej Sue, pojawiał się jeszcze kilka razy podczas nieobecności Kasa. Miałam wrażenie, że wyłania się znikąd, kiedy wpadam w kłopoty i zaczęłam się zastanawiać, kto to taki. Miałam nadzieję, że jest kimś, kogo Kas poprosił, żeby mnie pilnował, chociaż równie dobrze mógł działać sam – może lubił odgrywać bohatera albo po prostu był tajniakiem w policji. Tak czy inaczej nie powinnam mu ufać, przede wszystkim dlatego, że mógł próbować mnie przechwycić, żebym pracowała dla niego. Poza tym Kas dał mi niezłą lekcję i nie zaryzykowałabym, żeby zaufać komukolwiek.

Przyjechał, kiedy wróciłam na swoje miejsce po ataku dwóch Albanek. Nie mam pojęcia, co skłoniło mnie do tego, żeby myśleć, że tej nocy dam radę dalej pracować. Bolało mnie całe ciało, a zwłaszcza brzuch i skrzywiłam się, kiedy odrywałam stopę od ziemi, żeby wsiąść do jego samochodu.

– Nic ci nie jest? – spytał. – Wyglądasz strasznie. – Kiedy opowiedziałam mu, co się stało, westchnął. – Słuchaj, ona cię tu nie chce. Wieść o tobie się rozeszła, więc wszyscy będą cię wypatrywać. Musisz sobie znaleźć inne miejsce. Mówiłem ci, wyglądasz nieodpowiednio. Nie pasujesz.

– Nie wiem, o co ci chodzi – jęknęłam. – Może nie wyglądam jak Przerażająca Sue albo transseksualiści, ale od większości dziewczyn niczym się nie różnię. – Posmutniałam na tę myśl.

– Owszem, różnisz się. Ubierasz się inaczej i masz nie taką fryzurę. Ale się nie przejmuj. Mogę ci pomóc. Daj mi tylko swój numer.

– Nie! – Nagle stałam się czujna, chociaż na szczęście nie wydawał się urażony moją reakcją.

– W porządku, spotkajmy się gdzieś jutro, zabiorę cię, żebyś kupiła sobie parę nowych ciuchów i poszła do fryzjera – powiedział.

Może byłam ubrana niewłaściwie i może to, co proponował, dużo by zmieniło, ale odrzuciłam jego propozycję. Wątpiłam, że ktokolwiek z poznanych ludzi kieruje się wobec mnie dobrymi intencjami, a jeżeli nawet, to gdybym przyjęła tę pomoc, Kas po powrocie by mnie zabił. Więc ulżyło mi, kiedy mężczyzna, zamiast nalegać, wzruszył ramionami.

– Popytałem tu i tam, żeby się zorientować, czy można ci jakoś pomóc. Trochę dalej na tej ulicy jest miejsce, które zajmują Litwini. Dowodzi nim pewna kobieta, więc zagadnąłem ją, czy mogłabyś tam pracować, ale ona też cię nie chce.

Dlaczego? – pomyślałam. Dlaczego wtrącasz się w moje sprawy? Co cię to obchodzi? Kim jesteś?

Pojawienie się kogoś, kto proponuje mi pomoc, której nie mogę przyjąć, było chyba gorsze niż całkowita samotność. Objęłam się rękami i pochyliłam lekko do przodu, żeby jakoś złagodzić ból brzucha. Czułam się zupełnie samotna i wyczerpana. Byłam bita i nękana, bo zmuszono mnie, żebym walczyła o „prawo" do robienia czegoś, czego wcale robić nie chciałam, i prawie zapomniałam, jak to jest być Sophie. Kiedy mówiłam temu facetowi, że jestem taka sama jak inne dziewczyny, wierzyłam w to – bo musiałam stać się Jenną, żeby w ogóle mieć szanse przetrwać.

Jeszcze jeden mężczyzna pojawiał się kilka razy i on też był dla mnie miły. Mniej więcej w moim wieku, przystojny; zadawał mi pytania na mój temat. Ale chociaż wydaje mi się, że robił to z dobrego serca, za każdym razem, kiedy mu coś mówiłam, wpadałam w panikę, bo bałam się, żeby przypadkiem nie powiedzieć za dużo.

Którejś nocy przyszedł późno, kiedy już zarobiłam sporo pieniędzy, więc po prostu siedzieliśmy w jego samochodzie i gadaliśmy. Fajnie było rozmawiać z kimś o normalnych, codziennych sprawach. W końcu zapytał, czy pracuję na własny rachunek.

– Ludzie tak myślą – powiedział. – Musisz uważać. Lepiej, żeby wiedzieli, że masz kogoś, kto cię pilnuje. To bezlitosne miejsce. Sama sobie nie poradzisz.

Zdziwiłam się, jakie rozczarowanie poczułam na myśl, że on też być może ma ukryte powody, żeby być dla mnie miłym i że po prostu chce się dowiedzieć, kto jest moim szefem. Ale przynajmniej był sympatyczny, w przeciwieństwie do większości klientów, którzy mnie zabierali i zachowywali się okropnie.

Pewnej nocy przejechał obok mnie samochód – siedziały w nim trzy czy cztery osoby, a niedługo potem kierowca wrócił sam. Prowadził jakoś nerwowo i było w nim coś dziwnego, ale nie potrafiłam określić co. W sumie dość fajny gość, chociaż spięty. Zastanawiałam się, czy nie jest naćpany. Czułam się niepewnie, siedząc obok niego, bo miałam wrażenie, że coś w nim wrze – złość? – i w każdej chwili może wybuchnąć.

Zwracał się do mnie po francusku, po drodze zapytał o parę rzeczy, a ja odpowiadałam przyjaznym tonem. Aż nagle przypadkiem spojrzałam w dół i zobaczyłam, że trzyma w ręce korkociąg. Wiedziałam, że nie mogę nic powiedzieć ani okazać strachu, chociaż ledwie panowałam nad myślą, że mnie zabije.

Byłam spanikowana, ale starałam się zachować spokój i mówić bez drżenia w głosie, jednak musiał coś wyczuć, bo nagle odwrócił twarz w moją stronę.

– Co jest? – spytał. – Co się stało?

Wskazałam korkociąg.

– No, nie. – Roześmiał się. – To nic takiego. – Wrzucił go na półkę pod deskę rozdzielczą.

Może naprawdę zamierzał mnie zaatakować, a może bał się, że spróbuję go okraść. A może trzymał korkociąg ot, tak sobie, bez żadnego celu, po prostu był rozkojarzony i zapomniał go odłożyć. Na szczęście tym razem wszystko dobrze się skończyło, ale odebrałam to jako kolejny sygnał – którego nie potrzebowałam – że tylko krok dzieli mnie od prawdziwego niebezpieczeństwa i że jestem całkowicie zdana na łaskę obcych i dziwaków.

Inny klient nie chciał pojechać tam, gdzie mu kazałam. Zgrywając odważną, zażądałam, żeby stanął i mnie wypuścił. Nie posłuchał i jechał dalej. Po piętnastu minutach znaleźliśmy się spory kawałek za miastem. Nie wiedziałam, gdzie jestem ani jak wrócić do głównej drogi. Siliłam się, żeby przynajmniej stwarzać pozory opanowanej. Zanim wsiadłam do samochodu, powiedziałam mu „pięćdziesiąt euro", a kiedy w końcu się zatrzymał w garażu pełnym zablokowanych miejsc parkingowych, oznajmiłam, że najpierw musi mi dać pieniądze.

– *Après**.

Próbował zedrzeć ze mnie ubranie. Zaczęłam krzyczeć, kopać i okładać go pięściami gdzie popadnie, aż w końcu się poddał i, ku mojemu zdziwieniu, odwiózł mnie tam, skąd zabrał.

Wielu ludziom musi wydawać się dziwne, że nie próbowałam uciec pod nieobecność Kasa, ale trudno to wytłumaczyć. Myślę, że to, w jaki sposób ludzie tacy jak Kas kontrolują takich jak ja, ma coś wspólnego z praniem mózgu. Kiedy groził, że porwie moje rodzeństwo, jeżeli mu się sprzeciwię, i że gdziekolwiek będę chciała się ukryć, znajdzie mnie, ja w to wierzyłam. Tak samo jak wierzyłam, kiedy mówił, że nie powinnam nikomu ufać, bo wszędzie ma przyjaciół, włącznie z policją, i nawet jeżelibym uciekła, nie dam sobie rady, bo jestem za głupia.

---

* Potem.

Kasa nie było mniej więcej tydzień i zanim wrócił, byłam totalnie wykończona. Musiałam polegać na swojej intuicji i odruchach, bo nie miałam nikogo, kto by mnie wspierał, kiedy coś szło nie tak. To wyczerpujące. Więc chyba, w pewnym niewielkim stopniu, cieszyłam się, kiedy znów się pojawił, chociaż strasznie się bałam opowiedzieć mu, co się działo, i wytłumaczyć, dlaczego nie zarobiłam tyle, ile się spodziewał.

– Próbowałam pracować po tym, jak mnie pobili – powiedziałam. – Ale całe ciało miałam tak posiniaczone, że ledwie mogłam się ruszać, więc musiałam wrócić do hotelu.

– Dlaczego kłamiesz, kobieto? – krzyczał, bijąc mnie po głowie. – Jesteś taka głupia, że myślisz, że uwierzę w te bajki?

Poleciałam na łóżko. Siłą powstrzymywałam łzy, bo wiedziałam, że jeśli się rozpłaczę, to jeszcze bardziej go rozwścieczy.

Podwinęłam rękaw bluzki i wyciągnęłam rękę, żeby mu pokazać.

– Nie kłamię, przyrzekam. Popatrz. Cała jestem posiniaczona. Dlaczego miałabym cię okłamywać?

Pochylił się, chwycił mnie za włosy i pociągnął na nogi.

– Nie zapominaj, że mam ludzi, którzy cię obserwują – wysyczał mi w twarz. – Nigdy się nie dowiesz, kim są ani gdzie są.

Potem zaczął zasypywać mnie pytaniami: Gdzie byłaś o tej porze? Co robiłaś między tą a tą godziną?

Było mi słabo ze strachu. Co powinnam mu odpowiedzieć na pytanie o ten czas, kiedy jadłam pizzę w restauracji z mężczyzną, który uratował mnie przed Przerażającą Sue?

Rzadko miałam odwagę okłamywać Kasa, ale wiedziałam, że nie mogę wyjawić całej prawdy. Odparłam więc, że udało mi się uciec i wróciłam do hotelu, żeby się doprowadzić do porządku, ale byłam za bardzo posiniaczona i obolała, żeby wyjść do pracy. Cała się przy tym trzęsłam i przez chwilę zastanawiałam się, czy on rzeczywiście potrafi czytać w moich myślach, albo zna prawdę, bo jakiś jego znajomy widział mnie tamtej nocy w restauracji. Jednak jakimś cudem mi się upiekło, chociaż opieprzał mnie, że po pierwsze „wdałam się w bójkę" z Przerażającą Sue, a po drugie, że ryzykowałam, że ściągnę na niego uwagę. Stwierdził, że jestem głupia, że nie powinien mi ufać i że któregoś dnia wpędzę go w kłopoty.

– Teraz przez ciebie muszę walczyć z ludźmi! – wrzeszczał ze złością. – Posprzątać bałagan, którego narobiłaś przez swoją głupotę i przez to, że nie umiesz się sobą zająć nawet przez parę dni. To twoja wina.

Później tego wieczoru wzruszył ramionami i powiedział:

– Rób tak, jak robiłaś, niech cię zabierają w jednym miejscu i odwożą w inne. I staraj się, żeby Przerażająca Sue cię nie widziała.

Cóż, liczyłam, że inaczej rozwiąże ten problem, ale przynajmniej w końcu wiedziałam, że nie jestem zdana tylko na siebie.

Byłam czujna i wyglądałam Przerażającej Sue, aż nagle pewnej nocy bardzo powoli przejechał obok mnie samochód i zobaczyłam ją na fotelu pasażera. Wykonywała gesty, jakby odcinała głowę. Przez jedną pełną koszmarną chwilę myślałam, że samochód się zatrzyma, i może tak by się stało, gdyby nie to, że akurat w tym momencie zahamowało obok mnie inne auto. Wskoczyłam do środka.

– Jedź, jedź, jedź! – prawie krzyknęłam do kierowcy, a on wystartował z piskiem opon.

Tamtej nocy widziałam ją jeszcze kilka razy i wiedziałam, że w końcu popełnię błąd, odwrócę się i ją zobaczę.

Dwie noce później podszedł do mnie mężczyzna, chciał iść ze mną do hotelu. Chociaż prośba sama w sobie nie wydawała się niezwykła, nigdy wcześniej nikt nie wziął mnie bez samochodu, więc natychmiast wzmogłam czujność. Niezręcznie było mi tak rozmawiać z nim na ulicy, ale nie miałam żadnego powodu, żeby go spławić. Poza tym wiedziałam, że Kas liczy na to, że odpracuję przynajmniej część strat, jakich narobiłam, kiedy wyjechał. Powiedziałam więc facetowi, że to kosztuje dwieście euro, a on nawet się nie zawahał, kiedy usłyszał kwotę.

– Dobrze, pójdziemy do bankomatu.

Szłam za nim, coraz bardziej zaniepokojona, aż w końcu on odwrócił się do mnie przez ramię, powiedział coś, a ja zorientowałam się, że to Rosjanin.

„Żadnych Rosjan. Nie chodź z Rosjanami. To tylko kłopot", powtarzał mi w nieskończoność Kas. Serce zaczęło mi bić jak oszalałe i cofnęłam się o parę kroków. Jak tylko stanął przy bankomacie, zaczęłam uciekać.

– Wracaj! Czekaj! – krzyczał za mną.

Biegłam aż do samego hotelu.

W głowie mi dudniło i nie mogłam złapać tchu, kiedy próbowałam wytłumaczyć Kasowi, co się stało. Ale on uniósł dłoń, żeby przerwać moje wyjaśnienia.

– Narobiłaś mi tu już dość kłopotów – warknął. – Jutro wracamy do Włoch.

Z dzisiejszej perspektywy nie sądzę, że Kas podjął taką decyzję z powodu kłopotów, jakich według niego narobiłam. Myślę, że od początku miał taki zamiar. Tak czy inaczej, pewnie uratował mi życie. Spędziłam we Francji czternaście dni, ale miałam wrażenie, że to trwało dwa razy tyle, i czułam jeszcze większą ulgę na myśl o powrocie do Włoch niż wtedy, kiedy stamtąd wyjeżdżałam, bo byłam przekonana, że już dłużej nie jestem w stanie unikać przeznaczenia. Zasypywała mnie taka ilość kul, że w końcu któraś z nich by mnie trafiła.

Rozdział 12

We Włoszech od razu poszłam do pracy. Jednak tym razem było inaczej, bo wracałam do miejsca, które znałam, do ludzi, których nawet lubiłam. Tu faceci nie jeździli z korkociągami, a kobiety nie usiłowały mnie zabić. Nie zapominałam o niebezpieczeństwach. Te, owszem, istniały, ale po zwariowanej Francji nie wydawały mi się już tak straszne.

Tam nie pasowałam, tu czułam się jak u siebie. Wiedziałam, jak unikać policji, i co najważniejsze, miałam pewność, że nic strasznego się nie stanie, gdyby gliniarze mnie złapali. Wiedziałam, jakich mężczyzn unikać, a moi stali klienci szczerze ucieszyli się, że znów się pojawiłam. Czułam się niemal tak, jakbym wróciła do domu – przynajmniej dopóki nie myślałam o swoim prawdziwym domu i o rodzinie. Ale ta ulga nie trwała długo, bo wkrótce sprawy znów zaczęły przybierać zły obrót.

Kas robił dużo interesów z narkotykami i wiedział, że poszukuje go policja. Któregoś dnia kazał mi się wyprowadzić do obskurnego hotelu, gdzie mieszkałam kilka kolejnych tygodni, czasami sama, a czasem z nim.

Nie czułam się dobrze. Byłam słaba, a za każdym razem, kiedy spoglądałam w lustro, wyglądałam na skołowaną. Nienawidziłam swojego odbicia, które wpatrywało się we mnie tępym wzrokiem, nienawidziłam ciuchów, które na sobie miałam, i nienawidziłam tego, że jestem okropnie chuda i tak zniszczona, że robiło mi się niedobrze. Ale Kasa nic to nie obchodziło, kazał mi brać się w garść i iść do pracy.

Od pewnego czasu ciągle chodziłam przeziębiona. Którejś nocy oczy miałam czerwone i podpuchnięte, ledwie mogłam oddychać i zaczęło mi ciec z nosa, kiedy uprawiałam seks. Klient przerwał i podał mi chusteczkę. Z obrzydzenia do siebie aż mnie ogarnęły mdłości. Właściwie nauczyłam się izolować umysł od tego, co robię, ale w tamtej chwili poczułam się, jakbym straciła ostatnie resztki szacunku do siebie samej.

Noce zrobiły się bardzo chłodne, ciągle dygotałam z zimna. Stopy i dłonie miałam zawsze zdrętwiałe. Byłam wykończona. Ale takie zmęczenie nie przeszłoby po porządnym długim śnie; byłam całkowicie, doszczętnie wyczerpana. Funkcjonowałam jak zombie, jak automat wykonywałam polecenia Kasa i prawie nie mogłam samodzielnie myśleć.

Czasami wydawało mi się, że już dłużej tak nie pociągnę, i wtedy zaczynałam się naprawdę bać, bo nie widziałam przed sobą żadnej przyszłości i przypuszczałam, że to na pewno oznacza, że umrę.

Pewnej nocy trafił mi się klient – lekarz.

– Nie możesz być na dworze w takim stanie. Masz zapalenie płuc. Musisz iść do szpitala i dać się wyleczyć.

– Nie, to nic takiego – odpowiedziałam. – Przejdzie mi.

– Nie przejdzie. – Chwycił mnie za ramię, ale tak serdecznie, po ojcowsku, a ja miałam ochotę wybuchnąć płaczem. – Masz natychmiast iść do lekarza.

Kiedy wróciłam do hotelu, powtórzyłam Kasowi słowa swojego klienta i poprosiłam go, czy mogłabym nie pracować tylko przez parę dni, dopóki nie wydobrzeję. Ale on na mnie nakrzyczał.

– Przez katar? Zwariowałaś, kobieto? Co ci odwala? Robisz dramat z bzdurnego przeziębienia.

– To nie jest bzdurne przeziębienie – powiedziałam żałośnie dziecinnym tonem. – Czuję się chora, słaba i boję się, bo nie mogę oddychać.

– To twoja wina – wrzasnął i walnął mnie w głowę. – Nie chorowałabyś bez przerwy, gdybyś normalnie jadła.

Racja, ale ja po prostu nie mogłam jeść, choćbym nie wiem, jak chciała, bo od wszystkiego innego poza kilkoma łyżkami jakichś lekkich papek robiło mi się niedobrze. Od miesięcy moje życie było powtarzającym się w kółko cyklem: praca, sen, jedzenie, praca, sen, jedzenie... Nie oglądałam dziennego światła, a budziłam się tak samo zmęczona, jak wtedy, gdy kładłam się spać. Mój stan co prawda stopniowo się poprawiał, ale nagle znów zachorowałam. Potwornie bolał mnie brzuch i to coraz mocniej, aż zaczęłam się zastanawiać, czy znów nie dostałam skrętu kiszek jak wtedy, kiedy musiałam poddać się operacji i nie wyjechałam do Albanii, żeby wyjść za Eriona. Wydawało mi się, że od tamtego czasu minęły wieki.

Pewnej nocy ból był tak ostry, że kiedy uprawiałam seks, miałam wrażenie, że do środka wpychają mi rozżarzony do białości pogrzebacz. Zaczęłam się pocić i musiałam z całych sił chwycić się krawędzi fotela, żeby przestać odpychać klienta. Bałam się, że połamią mi się palce.

Nie wiem, jak wytrzymałam do końca tej nocy.

– Nie mogę tego dłużej robić – powiedziałam potem Kasowi. – Nie wyobrażasz sobie, jak to boli. To jest nie do wytrzymania.

Następnej nocy już prawie skręcałam się z bólu, więc próbowałam odłączyć umysł od ciała, powtarzając sobie bez przerwy: To tylko ból. Nie umrzesz. Musiałam jednak wyglądać na chorą, bo nazajutrz Kas odwiózł mnie do pracy – co wtedy zdarzało mu się bardzo rzadko.

– Rozmawiałem z kumplem i on mówi, że jego dziewczyna czasami łapie to samo – powiedział, wysadzając mnie z samochodu. – To zwykłe zapalenie pęcherza. Musisz pić dużo wody i staraj się uprawiać więcej seksu oralnego.

Ta noc była najgorsza ze wszystkich i chyba przy piętnastym kliencie ból stał się tak intensywny, że przestało mnie obchodzić, co zrobi mi Kas. Wiedziałam, że nie dam rady pracować dalej.

– Przestań! Proszę! – wyrzuciłam z siebie. – Nie mogę. Przepraszam.

Do hotelu wracałam dużo dłużej niż zwykle. Przez całą drogę zastanawiałam się, jak zareaguje Kas. Na pewno się wkurzy, że skończyłam wcześniej, ale nie mogłam nic na to poradzić. Zaskoczył mnie, kiedy tylko spojrzał i kazał mi iść do łóżka.

Rozpaczliwie chciałam zasnąć, ale ból mi nie pozwalał. Kiedy rano usłyszałam, że Kas zamyka za sobą drzwi, zwlokłam się z łóżka, ubrałam i wyszłam z hotelu. Nie wiedziałam, dokąd się wybrał i na jak długo. Nie mogłam iść szybko i bez przerwy niecierpliwie się rozglądałam. Spodziewałam się, że w każdej chwili zobaczę, jak jego samochód jedzie w moją stronę.

Kiedy w końcu znalazłam się za podwójnymi szklanymi drzwiami głównego wejścia miejscowego szpitala, o mało nie zemdlałam. Pamiętam, jak jakaś kobieta podbiegła do mnie i objęła mnie w pasie, a potem przypominam sobie dopiero, jak otwieram oczy i spoglądam w jasne, niemal białe światło, świecące gdzieś ponad moją głowę. Leżałam na łóżku odgrodzona zasłonami. Lekarz zbadał mnie, potem zostałam przewieziona karetką do innego szpitala na drugim końcu miasta, gdzie znów mnie zbadano, przyjęto na oddział i podłączono pod kroplówkę.

Później przyszła kobieta w białym fartuchu, stanęła przy moim łóżku, spojrzała na mnie z poważną, ale nie srogą miną i powiedziała, że jest ginekologiem. Mówiła dobrze po angielsku i zadawała mi dużo pytań.

– Jak często uprawia pani seks?

– Niezbyt często. – Odwróciłam od niej wzrok, kiedy kłamałam. – Ale wtedy mnie bardzo boli.

Delikatnie dotknęła grzbietu mojej dłoni i uśmiechnęła się lekko, ponuro.

– Zatrzymamy tu panią na jakiś czas. Musi pani odpocząć i, co ważniejsze, uzupełnić płyny. Jest pani odwodniona. Dlatego trzeba tu zostać. Jasne?

Skinęłam głową i mimo rumieńca zawstydzenia poczułam, że zalewa mnie wielka fala ulgi, kiedy pomyślałam: Ona wie. Dzięki Bogu, bo już dłużej nie wytrzymam.

Włoski telefon komórkowy, który dał mi Kas, miałam w kieszeni kurtki, ale ktoś go wyjął, kiedy przebierałam się w szpitalną koszulę, bo kiedy lekarka odeszła, zauważyłam, że komórka leży na małej szafce przy łóżku. Wzięłam ją i tak siedziałam przez chwilę, aż w końcu wybrałam numer Kasa.

– Jestem w szpitalu – wyszeptałam.

Wtedy nie przyszło mi nawet do głowy, że mogłabym do niego nie zadzwonić. Byłam całkowicie uzależniona od tego, co on mi każe, nawet kiedy nie kręcił się w pobliżu i mimo że – gdybym postąpiła wbrew tej zależności – mógłby nigdy mnie nie odnaleźć i miałabym szanse uciec od niego. Ciężko to wyjaśnić, ale to, żeby go oszukać, po prostu nie wchodziło w rachubę.

Bałam się go potwornie, ale zachowywałam się jak posłuszne dziecko albo szczeniak na smyczy, a on był panem tego szczeniaka. Szybko nauczyłam się, że to normalne, że Kas decyduje za mnie o wszystkim, i przez kilka ostatnich miesięcy nie podjęłam samodzielnie prawie żadnej decyzji. Kiedy kazał mi jeść, jadłam; zanim cokolwiek zrobiłam, pytałam go o pozwolenie: Mogę iść do toalety? Mogę się w to ubrać? Mogę zapalić papierosa? Mogę posłuchać muzyki? Jeżeli się nie zgodził, w ogóle nie brałam pod uwagę tego, żeby mu się sprzeciwić, tak samo jak nie wyobrażałam sobie, żeby nie zadzwonić do niego ze szpitala i nie powiedzieć mu, gdzie jestem.

Tak jak przypuszczałam, wściekł się.

– Jak śmiałaś! – krzyczał. – Jak śmiałaś iść tam bez pytania! – Nagle wyraźnie się uspokoił i w jego głosie zabrzmiała niemal troska. – Co ci mówili? To nic poważnego, co, myszko? Będę bardziej o ciebie dbał, obiecuję. Przyjadę do szpitala. – Jego ton znów się zmienił. – Ale powinnaś mi powiedzieć – warknął ze złością. – Nie powinnaś iść tam sama. Musisz robić to, co ci każę. Rozumiesz? To bardzo ważne. Nie zapomnisz już o tym, prawda?

– Tak, przepraszam. Tylko po prostu... strasznie źle się czułam – wymamrotałam, ale w swojej głowie słyszałam krzyk: Nie przyjeżdżaj. Błagam, nie przyjeżdżaj do szpitala. Proszę, Boże, niech stanie się coś, żeby nie przyjechał.

Moja modlitwa nie została wysłuchana, ale przynajmniej odwiedził mnie dopiero następnego dnia i siedział zaledwie dziesięć minut.

Na sali była jeszcze tylko jedna kobieta, kilka łóżek dalej. Kas syczał mi cicho do ucha, żeby nie mogła usłyszeć.

– W całym szpitalu są *carabinieri*. Masz pojęcie, co by się stało, gdyby ktoś mnie tu zobaczył? Muszę lecieć – odezwał się już normalnym tonem. – Wpadnę jutro. A ty tu śpij i jedz.

Przespałam kolejne dwadzieścia cztery godziny, a niedługo po tym, jak się obudziłam, przyszła z wizytą lekarka.

– Mamy bardzo duży kłopot – oznajmiła. – Jest pani Brytyjką, więc nie powinna pani płacić za leczenie ani za pobyt w szpitalu, ale ponieważ nie posiada pani żadnego dokumentu tożsamości, koszt może sięgnąć dziesięciu tysięcy euro, a może więcej.

Ogarnęło mnie przerażenie. Mój paszport miał Kas, poczułam się jak w pułapce.

Do licha, co robić? Łzy zaczęły napływać mi do oczu, ale lekarka pogłaskała mnie po ręce.

– Na razie niech się pani tym nie martwi – dodała pośpiesznie. – Musimy się skupić na tym, żeby panią wyleczyć. Będzie mnóstwo czasu, coś się wymyśli.

Kas zjawił się godzinę po wizycie lekarki, a kiedy przekazałam mu, co od niej usłyszałam, usiadł obok mnie na łóżku.

– Jutro cię stąd zabieram – wyszeptał.

– Ale ja nie mogę wyjść – zaprotestowałam i od razu pożałowałam, że odezwałam się tak szybko i pozwoliłam, żeby w moim głosie wyraźnie było słychać strach. Krew dudniła mi w uszach i musiałam włożyć wiele wysiłku, żeby patrzeć Kasowi w twarz. – Jestem podłączona do kroplówki – dorzuciłam szybko.

Zerknął w stronę kobiety na drugim łóżku, uśmiechnął się do niej sympatycznie i objął mnie.

– Myślisz, że pieprzona kroplówka to jakiś problem? – syknął mi do ucha. – Sam ci ją wyrwę z ręki, jak będzie trzeba. – Udawał, że głaszcze mnie po głowie, ale tak naprawdę mocno ciągnął mnie za włosy, aż wykręcałam szyję. Drugą rękę wbijał mi w udo kluczyki od samochodu. – Cokolwiek by się działo, ani słowa nikomu, gdzie jesteś. Rozumiesz? Nawet nie myśl o tym, żeby powiedzieć matce – szeptał.

– Nie powiem. Obiecuję. – Starałam się mówić spokojnie, ale serce mi łomotało i zrobiło mi się niedobrze, bo prawda wyglądała tak, że już zdążyłam zadzwonić do matki. Skontaktowałam się z nią tuż po wizycie lekarki po południu, bo byłam przerażona i nagle wydało mi się bardzo ważne, żeby ktoś, komu na mnie zależy, wiedział, gdzie jestem i że się rozchorowałam.

– Jak tam ciotka Linda? – wyszeptałam do matki, jak tylko odebrała telefon.

– Jedziemy do niej wieczorem – odparła głosem ochrypłym ze wzruszenia.

Wtedy się rozpłakałam, bo wiedziałam, że moja matka i ojczym wyjeżdżają wieczorem po mnie.

– Jestem w szpitalu. Ale nie martw się, nic mi nie będzie. Tylko... – przerwałam na chwilę i wydmuchałam nos, starając się powstrzymać potok łez. – Tylko nie mam ze sobą paszportu, a potrzebuję ubezpieczenia. Nie wiem, co robić.

Powiedziała mi, żebym się nie martwiła, coś wymyśli.

– Jest dla ciebie brutalny, Sophie? – spytała.

– Tak – zaczęłam szlochać.

Teraz jednak, kiedy Kas siedział na moim łóżku, myślałam tylko: Boże, już po mnie. Zabije mnie, jak się dowie, co zrobiłam.

– Tylko spróbuj jeszcze coś wywinąć, to już ja ci pokażę – groził. – Myślisz, że ci ludzie chcą ci pomóc? Mają cię gdzieś. Wszyscy mają cię gdzieś oprócz mnie, więc mnie nie wkurzaj. Przyjadę jutro i cię stąd zabiorę, a jeżeli puścisz choć parę z ust, zabiję cię i twoja kochana mamusia już cię nie zobaczy.

Kobieta na drugim łóżku zerknęła w naszą stronę. Kas pogłaskał mnie po ręce i pocałował w policzek.

– Nie wkurzaj mnie – wymówił bezgłośnie i wyszedł.

Położyłam się na łóżku i płakałam, a po głowie krążyła mi jedna myśl: Zabije mnie, kiedy się dowie.

Nagle poczułam, że całe napięcie ze mnie opadło i zrobiłam się prawie spokojna. Byłam, dosłownie, zmęczona strachem, a poza tym tak naprawdę nie miałam żadnego wpływu na to, co się stanie. Słaba i wyczerpana nie mogłam walczyć z Kasem. Ale, zanim się poddałam, rozpaczliwie raz jeszcze chciałam usłyszeć głos matki. Wybrałam więc jej numer.

– Och, mamo! – powiedziałam tylko i wybuchłam płaczem.

Wiedziałam, że ona też płacze.

– Już dobrze, Sophie. Jedziemy. Zarezerwowaliśmy prom. Chcieliśmy lecieć samolotem, ale na dzisiaj albo jutro rano nie zdążyliśmy kupić biletów. Właśnie wyjeżdżamy. Posłuchaj mnie, skarbie. To bardzo, bardzo ważne. Nie mów mu, że jedziemy.

– Ale, mamo, on mnie jutro zabiera ze szpitala – załkałam.

– Nie! Nie możesz wyjść! – krzyknęła. – Będziemy tam jutro. Sophie, musisz na nas poczekać.

– Ale jak on zjawi się pierwszy? – Czułam, że narasta we mnie taka panika, że nie mogłam oddychać. – Och, mamo, nie pozwól, żeby mnie zabrał. Proszę, mamo, proszę. Przyjedźcie przed nim.

Przez resztę dnia i całą noc leżałam jak ogłuszona. Byłam w stanie myśleć tylko o swoim strachu i za każdym razem, kiedy zasypiałam, miałam ten sam sen – matka i ojczym biegną korytarzami szpitala i mnie wołają, a ja siedzę już w samochodzie i Kas wyjeżdża z parkingu na ulicę.

Po południu następnego dnia Kas wysłał mi wiadomość, że musiał zaprowadzić samochód do warsztatu, ale odbierze mnie za kilka godzin. Byłam na skraju histerii, trzęsłam się i jąkałam, kiedy zadzwoniłam do mamy, żeby jej o tym powiedzieć.

– Wytrzymaj, Sophie. Rozmawialiśmy z kimś z ambasady, skontaktowali się ze szpitalem, więc wiedzą, że jedziemy. Podejrzewali, że coś jest nie tak, i zapewnili, że postarają się zatrzymać cię do naszego przyjazdu.

– Szybko, mamo – szlochałam. – Proszę, pospiesz się. Jestem przerażona.

Dwie godziny później odezwał się Kas: stoi pod szpitalem. Zaraz potem odebrałam telefon od mamy:

– Za pięć minut jesteśmy.

– Nic nie mów, jak go zobaczysz – błagałam. – Nie znasz go, mamo. Nie masz pojęcia, co to za człowiek. Jeżeli go zdenerwujesz albo narobisz mu kłopotów, nie wyobrażasz sobie, co się może stać. Proszę cię, zachowuj się, jakby nigdy nic.

Czułam się, jak gdybym trzymała w rękach bombę i czekała, aż eksploduje. Kas mnóstwo razy powtarzał mi, co zrobi z moim młodszym rodzeństwem, jeżeli w jakikolwiek sposób nie będę mu posłuszna, a ja już widziałam, na co go stać, kiedy zaatakował mężczyznę, który przekroczył pewne granice, więc nie miałam wątpliwości, że nie żartuje.

Nie znał mojej mamy, ale na początku, zanim przestałam mówić o wszystkim, dużo mu o niej opowiadałam.

– Ach, mamusia! – odpowiadał wtedy złośliwie. – Zawsze robisz, co każe mamusia. Ona cię kontroluje.

Totalna bzdura. I co za ironia, bo to akurat on mnie kontrolował.

– Wszystko będzie dobrze, obiecuję – uspokajała mama. – Tylko nie opuszczaj szpitala. Rozumiesz, Sophie? Nie wychodź. – Wydała z siebie jeden, rozdzierający serce szloch. – Musisz zostać tam, gdzie jesteś, Sophie, bo inaczej mogę cię więcej nie zobaczyć.

Przez kilka następnych minut siedziałam na krześle przy łóżku, obserwowałam drzwi i modliłam się: Boże, nie pozwól, żeby Kas zjawił się pierwszy.

Ale się zjawił, pchnął drzwi i podszedł do łóżka.

Po jego minie poznałam, że od razu się zorientował, że coś jest nie tak. Wstałam, walcząc z odruchem, żeby się od niego odsunąć.

– Moja mama tu jest – wypaliłam.

Wcześniej dwie pielęgniarki zabrały z sali drugą kobietę, więc Kas nie musiał wysilać się już na uśmiech ani szeptać.

– Kto, do kurwy nędzy?

– Moja mama – powtórzyłam. Z trudem przełknęłam ślinę i zacisnęłam pięści, żeby przestać drżeć. – Nie miałam ubezpieczenia, a nie mogłam zapłacić za szpital, więc pomyślałam, że zadzwonię do mamy, a ona poprosi moją siostrę, żeby skontaktowała się z firmą ubezpieczeniową w Anglii i udawała mnie, żeby zdobyć ubezpieczenie. A mama i Steve się o mnie martwili... – mówiłam szybko, z moich ust wylewał się potok słów, po części dlatego, że nie potrafiłam ich powstrzymać, a trochę dlatego, że usiłowałam zyskać na czasie. – Przyjechali, bo muszą mnie zabrać do domu, a ja nie mogę latać – ciągnęłam, nie dopuszczając Kasa do słowa. – Lekarze mi zabronili, przez mój brzuch, dlatego mama z ojczymem zawiozą mnie do domu.

Ku mojemu zdziwieniu, Kas przyjął to spokojnie do wiadomości – a może dotarło do niego, że skoro moja matka i Steve pojawią się zaraz w szpitalu, musi mądrze to rozegrać, tak żeby wyjechali beze mnie.

– Okej – powiedział i wzruszył ramionami.

W tej chwili ktoś zamaszyście otworzył drzwi. Moja mama prawie jak na skrzydłach wleciała do sali. Za nią wpadł Steve, szedł wolniej, ale pewnym krokiem, z zaciśniętymi zębami i niewzruszoną miną, jedynie zmarszczone brwi zdradzały jego całkowitą determinację.

Kas odwrócił się do nich, kiedy przekroczyli próg, i chociaż posłał im swój najbardziej czarujący uśmiech i przywitał się z nimi grzecznie, żadne z nich się do niego nie odezwało. Natychmiast zorientowałam się, że matka nie może się zmusić do tego, żeby choć na niego spojrzeć. Kiedy przebiegła salę i objęła mnie, złamałam się i zaczęłam szlochać.

Wstrząsały mną niepohamowane dreszcze, ale nagle ogarnęło mnie zmęczenie i niemal namacalne poczucie ulgi, kiedy uświadomiłam sobie, że nie jestem już całkiem sama. W ciągu kilku ostatnich miesięcy często, kiedy z potulnie spuszczoną głową słuchałam, jak Kas krzyczy na mnie za takie czy inne potknięcie, albo kiedy stałam na ulicy, drżąc z zimna, upodlona, i czekałam, aż kolejny nieznajomy zatrzyma swój samochód obok mnie, marzyłam, że podnoszę wzrok i widzę mamę. A teraz, kiedy ciepło jej ciała promieniowało do mojego wnętrza, byłam znów małą dziewczynką, która budzi się koszmaru i wie, że dopóki jest w ramionach matki, nic złego nie może jej się stać.

Szybko jednak przypomniało mi się, że obecność matki i Steve'a wcale nie gwarantuje mi bezpieczeństwa. Wiedziałam, że Kas jest zdolny zrobić wszystko, żeby utrzymać mnie pod swoją kontrolą i byłam przerażona wizją tego, co może zrobić, jeżeli zacznie się domyślać ich prawdziwych intencji.

Chociaż Steve sprawiał wrażenie opanowanego i nie zdradzał żadnych uczuć, wiedziałam, że obserwuje i ocenia całą sytuację, żeby podjąć mądrą decyzję. W matce też wyczuwałam napięcie. Walczyła z chęcią, żeby rozerwać Kasa na strzępy gołymi rękami, chociaż nie miała pojęcia, co właściwie mi zrobił. Bałam się, że powiedzą albo zrobią coś, co rozzłości Kasa – bo gdyby tak się stało, nigdy bym nie uciekła.

Jednak, chociaż wtedy nie zdawałam sobie z tego sprawy, mama i Steve wiedzieli już, że Kas nie tylko gnębi i zastrasza swoje dziewczyny. Po rozmowie z kimś w ambasadzie brytyjskiej postanowili, że cokolwiek się będzie działo, zachowają spokój i go przechytrzą, bo liczyło się dla nich tylko to, żeby mnie od niego zabrać. Kiedy stałam jeszcze w objęciach matki, drzwi znów się otworzyły i weszła pielęgniarka. Uśmiechnęła się do nas promiennie.

– Sala będzie sprzątana – poinformowała łamaną angielszczyzną. – Musicie wyjść. Wy nie. – Wskazała moją matkę i mnie.

Kas zaczął jej coś szybko tłumaczyć po włosku, ale ona wzruszyła ramionami i wygoniła go razem ze Steve'em na korytarz, a do środka wmaszerowała drobna, siwowłosa kobieta w kombinezonie i zaczęła zmywać podłogę.

– Słuchaj mnie i rób to, co ci powiemy – szepnęła matka, jak tylko zamknęły się drzwi za Kasem i moim ojczymem.

Widziałam przerażenie i rozpacz w jej oczach, kiedy na mnie patrzyła, a ja po raz pierwszy usiłowałam sobie wyobrazić, jak ja – wychudzona, z podkrążonymi oczami i mizerną twarzą – muszę wyglądać dla kogoś, kto nie widział mnie przez pół roku.

Nie zdążyła dodać nic więcej, bo drzwi po raz kolejny się otworzyły.

– Lekarz chce z paniami rozmawiać – oznajmiła pielęgniarka.

Kiedy wyszłyśmy na korytarz, Kas i Steve stali w milczeniu kilka kroków od siebie, obaj z podobnie zaciętym, nieprzejednanym wyrazem twarzy. Ale jak tylko Kas nas zobaczył, natychmiast zrobił się czarujący i opiekuńczy.

– Pójdę z wami do lekarza – zwrócił się do mojej matki. – Znam włoski, mogę tłumaczyć. – Ruszył w jej stronę, ale w jednej chwili stanął pomiędzy nimi Steve.

– Słuchaj, chłopcze – odezwał się spokojnie. – To sprawy rodzinne, a ty nie jesteś członkiem tej rodziny, więc uprzejmie cię proszę, jeżeli nie masz nic przeciwko temu, zaczekaj tam. – Wskazał równy rząd krzeseł pod ścianą korytarza. – Pozwól, że sami się tym zajmiemy. To nasza córka, a my nie potrzebujemy tłumacza, bardzo dziękuję.

Dostrzegłam błysk złości w oczach Kasa i nagle zaczęłam strasznie się bać o nas wszystkich. Steve nie zdawał sobie sprawy, z kim ma do czynienia, ale zapomniałam, że za jego spokojem kryje się determinacja równie zacięta, jak Kasa. Kiedy Kas cofnął się, żeby nas przepuścić, Steve odwrócił się do niego tyłem i ruszył korytarzem pomiędzy matką i mną do pokoju lekarskiego, gdzie czekał na nas doktor.

– Potrzebne nam kopie państwa prawa jazdy – zwrócił się lekarz do rodziców. – Potem zabierzcie córkę. Kiedy już bezpiecznie dotrzecie państwo do domu, wyślijcie nam kopię jej paszportu. Ale na razie proszę się tym nie martwić.

Matka nie miała pojęcia, co się ze mną działo w ciągu ostatnich sześciu miesięcy, ale powiedziała mi później, że kiedy podawała lekarzowi rękę i spojrzała mu w oczy, zrozumiała, że on wie.

– Ale mój paszport ma Kas. Nie mogę…

– Możesz, kochanie. – Steve położył rękę na moim ramieniu.

– Doszłaś już tak daleko. Dasz radę zrobić tę jedną, ostatnią rzecz. Tym razem będziemy przy tobie.

Poza paszportem, w hotelu miałam niewiele, a jeszcze mniej tego, co chciałabym zabrać ze sobą do domu, i przerażała mnie myśl, że muszę tam wracać. Cały czas nie wierzyłam, że ucieknę od Kasa, i bałam się, że im dłużej z nim jesteśmy, tym więcej ma czasu, żeby wymyślić plan, jak wyrwać mnie znowu mamie i Steve'owi, a wtedy wszystkie szanse na ucieczkę przepadną.

– Ty jedziesz ze mną – oznajmił Kas. Wziął mnie pod ramię i uśmiechnął się czarująco, choć w jego oczach nie było widać uśmiechu.

– Nie! – prawie krzyknęła matka. Zamilkła, wzięła głęboki wdech. – Niech jedzie z nami – odezwała się bardziej opanowanym tonem. – Tak długo jej nie widzieliśmy.

– Oj, ale jeżeli zamierzacie mi ją na jakiś czas zabrać, byłoby miło, gdyby mi towarzyszyła ten ostatni raz przed wyjazdem – nalegał Kas.

– Nie – upierała się matka.

– W porządku, pojadę z Kasem – wtrąciłam się i popatrzyłam jej prosto w oczy.

Mama powiedziała, że lekarz zalecił, żeby zabrali mnie z powrotem do Anglii, żebym porządnie wydobrzała po chorobie, ale nie rozumiałam, dlaczego Kas akceptował to, co się dzieje. Może po prostu wiedział, że i tak ściągnie mnie z powrotem, kiedy tylko zechce. Chociaż najbardziej na świecie pragnęłam od niego uciec, histerycznie trzymałam się myśli, że nie możemy dać mu żadnego powodu do podejrzeń, że nie wrócę. Z każdą minutą istniało też coraz większe ryzyko, że jakoś zdradzimy swoje plany i on zmieni zdanie. Więc wydawało mi się, że najlepiej robić, o co prosi, i nie tracić cennego czasu na kłótnie z nim, zwłaszcza że wiedziałam, że kiedy sobie coś postanowi, to nic nie przełamie jego uporu.

W samochodzie Kas oznajmił, że zarezerwuje mi lot powrotny do Włoch.

– Cztery tygodnie powinny ci w zupełności wystarczyć, żebyś doszła do siebie. A jeżeli dasz mi swoją kartę kredytową i numer PIN, będę miał małe zabezpieczenie, na wypadek gdyby przyszło ci do głowy nie wracać. I nie myśl nawet o tym, żeby podać mi zły PIN. – Jego głos stał się zimny i groźny. – Poczekaj, a zobaczysz, co ci zrobię, jeżeli będziesz próbowała mnie nabrać. Nie myśl sobie, że mnie nie ma albo że nie zdołam cię znaleźć, dokądkolwiek byś pojechała.

Nie miałam najmniejszych wątpliwości, że to, co mówi, jest prawdą.

Steve i mama ruszyli za nami do hotelu, a kiedy Kas wjechał na podjazd, Steve szybko zaparkował tyłem, zaraz za samochodem Kasa, żeby zablokować mu wyjazd. Później, ledwie wyłączył silnik, wyskoczył z auta i otworzył bagażnik. Stojąc lekko z boku, żeby Kas wszystko widział, wyciągał ciężkie metalowe łańcuchy na koła i kładł je obok. Patrzył przez chwilę na Kasa nieruchomym wzrokiem, a potem odwrócił się do mnie.

– No, skarbie. Za dziesięć minut wyjeżdżamy – powiedział radośnie. – Mama i ja tu poczekamy.

W potwornym hotelowym pokoju Kas stał i obserwował mnie, kiedy się pakowałam. Próbowałam nie dać po sobie poznać, że jestem bardzo przerażona. Kiedyś – pamiętałam to doskonale – bardzo się zdenerwował, jak wrzucałam rzeczy do walizki. Szybko składałam golf, a wtedy z kieszeni wypadł jakiś papier. Kas pochylił się i go podniósł, zerknął na niego i nagle trzepnął mnie mocno przez głowę.

– Co to jest, do cholery?! – krzyczał. Najpierw walił mnie otwartą dłonią, a potem mocno zaciśniętą pięścią.

– Nie... nie wiem – wyjąkałam, usiłując się skupić na kawałku kartki, który trzymał kilka centymetrów przed moimi oczami. Z początku nie kojarzyłam, co to za cyfry, zapisane ewidentnie moim pismem.

A później przypomniałam sobie tę noc, kiedy godzinami padał lodowaty deszcz, a ja liczyłam, czy zarobiłam dość pieniędzy, żeby przestać pracować i znaleźć jakieś suche miejsce, żeby się schować, aż przyjdzie pora powrotu do hotelu.

– Chcesz, żeby mnie złapali, kobieto? – Znowu mnie uderzył. – Lepiej się zmień, zanim tu wrócisz.

Graj swoją rolę, nakazywałam sobie w duchu. Nie mów nic, czego byś przedtem nie powiedziała.

Musisz się zachowywać tak, żeby myślał, że wrócisz. On, jakby czytał w moich myślach, chwycił mnie mocno za włosy i przyciągnął moją głowę do swojej twarzy.

– Nawet nie kombinuj, żeby nie wracać. Znajdę cię – wycedził powoli. Po chwili obejmował mnie i szeptał mi do ucha. – Kocham cię. Nie chcę być bez ciebie. Zdrowiej i przyjeżdżaj do mnie.

Kilka minut później schodziłam za nim po schodach zamroczona i zdezorientowana. Cały czas nie mogłam uwierzyć, że naprawdę pozwoli mi wsiąść do samochodu i odjechać. Ale Steve wziął moją walizkę i wrzucił ją do bagażnika, a matka niemal wepchnęła mnie na tylne siedzenie i nagle pędem oddalaliśmy się od Kasa. Zjeżdżaliśmy ze wzgórza i mknęliśmy ulicą, na której stałam każdej żałosnej, samotnej, przerażającej nocy przez sześć ostatnich miesięcy. Rozpłakałam się.

Mama wyciągnęła rękę za swój fotel i chwyciła moją dłoń.

– Już w porządku, Sophie. Jesteś bezpieczna. To już za tobą.

Do mnie to jednak ciągle nie docierało. Kas tyle razy mi powtarzał, że wszędzie ma ludzi, którzy mnie obserwują, i że zawsze będzie wiedział, gdzie jestem i co robię, że po prostu nie potrafiłam uwierzyć, że pozwolił mi odejść.

Kiedy przemierzaliśmy północne Włochy, wpatrywałam się nieobecnym wzrokiem za okno i usiłowałam przyswoić fakt, że nie jestem już zdana tylko na własne siły.

Co kilka minut Kas dzwonił do mnie na komórkę.

– Jesteś moją małą myszką. Już za tobą tęsknię – powtarzał. – Chcę, żebyś była tu ze mną, żebym mógł cię przytulać i dotykać twoich włosów.

Od tego zbierało mi się na wymioty i czułam się zażenowana z powodu Kasa. Naprawdę myślał, że mu uwierzę po tym wszystkim, co mi zrobił? Wmawiałam sobie, że mnie kocha, nawet po tym, jak zmusił mnie do pracy na ulicy i stało się to niedorzecznym przeświadczeniem. Chciałam w to wierzyć, bo gdybym nie zawiesiła wszelkiej logiki i zdrowego rozsądku i gdybym nie przekonywała samej siebie, że jemu na mnie zależy, ale musi spłacić dług, zanim zaczniemy planować wspólną przyszłość, nic nie miałoby sensu.

– Gdzie teraz jesteś? – pytał Kas za każdym razem, kiedy dzwonił do mnie do samochodu.

Odpowiadałam, że nie wiem, i słyszałam ledwie tłumioną irytację w jego głosie, gdy mówił:

– A nie możesz spytać mamy?

Widziałam, jak matka zerka na Steve'a, który podawał nazwę jakiejś ulicy albo miasteczka, przez które przejeżdżaliśmy, a ja przekazywałam tę informację Kasowi. Dopiero później dowiedziałam się, że Kas dał Steve'owi bardzo szczegółowe wskazówki, którędy powinniśmy jechać do domu, i to właśnie tymi wskazówkami posługiwał się Steve, kiedy mówił mi, gdzie jesteśmy.

W rzeczywistości jednak żywe zainteresowanie Kasa naszą podróżą wzbudziło podejrzenia Steve'a, więc wybrał inną drogę.

Ani mama, ani ojczym w ogóle mnie nie pytali, co mi zrobił Kas. Mama tylko trzymała mnie za rękę i opowiadała o innych rzeczach. Ale widziałam, że jej pogodny nastrój jest wymuszony, a kiedy na mnie patrzyła, z jej oczu mogłam wyczytać, że serce jej pęka.

Tamtej nocy zatrzymaliśmy się na granicy szwajcarskiej w hotelu, który okazał się wersją Fawlty Towers. Prowadziła go taka jedna para. Steve ochrzcił ich: Fraud i Maud. Nie zachowywali się uprzejmie i serwowali najgorsze jedzenie pod słońcem. Kiedy Steve poprosił do steku o sałatkę i frytki, Fraud spojrzała na niego, jakby zamawiał kawior i szampana Cristal w McDonaldzie. Ledwie powstrzymaliśmy się, żeby nie parsknąć śmiechem.

Mama i ja jednak nie wytrzymałyśmy, a Steve – bardzo wyczulony na punkcie higieny – mało nie zemdlał, kiedy zobaczył, jak Fraud wkrawa mu do napoju plasterek cytryny, upuszcza go na podłogę, podnosi, szybko opłukuje wodą i wrzuca do szklanki. Tamtego wieczoru zaśmiewaliśmy się do łez i chociaż Fraud i Maud byli niesympatyczni i nie mieli poczucia humoru, w duchu dziękowaliśmy im, bo podziałali jak zawór bezpieczeństwa i sprawili, że uwolniliśmy skumulowane w nas emocje. Kiedy siedzieliśmy przy barze, rozmawiając i śmiejąc się, patrzyłam na mamę i Steve'a i czułam, że miłość do nich wprost rozsadza mi serce. Przez tyle czasu z nikim tak zwyczajnie nie rozmawiałam, że niemal zapomniałam, co to znaczy normalność, i pogodziłam się z faktem, że już nigdy nie będę miała powodów do śmiechu. Nie sądziłam też, że kiedykolwiek jeszcze poczuję się bezpiecznie, ale tamtego wieczoru prawie mi się to udało.

Następnego ranka, po parogodzinnej jeździe, mama zaproponowała niespodziewanie:

– Pośpiewajmy!

– Nie, mamo, nie mogę.

– No, dalej – nalegała. – Zrobi się weselej. Nie pamiętasz? Zawsze śpiewaliśmy w samochodzie, kiedy byłaś mała. – Odwróciła się, chwyciła mnie za rękę. – No, kochanie – dodała ciszej. – Będzie fajnie, zobaczysz.

Zaczęła śpiewać i najpierw przyłączył się Steve, a potem ja. Miała rację – zrobiło się weselej, a wspomnienie jazdy przez góry między Szwajcarią a Francją, kiedy śpiewaliśmy co sił w płucach, jest jednym z tych, które zapamiętam na zawsze.

Później zatrzymaliśmy się na kawę w kurorcie narciarskim, siedzieliśmy na świeżym powietrzu w pięknym słońcu, a mama zastanawiała się na głos, czy nie poprosić kogoś z siedzących przy stoliku obok, żeby zrobił nam zdjęcie. W jednej chwili ogarnęła mnie panika i łzy napłynęły mi do oczu.

– Nie, mamo. Nie chcę, żeby ktoś robił mi zdjęcia. Proszę. Popatrz na mnie. Wyglądam odrażająco.

Ale mama wyciągnęła ręce i chwyciła moje dłonie.

– Zrobimy zdjęcie, Sophie, a pewnego dnia spojrzymy na nie, przypomnimy sobie ten czas i będziemy w stanie rozmawiać o tym bez łez.

– Nie. To niemożliwe – załkałam.

– Możliwe – odparła, również płacząc. – Możliwe, kochanie. Tak będzie, obiecuję.

Rozdział 13

Nie wiem, jakich emocji się spodziewałam w związku z powrotem do domu, ale miałam wrażenie, że wszystko się zmieniło. Właściwie nie zmieniły się rzeczy, to raczej ja stałam się kimś innym i patrzyłam innymi oczami. Wyjeżdżałam z domu jako osoba z określonymi doświadczeniami i perspektywami na życie, a wróciłam jako ktoś, kogo nie rozpoznawałam, kiedy patrzyłam w lustro, ktoś, kim wstydziłam się być.

Ciężko to wytłumaczyć, ale czułam się tak, jakbym nie umiała już normalnie funkcjonować i chyba nigdzie nie pasowałam. Chociaż chciałam, nie wiedziałam, jak się zachowywać; dostałam obsesji – wydawało mi się, że ludzie mogą czytać w moich myślach i się zorientują, że jestem kimś, kto robił odrażające rzeczy, i dlatego żaden przyzwoity człowiek nie będzie się ze mną zadawał. Wiem, że gdyby ktoś opowiedział mi, że przydarzyło mu się to, co ja przeżyłam, byłoby mi go żal i nie obwiniałabym go ani przez chwilę. Mimo to czułam, że w pewnym sensie jestem winna.

Pewnie wielu ludzi, którzy mają za sobą złe doświadczenia, tak się czuje, i może wiedzą, tak jak ja, że muszą jak najszybciej „o tym zapomnieć", żeby się pozbierać i żyć dalej. I może oni też dochodzą do wniosku, że ich dawne życie zostało rozbite na tyle drobnych kawałków, że nie można go poskładać. Przez sześć miesięcy udawałam Jennę, ale teraz wydawało mi się, że udaję Sophie.

Chociaż bardzo starałam się żyć „normalnie", cały czas byłam nieszczęśliwa i myślałam: Nie chcę tu być, ale nie chcę też być nigdzie indziej. Nigdzie nie pasuję. Co mam, do cholery, zrobić?

Nikomu nie mówiłam o tym, co wydarzyło się we Włoszech. Wiedziałam, że mama postanowiła dać mi czas i zostawić przestrzeń, zanim mnie o to zapyta, i chociaż czasami niewiele brakowało, żeby podjęła temat, zawsze wycofywała się w ostatniej chwili.

Kas dzwonił do mnie regularnie.

– Staram się dojść do siebie – powiedziałam mu w końcu. – Po prostu potrzebuję chwili samotności.

Nie oczekiwałam, że się tym jakoś przejmie, więc byłam zaskoczona, kiedy nie odzywał się przez kilka kolejnych dni. A potem odebrałam telefon od kogoś, kto podał się za brata Kasa.

– Kas został aresztowany – poinformował. – Zgarnęła go włoska policja, miał w samochodzie sporo kokainy i teraz siedzi za kratkami. Muszę wiedzieć, czy wracasz.

Po co mi to mówisz? – Chciałam krzyknąć. – To nie mój problem. Nie obchodzi mnie, co się stało z Kasem. Więzienie to miejsce dla niego. Ale powiedziałam z nutą udawanego zmartwienia: – Przykro mi, teraz nie mogę wrócić.

Poszłam do kuchni, nalałam wody do czajnika, żeby zaparzyć herbatę, i stałam, gapiąc się pustym wzrokiem za okno. Próbowałam określić, co czuję. Euforię? Ulgę? Niedowierzanie? Współczucie? Satysfakcję? Może wszystko po trochu. Tkwiłam tak nieruchomo, kiedy weszła mama.

– Robisz herbatę? – spytała. – Och, zrób mnie też. – Usiadła przy kuchennym stole i poprosiła, żebyśmy porozmawiały. – Opowiedz mi, co się stało. Nie chciałam naciskać, ale teraz naprawdę muszę już wiedzieć.

– Nie mogę – odparłam. Serce mi dudniło, a łzy, które cały czas miałam pod powiekami, zaczęły spływać po policzkach.

– Możesz. – Wyciągnęła rękę, chwyciła moją dłoń i ścisnęła. – Cokolwiek się stało, Sophie, cokolwiek zrobiłaś, zawsze będziesz moją córeczką i zawsze będę cię kochać. Nic tego nie zmieni, nieważne, jak źle to wygląda. Ale musisz mi powiedzieć. Nie mogę tak bezradnie patrzeć, jak cierpisz.

Więc jej opowiedziałam, do czego zmusił mnie Kas i jak się go bałam. Wyznałam, że czułam się okropnie samotna, że musiałam stać się Jenną, żeby móc to robić. Wytłumaczyłam, że Kas zawsze stał obok mnie, kiedy z nią rozmawiałam, i że chociaż rozpaczliwie pragnęłam się przyznać, że nie jestem szczęśliwa, że tylko udaję, to zbyt mocno się wstydziłam i miałam umysł tak wyprany przez Kasa, że nie potrafiłam wyznać prawdy.

Kiedy uklękła przy moim krześle i wzięła mnie w ramiona, obie zaczęłyśmy płakać.

– Wiedziałam, że coś jest nie tak – odezwała się po chwili, kiedy już się trochę otrząsnęłyśmy. – Czułam to. Cały czas, kiedy tam byłaś, powtarzałam Steve'owi, że nie wierzę, że tak po prostu zostawiłaś rodzinę, przyjaciół i pracę. Czasami budziłam się o czwartej czy piątej nad ranem i myślałam o tobie. Zastanawiałam się, gdzie jesteś i czy nic się nie stało. Przeczuwałam, że dzieje się coś złego, ale pozwalałam sobie wierzyć w to, co wszyscy mi powtarzali, że po prostu jestem zraniona, bo wcześniej byłyśmy ze sobą bardzo związane, a najwyraźniej nie chciałaś już o niczym ze mną rozmawiać.

Okazało się, że kiedy zadzwoniłam do mamy ze szpitala, planowali ze Steve'em „wizytę niespodziankę" we Włoszech. Mimo że nie podawałam jej adresu pobytu – zawsze się czymś wymawiałam, kiedy o niego prosiła – zamierzali po prostu przyjechać, przeszukać okolicę i jeśli okazałoby się to konieczne, pukać od drzwi do drzwi, dopóki by mnie nie znaleźli. Mama, która większość życia spędziła w małomiasteczkowej, zżytej społeczności, chyba nie zdawała sobie sprawy z tego, jak łatwo „zniknąć" na przedmieściach dużego miasta, i z pewnością nie dopuszczała do siebie takiej możliwości, że wrócą beze mnie.

Nawet w najgorszych koszmarach najstraszniejsze, co mogła sobie wyobrazić, to, że Kas źle mnie traktuje, i była całkowicie zdruzgotana, kiedy usłyszała prawdę. Później poszła na górę opowiedzieć wszystko Steve'owi, a on zszedł do kuchni i objął mnie tak mocno, że aż brakło mi tchu.

– Słuchaj, skarbie – powiedział. – Jesteś bezpieczna, zdrowa i bardzo cię kochamy. Będziemy się o ciebie troszczyć i przejdziesz przez to.

Mojej siostrze mama przekazała skróconą wersję wydarzeń, a kiedy Emily zajrzała do mnie do pokoju, płakała. Zarzuciła mi ręce na szyję.

– Przykro mi. Przykro mi, Sophie, tak strasznie mi przykro – powtarzała w kółko.

Tego wieczoru mama, Steve, Emily i ja odbyliśmy rodzinną naradę przy kuchennym stole i ustaliliśmy, że nie będziemy opowiadać o tym nikomu spoza rodziny, oprócz przyjaciółki mamy, Louise, bo ta dość dobrze znała wyższego rangą policjanta i on mógł wiedzieć, gdzie szukać dla mnie pomocy. I to właśnie dzięki Louise zostałam skontaktowana z Robinem, zwierzchnikiem obyczajówki, który, w dosłownym tego słowa znaczeniu, mnie uratował.

Parę dni po powrocie do domu wybrałam się do fryzjera, ufarbowałam włosy i ścięłam na krótko. Nie chciałam wyglądać jak Jenna i może, co ważniejsze, nie chciałam mieć jej włosów – tych, które dotykał Kas i tylu innych mężczyzn. Mama przejrzała moją walizkę i prawie wszystko wyrzuciła, szlochając przy tym po cichu. Rozpłakała się na dobre, kiedy znalazła rozdarcie z tyłu kurtki i wetknięty za podszewkę banknot pięćdziesięciu euro. To chyba wtedy wszystko stało się dla niej zbyt realne, żeby to znieść, i o wiele bardziej niż cokolwiek innego boli mnie świadomość, że kiedy kładzie się spać każdego wieczoru, musi wyrzucać z głowy obrazy tego, co się ze mną działo, bo na pewno takie się pojawiają.

Następnego dnia po moich wyznaniach mama zabrała mnie do sklepu, żeby kupić mi kilka nowych ubrań, i kiedy siedziałyśmy w kawiarni, nagle wybuchłam płaczem. Widok cierpienia na jej twarzy sprawiał, że czułam się jeszcze podlej.

– Nienawidzę się – powiedziałam, kiedy wreszcie uspokoiłam się. – Nienawidzę swojego wyglądu. Nie chcę już dłużej być na tym świecie. Nie chcę dalej żyć.

– Och, Sophie. – Otarła łzy, które ciekły jej po policzkach. Wzięła głęboki wdech. – Wyglądasz cudownie, skarbie – stwierdziła stanowczo. – Tylko w tej chwili tak się czujesz. Przejdzie ci, obiecuję.

– Spójrz na mnie, mamo – wyszeptałam. – Jestem taka chuda, brzydka. Wiem, że chcesz mi pomóc, ale ilekolwiek pieniędzy byś wydała na nowe ubrania dla mnie, już nigdy w niczym nie będzie mi ładnie. Nie czuję się już ładna. Wyglądam jak szkielet.

Usiłowałam wziąć się w garść ze względu na matkę i zapewniłam ją, że podobają mi się wszystkie rzeczy, które mi kupiła, ale nie mogłam przestać myśleć: Jaki to ma sens? Nawet moje istnienie nie ma sensu.

Martwiły mnie też inne sprawy, a najbardziej mój dług. Kiedy byłam we Włoszech, pieniądze za wynajem mieszkania w Leeds nadal co miesiąc potrącano z mojego konta, a potem brano na debet. Nikomu o tym nie mówiłam.

– Wszystko w porządku. Niczym się nie martw – uspokajałam matkę, kiedy pytała o moją sytuację finansową.

Więc oczywiście myślała, że pod tym względem daję sobie radę. Jednak w rzeczywistości zadłużenie dodatkowo potęgowało mój niepokój. Musiałam jak najszybciej zacząć zarabiać, żeby spłacić zadłużenie w banku.

Na szczęście zaledwie trzy tygodnie po powrocie do domu znalazłam naprawdę dobrą pracę – z polecenia przyjaciółki z poprzedniej firmy. Wiedziałam, że mama chciałaby, żebym została z nią, żeby ona i wszyscy, którzy mnie kochają, mogli mnie chronić. Ja też tego bardzo chciałam, ale zdawałam sobie sprawę, że jeżeli ulegnę pokusie i będę się ukrywać, chować przed prawdziwym światem w bezpiecznym kokonie, nigdy nie zdołam zbudować nowego życia. Poza tym czułam, że jestem kimś zupełnie innym niż tamta dziewczyna, którą moi bliscy pamiętali.

Wszystko, co powinno być znajome i krzepiące, wydawało się dziwne – chociaż tak naprawdę zmieniłam się tylko ja.

Więc zostawiłam rodzinę i wyprowadziłam się z powrotem do mieszkania w Leeds. Ale nie mogłam się skupić. Cały czas czułam się oderwana i odległa, jakbym obserwowała siebie spoza własnego ciała. Ciągle powtarzałam sobie: Weź się w garść. Już po wszystkim. To przeszłość. Idź dalej. Ale nie mogłam, bo wszystko się zmieniło. I nie wiedziałam, jak dalej żyć. Nie pomagało mi też to, że straciłam większość przyjaciół – z tego, co się orientowali, wyjechałam do Włoch i po prostu przestałam do nich dzwonić i odpowiadać na SMS-y, które niedługo przestali przysyłać.

Umówiłam się na wizytę w przychodni i zrobiłam sobie wszelkie możliwe badania. Odetchnęłam z ulgą, kiedy się okazało, że nie mam żadnych infekcji. Przynajmniej za to mogłam być wdzięczna losowi.

– Rozumiesz, co ci się przydarzyło? – spytał podczas pierwszego spotkania Robin z obyczajówki. – Rozumiesz, że zostałaś sprzedana?

I chociaż może wydawać się to dziwne, po raz pierwszy pomyślałam o tym w tych kategoriach. Kas tak mi wyprał mózg, że nigdy nie przyszło mi nawet do głowy, że to, co robił, zostało od początku do końca zaplanowane. Poza tym chyba, nawet wtedy, nadal chciałam trzymać się przekonania, że w jakimś sensie mnie kocha.

Podczas kilku spotkań Robin pomagał mi spojrzeć na to, co się wydarzyło, w bardziej realistycznym świetle. Nagle któregoś dnia pokazał mi zdjęcie.

– To on? – spytał.

Zanim odpowiedziałam, długo wpatrywałam się w to zdjęcie. Nie dlatego, że nie rozpoznałam twarzy Kasa natychmiast, ale dlatego, że słyszałam jego głos w swojej głowie. „Jeżeli kiedykolwiek wpadnę przez ciebie w kłopoty, zabiję cię, kobieto".

– Tak – wyszeptałam w końcu.

– Jest tu poszukiwany za napaść z bronią w ręku – wyjaśnił Robin. – To dlatego tak szybko wyjechał z kraju po tym, jak go poznałaś.

Potwierdził, że Kas siedzi w areszcie we Włoszech z zarzutami związanymi z narkotykami, i spytał, czy chcę wnieść przeciwko niemu oskarżenie. Na samą myśl o tym zaczęłam się cała trząść, bo wiedziałam, że napady złości i furii, jakie dotychczas widziałam, będą niczym w porównaniu z okrutną wściekłością Kasa, jeżeli dostanie dłuższy wyrok na podstawie dowodów złożonych przeciwko niemu przeze mnie.

– Nie! – niemal krzyknęłam. – Nie, nie mogłabym... Ja... Wiedziałby, że to ja. Wiedziałby, że okazałam się nieposłuszna, i nawet nie chcę sobie wyobrażać, w co bym się wpakowała. Zabiłby mnie albo przysłał kogoś, żeby to zrobił. Nie pozwoliłby, żebym tak go wykiwała. Nie. Wykluczone.

– W porządku. – Robin położył dłoń na moim ramieniu. – Nikt nie będzie cię do tego nakłaniał i rozumiem, jak się czujesz. Tak czuje się każdy, kto przejdzie to, co ty. Ale właśnie dlatego moja praca jest taka trudna i rzadko udaje nam się postawić zarzuty takim bydlakom. Mimo to, Sophie, wierz mi, rozumiem cię i nikt nie będzie naciskał, żebyś zmieniła zdanie.

I bez tego się bałam, że Kas przyjdzie po mnie. Prawdę mówiąc, byłam przekonana, że to jedna z pierwszych rzeczy, jaką zrobi po wyjściu z więzienia we Włoszech. Wiedziałam jednak, że to straszne, iż ujdzie mu na sucho to, jak mnie potraktował, i czułam się winna, jeszcze zanim na którymś spotkaniu Robin powiedział:

– Jeżeli nie zdecydujesz się zeznawać, Kas zrobi to samo innym ludziom.

I chociaż ta myśl bez przerwy nękała mój umysł, nie potrafiłam przezwyciężyć strachu przed nim.

Robin twierdził, że nie mam się czego bać.

– Nie wróci – zapewniał. – Jest tu poszukiwany, więc nie zaryzykuje. Będziesz bezpieczna. A jeżeli kiedykolwiek coś by cię niepokoiło, nawet jakiś najmniejszy drobiazg, wiesz, jak się ze mną skontaktować.

Żyłam w ciągłym napięciu, obserwowałam twarze ludzi wokół mnie, podskakiwałam na każdy dźwięk i cały czas oceniałam ryzyko – to rzeczywiste i wymyślone – każdej sytuacji, w jakiej się znalazłam.

Matka często powtarzała mi, że mogę z nią rozmawiać o wszystkim, ale myliła się, bo niektóre rzeczy za bardzo by ją zdenerwowały. Byłam wdzięczna Robinowi, że skontaktował mnie z kimś, kto udzielał wsparcia zgwałconym kobietom. Rozmawiałam z panią psycholog o tym, co się wydarzyło i jak to zmieniło moją opinię o sobie samej, o moim życiu i o wszystkim, co wydawało mi się bezpieczne i znajome. Ale chociaż terapeutka była bardzo miła i rozmowa pomogła, zaczęłam mieć wrażenie, że tak do końca mnie nie rozumie. Nie chodzi o to, że to, co przeżyłam, było o wiele gorsze niż gwałt; było po prostu czymś innym.

Problem po części leżał w tym, że nie mogłam uporać się z faktem, że nie próbowałam uciec od Kasa. Nawet we Francji, kiedy zostawił mnie samą na kilka dni, nadal pracowałam i robiłam, co mi kazał. I chociaż rozumiałam, że kierował mną strach, który Kas tak starannie i perfidnie we mnie zaszczepił, to i tak czułam się, jakbym w pewnym stopniu przyczyniła się do tego, co mi się przydarzyło, chociaż w głębi duszy wiedziałam, że to jest dalekie od prawdy.

Przed Włochami nie byłam szczególnie szczęśliwa, że jestem, kim jestem – dźwigałam swój emocjonalny bagaż z dzieciństwa, ale dałabym wszystko, żeby teraz stać się tamtą osobą. W ciągu zaledwie sześciu miesięcy dla mnie zmienił się cały świat; w swoim umyśle przestałam być „kimś"; znajdowałam się w jakiejś otchłani, bez prawdziwego poczucia własnej tożsamości.

Często myślałam o Erionie i o tym, że moje życie potoczyłoby się zupełnie inaczej, gdybym pojechała do Albanii i wyszła za niego tamtego lata – czyli, jak mi się wydawało, całą wieczność temu. Kiedy myślę o tym teraz, wiem, że to mogło w ogóle nie wypalić, ale dręczyło mnie niemal obsesyjne poczucie winy, że go zawiodłam, a po Włoszech, kiedy czułam się zupełnie zagubiona, a moja przyszłość wyglądała jak ciemna plama, byłam przekonana, że na tamtym rozdrożu życia obrałam złą drogę.

Ciągle wspominałam Eriona i któregoś dnia poszłam z przyjaciółką Sereną do klubu, gdzie kiedyś był barmanem. Jego przyjaciel Adnan nadal tam pracował i spytałam go, czy ma jakieś wieści od Eriona.

– Chcę tylko się upewnić, że u niego wszystko w porządku – wyjaśniłam.

Adnan przyglądał mi się badawczo przez chwilę.

– To ty nie wiesz? – westchnął.

– Nie rozumiem. Czego nie wiem? – Nagle ogarnęły mnie mdłości, bo bałam się tego, co mogę usłyszeć.

– Wrócił.

Serce zaczęło mi łomotać jak szalone.

– Co u niego? Co robi? Gdzie pracuje? – Oczy napełniły mi się łzami i poczułam niemal fizyczny ból na myśl o tym, że Erion przyjechał do Anglii i się do mnie nie odezwał.

Adnan wzruszył ramionami i odwrócił ode mnie wzrok.

– Przykro mi, nie mogę ci powiedzieć. Mocno go zraniłaś.

– Wiem. I nie masz pojęcia, jak bardzo żałuję tego, co się stało. Jest z kimś? Poznał kogoś?

– Proszę, nie pytaj. – Pokręcił głową. – O tym powinniście sami porozmawiać. Nie chcę ci sprawiać przykrości.

Erion mnie nienawidzi i trudno, żebym go za to winiła, pomyślałam. Ale wiedziałam, że nie mogę po prostu odejść i starać się o nim zapomnieć.

– Jak możemy porozmawiać, skoro nie chcesz mi powiedzieć, gdzie jest? Proszę, pomóż mi, Adnan. Nie masz pojęcia, ile to dla mnie znaczy. Muszę zobaczyć się z Erionem.

– Dobra. – Znów westchnął. – Daj mi swój numer, a ja mu przekażę i tyle. Jeżeli nie zechce z tobą rozmawiać, będziesz musiała się z tym pogodzić.

Kilka minut później Serena i ja wyszłyśmy z klubu na ulicę, ale nagle się zatrzymałam i ścisnęłam jej nadgarstek.

– O mój Boże, on tam jest! – wyszeptałam.

– Kto? O co chodzi? – Serena podążyła wzrokiem za moim spojrzeniem.

– Erion. Na przejściu dla pieszych, po drugiej stronie ulicy. Muszę z nim pogadać.

Nie wiem, czy zauważył mnie, zanim przeszedł przez jezdnię, ale jak tylko znalazł się na chodniku, zawołałam go. Odwrócił się i popatrzył na mnie. Oczy miał zimne i puste, a ja poczułam się tak, jakby ktoś nadepnął mi na serce.

– Przepraszam, skarbie, my się znamy? – mruknął. – Chyba pomyliłaś mnie z kimś innym. – I odszedł.

Serena objęła mnie i pociągnęła, żebym usiadła na niskim murku przy chodniku. Czułam się ogłuszona i miałam mdłości, ale jak tylko zdołałam się podnieść, pognałam do domu i zaszyłam się tam jak ranne zwierzę.

To normalna reakcja kogoś, kto został tak strasznie potraktowany, mówiłam sobie. Nie wie, dlaczego go porzuciłam, więc oczywiście też chce mnie zranić w odwecie. Ale jak miałabym mu kiedykolwiek wyjaśnić, co się stało?

Postanowiłam, że wyślę do niego list. Nie wspomniałam ani słowem o Włoszech, napisałam tylko o presji, jaką czułam ze wszystkich stron po wyjściu ze szpitala, i o tym, że byłam skołowana i nie wiedziałam, co robię. Powiedziałam mu, że nawet sobie nie wyobraża, jak przykro mi przykro, i błagałam, żeby dał mi szansę, żebym mogła wytłumaczyć mu to w cztery oczy. Na koniec podałam swój numer telefonu i dopisałam: „Jest w twoich rękach".

Dwa dni później Erion zadzwonił do mnie i umówiliśmy się na następny wieczór. Przez resztę dnia nie mogłam się na niczym skupić, a kiedy leżałam w nocy w łóżku, obserwowałam na zegarze wolno upływające minuty i godziny i zastanawiałam się, czy kiedykolwiek Erion mi wybaczy.

Kiedy spotkaliśmy się na kolacji, musiałam być jeszcze bledsza niż zwykle. Spytałam Eriona, jak mógł powiedzieć mi coś takiego jak wtedy na ulicy.

– Szczerze mówiąc, prawie cię nie poznałem – odparł. – Nie spodziewałem się, że cię zobaczę. Ktoś mi powiedział, że wyjechałaś za granicę, więc byłem zaskoczony, kiedy nagle stanąłem z tobą twarzą w twarz. I twój wygląd mnie zszokował. Nie chcę ci sprawiać przykrości, Sophie, ale jesteś tak chuda i masz tak zapadnięte policzki, że przypominasz jakiegoś narkomana uzależnionego od heroiny. I nie masz swoich pięknych włosów! Co się stało? Czemu tak się zmieniłaś?

Nie mogłam wyznać mu prawdy, ale on najwyraźniej akceptował to, że nie chcę wdawać się w szczegóły Kiedy tak siedzieliśmy w restauracji, rozmawiając i płacząc, miałam wrażenie, że nigdy się nie rozstaliśmy. Powiedziałam mu, że jest mi straszliwie przykro, że nie pojechałam do Albanii, jak planowaliśmy, i że bardzo chciałabym móc cofnąć czas i przeżyć inaczej każdy dzień od tamtej pory. I znów byliśmy razem.

Nie sądzę, że potrafiłabym wtedy dzielić życie z jakimkolwiek mężczyzną, ale Erion znał mnie z czasów, zanim stałam się Jenną, więc dla niego byłam tamtą dziewczyną sprzed lat; tamtą, którą tak bardzo starałam się odnaleźć. Przy nim czułam się bezpiecznie.

Czasami prawie zapominałam o Włoszech i niemal udawało mi się uwierzyć, że jestem w stanie wrócić do wcześniejszego życia.

Erion i ja większość czasu spędzaliśmy razem. Chociaż miał swoje mieszkanie, co wieczór przychodził do mnie po pracy, a ja mówiłam sobie, że między nami nic się nie zmieniło. Ale chyba wiedziałam, że to nie do końca prawda i że to zbyt wiele oczekiwać, że cokolwiek kiedyś będzie takie samo jak dawniej. Erion tylko potwierdził te obawy.

– Bardzo się zmieniłaś – powiedział któregoś dnia, parę miesięcy po tym, jak się zeszliśmy. – Cały czas jesteś wystraszona i nerwowa. Dlaczego ciągle przepraszasz za rzeczy, za które nie musisz przepraszać? Myślisz, że coś powiem, jeżeli najpierw zrobisz drinka sobie, a potem mnie? Wiesz, że nigdy bym na ciebie nie krzyknął, a co dopiero uderzył. Więc czemu czasem mam wrażenie, że się mnie boisz? Co ci się stało, Sophie? Muszę wiedzieć, bo nie mogę tak dalej żyć.

Jedliśmy wtedy lunch w kafejce. Wytarłam spocone dłonie w serwetkę.

– Nie wiem, jak ci to powiedzieć – wyszeptałam. – Znienawidzisz mnie. Nie będziesz chciał już ze mną być.

Wyciągnął rękę przez stół i ujął moją dłoń.

– Słuchaj, Sophie. Bez względu na to, co usłyszę, nic nie zmieni tego, co do ciebie czuję. Chyba nigdy nie rozumiałaś, ile dla mnie znaczysz i jak bardzo cię kocham.

Więc ze łzami spływającymi po policzkach opowiedziałam mu całą historię. On też płakał.

– Chętnie bym zabił drania – warknął ze złością. – Nienawidzę go. Chyba mniej by mnie to bolało, gdyby coś takiego przydarzyło się mojej siostrze. Ale ja to już przeczuwałem, tylko czekałem, aż sama mi to powiesz. Jestem tu teraz z tobą i nikt już nigdy nie zrobi ci krzywdy.

Tego właśnie chciałam – być z Erionem. Więc czemu nie czułam się szczęśliwa? Może dzięki związkowi z Erionem byłam najbardziej zadowolona, jak mogłam być, ale mimo to moje życie nie wracało na dawne tory. Cały czas miałam regularne sesje z terapeutką, najwyraźniej jednak potrzebowałam więcej pomocy, tylko nie wiedziałam, gdzie jej szukać. Aż nagle pewnego dnia, jakieś sześć miesięcy po powrocie z Włoch, przeglądałam Internet w nadziei, że tam znajdę jakąś podpowiedź i natknęłam się na stronę organizacji charytatywnej STOP THE TRAFFIK. Wracałam do niej parę razy w ciągu kilku następnych dni, aż w końcu zebrałam się na odwagę, żeby wziąć telefon i wybrać numer. Tak bardzo skupiałam się na samej tej czynności, że nie przemyślałam, co powiem.

– Naprawdę potrzebuję pomocy – wypaliłam, kiedy odebrała jakaś kobieta.

Miała na imię Bex i od tamtej pory dzwoniłam do niej regularnie przez pięć czy sześć miesięcy, aż w końcu spotkałyśmy się osobiście. Organizacja STOP THE TRAFFIK nie zajmuje się wspieraniem ofiar, ale Bex rozmawiała ze mną jak przyjaciółka i kiedy powoli tworzyła się między nami więź, czułam, że wreszcie znalazłam kogoś, kto naprawdę mnie rozumie.

Już wcześniej zastanawiałam się, czy mogłabym wykorzystać własne doświadczenia, żeby pomagać innym. Bex spytała, czy byłabym zainteresowana spotkaniem z kilkoma nastolatkami z domu dziecka, które znajdują się w grupie podwyższonego ryzyka, jeśli chodzi o działania miejscowych stręczycieli i handlarzy ludźmi. Perspektywa, że mam publicznie mówić o tym, co mi się przydarzyło, była straszna, ale Bex bardzo mi pomogła i była cudowna, dlatego postanowiłam, że jej nie zawiodę.

Przez trzy czy cztery tygodnie organizacja sprawdzała różne informacje o mnie, żeby się upewnić, że jestem osobą, za którą się podaję, aż w końcu pewnego popołudnia weszłam do sali w Londynie i stanęłam twarzą w twarz z około dziesięcioma dziewczynami. Spoglądały na mnie bez większego zainteresowania, z obojętnością, a nawet wrogością. Musiałam chwycić się oparcia krzesła, żeby przestać się rozglądać i zerkać w stronę drzwi. Uświadomiłam sobie, że dla nich pewnie wyglądałam jak idiotka, ze starannie ułożonymi włosami, idealnym makijażem, w eleganckim, biznesowym ubraniu. Prawie słyszałam, jak myślą: Co ta chuda biała blondynka może wiedzieć o naszym życiu i gównianych rzeczach, jakie przeżyłyśmy?

Więc chyba były zszokowane, kiedy opowiedziałam im swoją historię.

Było mi naprawdę trudno mówić o tym, co przeżyłam. Czułam się zawstydzona, grunt usuwał mi się spod nóg i nie wiedziałam, od czego zacząć. Więc opowiedziałam im wszystko od początku. Czasami płakałam, chociaż starałam się powstrzymywać łzy, aż w końcu ciepło ogarnęło moje ciało, kiedy zorientowałam się, że niektóre dziewczyny też płaczą. Kiedy skończyłam, zasypały mnie pytaniami. Jedna zarzuciła mi ręce na szyję, przytuliła mnie i powiedziała, że jest przekonana, że dokonam wielkich rzeczy w życiu – przez co znowu się rozpłakałam. To były naprawdę fajne nastolatki i nagle uderzyło mnie, że ludzie, patrząc na nie, widzieli tylko wrogość, pod którą skrywały strach i ból. I nawet nie pomyśleliby, że to miłe dziewczyny, tak jak nigdy nie domyśliliby się, patrząc na mnie, że pracowałam jako prostytutka.

Tamtego dnia chciałam przekazać tym dziewczynom dwie rzeczy – że muszą bardzo uważać na to, komu ufają, i że kiedy życie człowieka rozpadnie się na kawałki, można je pozbierać, a nawet zbudować nowe i żyć dalej. Jednak w rzeczywistości sama zmagałam się, żeby poradzić sobie z własnym brakiem ufności wobec kogokolwiek – zwłaszcza mężczyzn, poza tymi, których znałam bardzo dobrze.

Nawet teraz, kiedy poznaję kogoś, myślę: Dlaczego ze mną rozmawiasz? Jaki masz prawdziwy powód? Kim jesteś? I chociaż tego nie znoszę, nie mogę na to nic poradzić.

Niedługo po pogadance dla dziewcząt, STOP THE TRAFFIK spytało mnie, czy chciałabym wziąć udział w konferencji i przekazać petycję zastępcy sekretarza generalnego ONZ Antoniowi Marii Coście. Odruchowo chciałam odmówić, bo wiedziałam, że będę tak zdenerwowana, że wszystko zrobię źle. Ale później, kiedy sobie to przemyślałam i porządnie zastanowiłam się nad tym, o co mnie poprosili, stwierdziłam, że gdyby udało mi się przezwyciężyć strach i przekazać tę petycję, to mogłabym wykorzystać swoje doświadczenia i pomóc im w ich działaniach.

Nie byłam w stanie zmierzyć się z perspektywą złożenia zeznań przeciwko Kasowi, dzięki czemu zostałby skazany na dłuższy pobyt w więzieniu, na co w pełni zasługiwał. Ale wspierając kampanię prowadzoną przez STOP THE TRAFFIK, która miała zwiększać świadomość na temat wszystkich form handlu ludźmi, czułam, że przynajmniej robię coś, co może pomóc.

Wbrew sobie dziewczyny z domu dziecka były zaintrygowane tym, co wykształcona, elokwentna, młoda biała Angielka z klasy średniej może im powiedzieć o rzeczach dla nich ważnych. Zrozumiałam, że to właśnie te cechy zmienią przekonanie wielu ludzi, że tylko biedne dziewczyny głównie z krajów Trzeciego Świata i Europy Wschodniej, są sprzedawane i dlatego handel ludźmi nie stanowi zagrożenia dla ich córek ani dla nikogo z ich znajomych. I w ten sposób, pełna niepokoju, ostatecznie zgodziłam się wziąć udział w konferencji.

Wystąpiłam pod fikcyjnym nazwiskiem, a dziennikarze zostali poproszeni, żeby nie robić mi zdjęć. Mimo wszystko byłam potwornie zestresowana i mało brakowało, a dostałabym zawału, kiedy zorientowałam się, że ktoś idzie za mną zupełnie pustym hotelowym korytarzem. Oglądałam się przez ramię i robiłam głębokie, powolne wdechy, żeby nie zacząć biec. Czułam się jak idiotka, kiedy okazało się, że to ochroniarz, który pilnuje, czy nikt inny za mną nie idzie!

W końcu nadszedł czas przekazania petycji Antoniowi Coście.

– Jeżeli chcesz mu coś powiedzieć, zrób to – zachęcała mnie Bex.

Więc kiedy wręczałam mu dokument, zebrałam się na odwagę.

– Jestem tu dlatego, że przydarzyło się to mnie – wyszeptałam.

Podziękował mi, podał dokument stojącemu obok niego mężczyźnie, ujął moje obie dłonie i spojrzał mi prosto w oczy.

– Niech pani Bóg błogosławi.

Kiedy dzieje się coś złego, co naprawdę cię odmienia, przestajesz wiedzieć, kim jesteś. Udział w delegacji na konferencję wywarł ogromny wpływ na to, jak zaczęłam o sobie myśleć. We Włoszech co noc musiałam przezwyciężać najgorsze obawy, ale tym razem pokonywałam strach w dobrym, ważnym celu i to, że nie zawaliłam wszystkiego, sprawiło, że zaczęłam myśleć, że może nie jestem taka głupia i bezużyteczna, jak wmawiał mi Kas.

Konferencja z wykładami i warsztatami to jedno z najbardziej niesamowitych doświadczeń w moim życiu. Miałam zamkniętą pogadankę dla grupy dziewcząt i chociaż cały czas byłam przestraszona i bardzo zdenerwowana, nabrałam trochę większej pewności siebie i wiary w swoje umiejętności. Później poinformowano mnie, że zorganizowano dla mnie dziesięciominutowe prywatne spotkanie z Antoniem Costą. Siedziałam przed jego gabinetem z kimś ze STOP THE TRAFFIK, miałam mdłości ze zdenerwowania, a po głowie tłukło mi się tysiąc pytań. Co mi powie? O czym będę rozmawiać? Pomyśli, że jestem głupia, i będzie żałował, że zmarnował czas?

Niepotrzebnie się tak trzęsłam, bo spotkanie okazało się cudowne. Trwało całą godzinę. Antonio Costa wypytywał o to, co przeżyłam, i o to, co moim zdaniem włoska policja mogłaby robić inaczej, żeby udało im się skłonić mnie do wyjawienia prawdy. Na to pytanie nadal nie znam odpowiedzi, poza tym że może nie powinni traktować dziewczyn pracujących na ulicy jak najgorszych, bezwartościowych śmieci. Ludzie, którzy są sprzedawani, bardzo się boją – o siebie i swoje rodziny, a dziewczyny zmuszane do prostytucji wstydzą się tego, co robią. Zdobycie ich zaufania, o ile to w ogóle możliwe, będzie długim, powolnym procesem. Jeżeli chodzi o mnie, przed tym, żeby zwrócić się o jakąkolwiek pomoc, powstrzymywała mnie groźba Kasa, że skrzywdzi moją rodzinę. Cały czas rozbrzmiewała mi w głowie i za każdym razem, kiedy uznawałam, że nie dam rady ciągnąć tego dalej, myślałam o swoim młodszym rodzeństwie i o tym, że nie chciałabym żyć, gdyby coś im się stało, i milczałam dalej.

Ciężko sobie wyobrazić, jak to jest być całkowicie pod czyjąś kontrolą. Nawet przez myśl nie przyszło mi, żeby podważać autorytet Kasa i zanegować jego władzę nade mną; wierzyłam mu, kiedy mówił:

– Moje słowo jest prawem. Musisz robić, co ci każę.

Zawsze starałam się tylko nie zrobić niczego, co mogłoby go zdenerwować. Nadal trudno mi zwalczyć ten nawyk i cały czas za wszystko przepraszam ludzi, zwłaszcza mężczyzn, i ciągle doszukuję się jakiejkolwiek oznaki tego, że są na mnie źli. To potworne tak żyć i nienawidzę Kasa – i pewnie też swojego ojca – za to, że do tego doprowadził.

Jakiś czas później znów spotkałam się z Antoniem Costą, kiedy przemawiał na innej konferencji, w której brałam udział z ramienia STOP THE TRAFFIK. Nagrałam swoją opowieść i została odtworzona, ze zniekształconym głosem, na jednej z sesji. Siedziałam na widowni z matką, ale po paru minutach nie byłam w stanie dłużej tego słuchać i musiałam wyjść z sali. Poza tym stresowałam się, bo nie chciałam tam być, kiedy nagranie się skończy i rozlegną się słowa:

– Hm, no dobrze, przejdźmy dalej...

Ale kiedy później mama znalazła mnie, powiedziała mi, że przez dwie minuty po nagraniu panowała zupełna cisza, a potem wszyscy zaczęli bić brawo.

– Byłam z ciebie taka dumna. – Oczy miała pełne łez.

W tej chwili dostrzegłam Antonia Costę, szedł w naszą stronę. Spotykał się co miesiąc z setkami ludzi, więc nie spodziewałam się, że mnie rozpozna, i już miałam się odwrócić, kiedy poczułam czyjąś dłoń na ramieniu. Uściskał najpierw mnie, potem moją mamę i powiedział, że wyobraża sobie, jaka dumna musi być z tego, że ma taką odważną córkę.

– Jak twoje rodzeństwo? – spytał, a ja mało nie wybuchłam płaczem, że pamięta to, o czym mu mówiłam.

Porozmawiał z nami parę minut, a później znów mnie uściskał.

– Uważaj na siebie. Bądź silna. Bądź odważna.

Czułam się niesamowicie, że miałam okazję poznać kogoś tak imponującego, troskliwego i szczerze zainteresowanego sprawą, którą wspiera.

Bex poinformowała mnie ostatnio, że ktoś, kto pracuje dla STOP THE TRAFFIK w Bangladeszu, miał pogadankę dla dzieci w wieku szkolnym i opowiedział im o młodej Brytyjce, która została sprzedana. Podobno dzieciaki zadawały tysiące pytań, zadziwione i zszokowane, że to się zdarzyło w Wielkiej Brytanii, bo były przekonane, że takie okropne rzeczy dzieją się tylko u nich.

– Biedna dziewczyna – mruknęłam, kiedy Bex skończyła zdawać mi relację.

A ona objęła mnie, przytuliła i się roześmiała.

– Ty, głupolu! Mówili o tobie!

I wtedy poczułam się naprawdę dumna. To było naprawdę najcudowniejsze uczucie, jakie znałam – miałam świadomość, że tysiące kilometrów stąd, w świecie, który mogę sobie tylko wyobrażać, moja historia pomogła zapewnić bezpieczeństwo innym dziewczynom.

Rozdział 14

Kiedy wróciłam do domu z Włoch, mój kolega Jim wkręcił mnie do swojej firmy – tylko na jakiś czas, żebym mogła stanąć na nogi i zacząć spłacać debet w banku, a po kilku miesiącach przeniosłam się do biura, w którym jestem do tej pory.

W nowym miejscu pracowałam jakieś cztery miesiące, kiedy pewnego dnia zadzwonił do mnie Jim.

– Właśnie z twojego konta w Google został przekierowany e-mail na stary firmowy adres. Lepiej na niego zerknij. Prześlę ci go.

Wiedziałam od kogo ten e-mail, zanim go przeczytałam. Jim nie zlikwidował mojego konta firmowego, żeby od czasu do czasu sprawdzać skrzynkę, gdyby pojawiła się jakaś sprawa, którą należy się zająć. Usunął ten adres dopiero po pierwszej wiadomości od Kasa.

Kas włamał się na moje konto w Google i znalazł tam poprzedni adres firmowy. Kiedy nie odpowiedziałam na żaden z e-maili, które wysłał do skrzynki

Google – rzadko do niej zaglądałam – przekierował wiadomość na adres, jak przypuszczał, mojej obecnej pracy.

Po tym pierwszym e-mailu kolejne zaczęły przychodzić lawinowo, wszystkie były mniej więcej jednej treści: „Ty pieprzona policyjna suko. Nie masz pojęcia, jak łatwo mogę się znaleźć w parę sekund. Jak śmiałaś rozmawiać z gliniarzami?" Natychmiast wpadłam w panikę. Wiedziałam, że Kas przeczytał moją korespondencję z Robinem z obyczajówki i że musi być wściekły. Jednak na szczęście w tych e-mailach nigdy nie pojawiło się nic konkretnego, więc chociaż Kas po służbowym adresie Robina zorientował się, że kontaktowałam się z policją, nie znał szczegółów. Oczywiście ani razu nie odpisałam Kasowi, aż w końcu poinformował mnie, że przestanie okupować moje konto pocztowe, jeśli mu powiem, z kim rozmawiałam i co dokładnie robiłam. Zadzwoniłam więc do Robina.

– Zatrzymaj te e-maile, ale nie odpowiadaj – poradził. Nie mogłam jednak pozbyć się wrażenia, że Kas mnie obserwuje, i przerażała mnie myśl, że będzie mnie ścigał, chociaż Robin zapewniał, że tak się nie stanie. – To czcze pogróżki – uspokajał mnie. – Staraj się nimi nie przejmować.

Kilka dni później siedziałam w pracy i próbowałam się zalogować na swoją skrzynkę, ale niestety hasło zostało zmienione, co oznaczało, że nie mam już dostępu do żadnego z e-maili, które do mnie przychodzą. Spanikowałam i znów zadzwoniłam do Robina.

– Wysyłam kogoś po ciebie – oznajmił tym razem.

Po paru minutach w biurze zjawiło się dwóch policjantów. Wyjaśniłam szefowej, że były chłopak mi grozi.

– Rób, co musisz. Nie ma sprawy, idź – powiedziała.

Na komisariacie usłyszałam, że Kas został zwolniony z aresztu we Włoszech. Serce mi zamarło.

– To, co robi teraz, klasyfikuje się jako nękanie – stwierdził jeden z policjantów. – Odnotujemy to. Niestety niewiele możemy zdziałać, jeśli nie złoży pani doniesienia. Ale jeżeli stanie się coś jeszcze, musi pani nas natychmiast powiadomić, a my wyślemy jednostkę interwencyjną.

Jak wiele razy wcześniej, spróbowałam wyobrazić sobie, co wiązałoby się ze złożeniem doniesienia na Kasa. Można to zrobić tutaj czy trzeba jechać do Włoch? Niezależnie od kraju, jak miałabym stanąć w sądzie i zeznawać przeciwko niemu? Zabiłby mnie – to byłaby dla niego największa zdrada i nigdy by mi tego nie wybaczył. Nawet gdyby został skazany na więzienie, kiedyś w końcu by wyszedł i znalazł mnie, a to oznaczałoby, że ta sprawa do końca życia się dla mnie nie skończy.

Czasami myślę: Właśnie w tej chwili może znęcać się nad inną dziewczyną i to moja wina, bo nie robiłam nic, żeby go powstrzymać. Ale wiem, że po prostu nie odważę się na ten krok. Kiedy zamknę oczy, znów widzę siebie we Włoszech, i to mnie nadal przeraża. Wiem, do czego jest zdolny Kas, kiedy się wścieknie; ale wiem też, że złość, którą widziałam, to nic w porównaniu z tym, jak by się zachował, gdyby przeze mnie trafił za kratki – nie odpuściłby, dopóki nie zapłaciłabym za to, co zrobiłam. Więc, mimo że bardzo chciałam go powstrzymać, złożenie doniesienia po prostu nie wchodziło w rachubę.

Chociaż wydaje mi się, że Robin od samego początku wiedział, że nie będę zeznawać przeciwko Kasowi, i chyba rozumiał dlaczego, poinformował mnie o programie ochrony świadka. Ale wtedy musiałabym zmienić tożsamość i gdzieś się wyprowadzić, podczas gdy ja właśnie rozpaczliwie usiłowałam odnaleźć tożsamość, którą straciłam. Kas tak bardzo zmienił moje życie i mnie samą, że myśl o tym, że miałabym rozstać się z Sophie Hayes i stać się kimś innym, wywoływała we mnie poczucie, że on by wygrał.

Więc żyłam dalej. Nie mogłam się zmusić, żeby zlikwidować konto, na które włamał się Kas, ale nigdy więcej z niego nie korzystałam. Przez to, że przed wyjazdem z Włoch dałam Kasowi kartę kredytową i numer PIN, musiałam wyrobić sobie nową kartę. Facetowi w banku co najmniej dwa razy powiedziałam:

– Bardzo mi zależy, żeby wykasował pan mój stary adres e-mailowy i wysyłał korespondencję wyłącznie na ten, który panu podałam.

Wyraźnie nadwerężyłam jego cierpliwość, ale zapewnił mnie, że zrozumiał i że wszystko będzie dobrze – a potem wysłał kopię e-maila z danymi nowej karty kredytowej na stary adres, i na nowy. Po kilku godzinach w nowej skrzynce znalazłam e-mail od Kasa.

„Ty głupia suko. Naprawdę myślisz, że chcę twoich pieniędzy? Myślisz, że cię okradnę? Nie potrzebuję twoich pieniędzy".

I cały proces musiałam zacząć od nowa.

Od czasu do czasu sprawdzałam starą skrzynkę. Kas wysyłał mi linki do piosenek i wiadomości w stylu: „Przepraszam. Kocham cię. Nie mogę o tobie zapomnieć. Nie mogę bez ciebie żyć. Potrzebuję cię przy sobie".

Za każdym razem nabierałam coraz głębszego przekonania, że jest stuknięty i że jakoś muszę sprawić, żeby uwierzył, iż zniknęłam z powierzchni ziemi.

Powiedziałam Erionowi o tym, co się dzieje,

– Zgłoś to Robinowi – poradził.

Ale z jakiegoś powodu – może wydawało mi się, że poradzę sobie z tym sama – nie skontaktowałam się z Robinem. Aż pewnego dnia dostałam pocztą list. Kas napisał po prostu: „Kocham cię. Przyjeżdżam".

Kiedy stałam w kuchni i w kółko czytałam te słowa, starając się oddychać, drżałam. Czułam identyczną panikę i dezorientację jak wtedy, kiedy na mnie krzyczał i mi groził. Minął prawie rok, odkąd wyjechałam z Włoch, a dopiero stojąc z listem od niego w ręce, uświadomiłam sobie, jaka byłam głupia, że nie zmieniłam miejsca zamieszkania. Chyba sądziłam, że skoro Kas jest za kratkami, mam mnóstwo czasu. Ale teraz miałam napięty każdy mięsień i wiedziałam, że grozi mi prawdziwe niebezpieczeństwo.

Więc tym razem powiedziałam Robinowi, a on znowu próbował mnie uspokoić.

– Nie przyjedzie. Nakaz aresztowania za napaść z bronią w ręku cały czas obowiązuje, więc nie będzie ryzykował, że go tu złapiemy. Naprawdę, Sophie, wszystko w porządku. Nie przyjedzie.

Ale żeby czuć się bezpieczniej, wynajęłam inne mieszkanie, a kiedy kilka dni później sprawdziłam starą skrzynkę e-mailową, znalazłam wiadomość od Kasa.

„Właśnie byłem u ciebie. Czemu się przeprowadziłaś, myszko? Gdzie się podziewasz? Jestem tu i cię potrzebuję. Rozmawiałem z taksówkarzami pod domem i mówili, że nie wiedzieli cię od jakiegoś czasu, a portier nie wie, dokąd się wyniosłaś. Ale nie przestanę cię szukać, dopóki cię nie znajdę".

Szlochałam, czytając to, i cały czas spoglądałam przez ramię, jakbym się spodziewała, że zobaczę go obok mnie w salonie, jak uśmiecha się tym swoim ponurym uśmiechem, który tak często był pierwszym sygnałem, że zaraz zacznie się piekło. Przez chwilę siedziałam skulona nad klawiaturą komputera, płakałam i od czasu do czasu rozglądałam się naokoło jak jakaś wariatka, która widzi rzeczy niewidzialne dla innych. W końcu wzięłam komórkę i wystukałam numer Robina.

– Nie ma go tu, Sophie – zapewnił, kiedy uspokoiłam się na tyle, żeby go wysłuchać. – Pewnie znalazł twój poprzedni adres w Google Earth i dzięki temu wie, że przed blokiem jest postój taksówek. Ale nie przyjedzie. Musiałby być wariatem, żeby ryzykować.

– Przyjedzie – wyszeptałam. – Bo jest wariatem. Myśli, że nikt mu nic nie zrobi, więc się nie boi. Wiem, że brzmi to niedorzecznie, ale ja go wyczuwam. Czego miałby się bać? Jeżeli go tu złapiecie, będzie deportowany. I co z tego? To dla niego nie problem.

– Nie przyjedzie – powtórzył Robin. – Jesteś bezpieczna. Staraj się nie martwić.

Naprawdę próbowałam posłuchać rady Robina, bo miałam dość tego, że boję się własnego cienia. Aż nagle kilka dni później, kiedy po pracy szłam przez śródmieście do autobusu, ktoś położył mi dłoń na ramieniu.

Nie miałam wątpliwości, że to Kas. Mimo logicznych zapewnień wszystkich, którzy mówili mi, jak lekkomyślny i niebezpieczny byłby dla niego powrót do Anglii, wiedziałam, że on nie kieruje się takimi zasadami jak inni. Uważał, że jest za sprytny i zbyt ważny, żeby obowiązywały go zwykłe prawa i przepisy, a ja zawsze czułam, że on po mnie wróci.

Zatrzymałam się i przez sekundę stałam na środku chodnika zupełnie bez ruchu, rejestrując tylko ciężar dłoni Kasa na swoim ramieniu. Krew dudniła mi w uszach, odgłosy miasta stały się przytłumione i odległe. Przebiegła mi przez głowę myśl, żeby się nie odwracać, tylko zacząć krzyczeć, a wtedy, jeżeli wszyscy przystaną i zaczną się przyglądać, Kas po prostu zniknie w tłumie.

Ale zdawałam sobie sprawę, że jeżeli zrobię scenę i ściągnę na siebie uwagę – nawet jeżeli ludzie mnie nie zignorują i nie będą udawać, że nic się nie dzieje – Kas znajdzie mnie znowu, na innej ulicy, innego dnia. Więc pełna strachu powoli odwróciłam głowę i spojrzałam w zimne oczy, które od tak dawna nękały mnie w koszmarach.

– Sophie, czemu się do mnie nie odzywasz? – powiedział z udawanym żalem. – Przecież dobrze mnie znasz. Czemu tak się mnie boisz? Co się z tobą porobiło, kobieto? Dlaczego patrzysz na mnie jak na terrorystę?

Mijało nas mnóstwo ludzi. Śmiali się, gadali ze sobą albo z przejęciem rozmawiali przez komórki, spiesząc się z pracy do domu. Nikt nie zwrócił uwagi na drobną, bladą, przestraszoną młodą kobietę ani na mężczyznę, który trzymał ją za łokieć i szeptał jej coś do ucha.

Chciałam strząsnąć dłoń Kasa ze swojej ręki i krzyknąć mu w twarz: Zostaw mnie w spokoju! To już koniec! Już się ciebie nie boję.

Ale to nie była prawda, a poza tym myślałam jedynie o tym, co zrobić, żeby się nie dowiedział, gdzie mieszkam i gdzie pracuję. Poza tym że się bałam, że siłą wtargnie do mojego życia, obawiałam się też, że może o mnie powiedzieć ludziom – o tym, co robiłam we Włoszech – a wtedy wszyscy mnie znienawidzą i zaczną mną gardzić. Musiałam przed nim udawać, że wszystko w porządku, bo chociaż widział, że kontaktowałam się z policją, to gdyby podejrzewał, że rozmawiałam z nimi o nim, zabiłby mnie.

Zawsze wiedziałam, że któregoś dnia mnie znajdzie, ale przeganiałam tę myśl, bo nie chciałam, a może nie potrafiłam się z nią zmierzyć. Dlatego nigdy nie próbowałam przygotować się na tę chwilę. Byłam w szoku. Bicie serca odbijało się głośnym echem w mojej głowie, a całe ciało drżało. Przez moment myślałam, że ugną się pode mną kolana i upadnę na zatłoczonym chodniku. Ale Kas chwycił mnie mocniej pod ramię, żeby mnie podtrzymać, i wbił mi palce w rękę, uśmiechając się chłodno i złośliwie.

– Co się z tobą dzieje, kobieto? Czemu tak się mnie boisz? Myślisz, że coś ci zrobię? Chcę tylko iść na kawę i pogadać.

A ja chcę tylko iść do domu, krzyknęłam, niestety jedynie w myślach.

Położył mi dłoń na policzku, obrócił moją twarz w stronę, w którą miałam iść, i ruszył obok mnie do kawiarni. Zamówił dwie kawy i poprowadził mnie do stolika na zewnątrz.

Kiedy grzebałam w torebce w poszukiwaniu papierosów i usiłowałam zapalić, Kas uważnie mnie obserwował. Wyczuwałam narastające w nim irytację i zniecierpliwienie. Z trudem przełykałam ślinę, żeby powstrzymać łzy. Nagle Kas sięgnął przez stolik i wyrwał mi zapalniczkę z drżących dłoni. Skrzywiłam się odruchowo, bo spodziewałam się, że mnie uderzy, ale on tylko popatrzył na mnie przez chwilę i przypalił mi papierosa.

– Co z tobą, kobieto? – spytał znowu. Nie oczekiwał odpowiedzi, ale gdyby chciał ją usłyszeć, powiedziałabym mu, że jest mi niedobrze, cała się trzęsę ze strachu i czuję się tak, jakbym nigdy się od niego nie uwolniła. Jak tylko go zobaczyłam, znów stałam się przerażoną Jenną, która nie jest w stanie się odezwać ani nawet trzeźwo myśleć, tylko czeka, żeby powiedział jej, co ma robić. – Daj mi swój telefon. – Wyciągnął rękę.

– Nie... nie mam telefonu – wyjąkałam, kuląc się w środku, bo sama słyszałam, jak nieprawdopodobnie to brzmi.

– Czemu kłamiesz? – warknął. – Czemu jesteś tak głupia, żeby mnie okłamywać? Dawaj swoją torbę.

Siedzieliśmy przy stoliku na świeżym powietrzu w centrum Leeds w biały dzień, otoczeni zwykłymi ludźmi, zajętymi codziennymi sprawami, a ja bałam się nie wykonać rozkazu Kasa. Podałam mu torebkę, a on wyjął z niej telefon.

– Nie rozumiem cię – mruknął. – Dlaczego nie dałaś mi go, kiedy poprosiłem? Wydaje ci się, że kim teraz jesteś? Jakąś policjantką w cywilu? – Spoglądał na mnie spokojnie, wypowiadając ostatnie pytanie. – Dlaczego tak się zmieniłaś?

Weź się w garść i zachowuj normalnie, nakazałam sobie. Żeby nie myślał, że masz coś do ukrycia.

To może być dla kogoś niewiarygodne, ale nie sądzę, żeby kiedykolwiek przeszło mu przez myśl, że powiedziałam komuś o tym, co mi zrobił. Chociaż wtedy sobie tego nie uświadamiałam, jego zbytnia pewność siebie i arogancja zakrawały na chorobę psychiczną; wydaje mi się, że wierzył w to, w co chciał wierzyć – włącznie z tym, że go kocham i celowo nigdy bym go nie skrzywdziła. A może po prostu nie obchodziło go, co robię albo co zrobiłam, bo był przekonany, że jest zbyt sprytny, żeby dać się złapać. Wybrał swój numer z mojej komórki, zadzwonił, wziął łyk kawy i oparł się na krześle.

– Teraz mam twój numer – oznajmił zadowolony z siebie, z uśmiechem pełnym satysfakcji.

– Po co przyjechałeś? – wypaliłam. – Czego chcesz?

– Mówisz tak, jakbyś nie była zadowolona, że mnie widzisz. – Na jego twarzy malował się udawany smutek. – Nie cieszysz się, że tu jestem? Myślałem, że mnie kochasz, kobieto.

Nawet nie wiem, kim jesteś, odparłam w duchu. I nie sądzę, żeby ktokolwiek mógł naprawdę cię kochać, nie wyłączając twojej matki.

– Nawet nie wiesz, jak bardzo za tobą tęskniłem – powiedział, a jego smutek zamienił się w powagę. – Och, moja mała myszko, chcę tylko, żebyś do mnie wróciła. Nie będziesz musiała nic robić.

Bądź mądra, ostrzegał mnie głos w mojej głowie. Nie pozwól, żeby cię pobił. Wykorzystaj to, czego uczył cię o zachowaniu bezpieczeństwa na ulicy.

Dotarło do mnie, że tym razem jestem we własnym kraju, i chociaż nie sądziłam, że naprawdę zdołam się przeciwstawić Kasowi, może miałam szansę, żeby go przechytrzyć.

– Muszę iść – rzuciłam. Starałam się, żeby mój głos brzmiał jak najbardziej naturalnie.

– Dobrze, zadzwonię do ciebie. – Wstał, a kiedy się pochylałam, żeby odsunąć swoje krzesło, położył ręce na moich ramionach i pocałował mnie w oba policzki.

Wracałam do domu długą, okrężną drogą. Co kilka sekund oglądałam się przez ramię jak przerażone ścigane zwierzę. Ale, ku mojej uldze, nie widziałam go i zaczęłam myśleć, że może jednak dam radę mu się postawić, a kiedy do mnie zadzwoni, będę w stanie powiedzieć: Nie chcę cię tu, odejdź, a on zrozumie, że między nami wszystko skończone, i zostawi mnie w spokoju. To była fantazja, w którą tak naprawdę chyba nie wierzyłam, bo wiedziałam, że ludzie tacy jak Kas nigdy się nie poddają. W jego oczach należałam do niego i nie zamierzał tak po prostu dać mi odejść.

Erion nie planował odwiedzić mnie po pracy, więc kiedy w końcu dotarłam do domu, zamknęłam drzwi wejściowe na klucz i zasuwę, a potem usiadłam na podłodze w salonie. Oparta o sofę, paliłam papierosa i próbowałam się skupić, żeby przeanalizować swoją sytuację.

Zachowaj spokój, powtarzałam sobie. Zachowaj spokój i wszystko będzie dobrze. Ale co właściwie miałam zrobić? Już zdecydowałam, że nikomu nie powiem o tym, że Kas przyjechał – na zasadzie: to co niewypowiedziane nie jest prawdą. Nadal się go bałam i byłam przekonana, że nikt inny nawet sobie nie wyobraża, do czego ten człowiek jest zdolny, jeżeli ktoś próbuje mu się sprzeciwić albo wchodzi mu w paradę. Przede wszystkim bałam się, że jeżeli wciągnę kogoś w tę sprawę, Kas zrealizuje groźbę, którą tyle razy powtarzał, i naprawdę zrobi krzywdę mojej rodzinie. Więc, chociaż teraz to brzmi niedorzecznie, do następnego dnia właściwie udało mi się przekonać siebie, że sama poradzę sobie z tą sytuacją. Kas nie wiedział, gdzie mieszkam, i dopóki się nie dowie, byłam względnie bezpieczna. Nagle ledwie wróciłam z pracy do domu, dostałam SMS: „Jestem przed twoim blokiem".

Rzuciłam telefon na sofę i zaczęłam biegać od pokoju do pokoju w szaleńczej panice. Chowałam wszystko, co miało związek z Erionem, policją albo organizacją STOP THE TRAFFIK. W sypialni była obluzowana klepka podłogowa. Skrzypiała, kiedy po niej chodziłam, co mnie zawsze irytowało, ale teraz się cieszyłam, że jej nie naprawiłam. Podważyłam ją z jednej strony i podniosłam na tyle, że udało mi się wsunąć pod spód trochę papierów. I wtedy zadzwonił telefon.

– Nie waż się w ten sposób mnie lekceważyć! – wrzasnął Kas, jak tylko odebrałam. – Wiem, że tam jesteś. Czemu udajesz, że cię nie ma? Wpuść mnie w tej chwili albo znajdę inny sposób, żeby się do ciebie dostać, i połamię ci wszystkie kości.

Kiedy powoli szłam przez salon, żeby wcisnąć guzik domofonu, głos w mojej głowie krzyczał: Nie! Nie rób tego! Nie otwieraj drzwi!

Ale nie wiedziałam, co innego mogę zrobić, i kilkanaście sekund później przede mną stał Kas.

– Co tak długo nie otwierałaś? Zachowujesz się, jakbyś miała coś do ukrycia. Próbujesz coś przede mną ukryć, kobieto? Powinienem na ciebie uważać, co? Czemu? Czemu mi to robisz? Powinienem mieć obsesję, że coś knujesz? Czemu? Czemu mi to robisz?

– Niczego nie robię – wymamrotałam. – Przepraszam. Obiecuję.

– Nie musisz się mnie bać. – Wzruszył ramionami. – Chcę tylko z tobą porozmawiać, upewnić się, że u ciebie wszystko w porządku. Wpadnę jutro.

Nie! Odejdź, błagałam w duchu. Nie chcę cię tu. Nie chcę cię w swoim życiu. Ale wiedziałam, że Kas znów kieruje sytuacją.

Następnego dnia w biurze bez przerwy popełniałam głupie błędy. Zawsze zależało mi, żeby dobrze wykonywać swoją pracę, a przez to, że nie mogłam się na niczym skupić, nic mi nie wychodziło i stawałam się jeszcze bardziej niespokojna i nieszczęśliwa. Myślałam tylko o tym, że wieczorem znowu przyjdzie Kas.

Mimo że w Anglii byłam już rok, nadal nie pozbierałam się psychicznie i nie miałam w Leeds wielu przyjaciół. Ciężko się z kimś zaprzyjaźnić, kiedy panicznie boisz się pytań o to, co wcześniej porabiałeś. Musiałabym albo kłamać, albo odpowiedzieć: „Och, pracowałam na ulicy we Włoszech".

Poza tym kiedy człowiek nienawidzi w sobie dosłownie wszystkiego, nie oczekuje, że inni go polubią. Były dni, kiedy wstawałam, malowałam się, układałam włosy, ubierałam się, spoglądałam w lustro i myślałam: Nie. Zmywałam makijaż, wkładałam głowę pod prysznic i przebierałam się – czasami powtarzałam ten głupi, frustrujący proces na nowo i na nowo, aż w końcu postanawiałam, że w ogóle nie wychodzę.

Dostałam obsesji na punkcie wyglądu i byłam przekonana, że ludzie patrzą na mnie jak na dziwadło. To się jeszcze zdarza, ale już nie tak często.

Ale wtedy jeszcze po prostu nie mogłam wyjść z mieszkania, bo nie potrafiłam odnaleźć siebie. Kiedy spoglądałam w lustro, nie poznawałam dziewczyny, która na mnie patrzyła, i czasami tak stałam i myślałam: Kim jestem?

W nieunikniony sposób Erion i ja oddalaliśmy się od siebie i chociaż nadal byliśmy „razem", nie przesiadywał u mnie tak często jak dawniej.

– Czemu zawsze słuchasz takiej ponurej muzyki? – pytał. – Ciężko być z kimś, kto ciągle jest nieszczęśliwy.

Wiedziałam, że ma rację, nie mogło być łatwo żyć z kimś, kto nienawidzi siebie tak bardzo jak ja i kto na punkcie wszystkiego ma paranoję. Najmniejszy hałas albo nagły ruch sprawiały, że podskakiwałam.

– Zachowujesz się, jakbyś się bała, że zaraz cię uderzę – mówił ze smutkiem. – Przykro mi, bo wiesz, że nigdy bym tego nie zrobił.

Byłam totalnie zdezorientowana i niepewna, więc pewnie po części dlatego podjęłam głupią decyzję, że spróbuję poradzić sobie z Kasem na własną rękę. Nie wiem, jak udało mu się niepostrzeżenie pójść za mną do domu. Może zrobił to za niego ktoś inny. Może naprawdę wszędzie miał swoich ludzi, którzy pilnowali, żebym posłusznie wykonywała jego polecenia.

Tamtego wieczoru, kiedy wcisnęłam guzik domofonu i otworzyłam drzwi, a Kas wszedł do mieszkania, nie udawałam, że cieszę się na jego widok. Musiał wyczytać z mojej twarzy strach i urazę.

– Dlaczego się tak zachowujesz? – spytał. – Co ci takiego zrobiłem, że się mnie boisz?

Mało się nie roześmiałam. Chciałam krzyknąć: Jesteś nienormalny? Do końca zwariowałeś i nie rozumiesz, co mi zrobiłeś?

Ale się nie odezwałam ani słowem, a on stwierdził, że jestem śmieszna i że zachowuję się żałośnie.

– Nikt nie wie, że tu jestem – powiedział. – Bez problemu mógłbym wziąć poduszkę, przycisnąć ci ją do twarzy i czekać, aż przestaniesz oddychać. Nawet pies z kulawą nogą by się nigdy nie dowiedział, co się stało. Pamiętaj o tym i dobrze się zastanów, zanim zaczniesz mi okazywać brak szacunku.

Następnego wieczoru znów przyszedł, żeby przedstawić mi plan, jaki sobie ułożył w swojej chorej głowie.

– Musisz coś dla mnie zrobić – poinformował, a serce zaczęło mi bić tak szybko, że nie mogłam oddychać. – Chcę, żebyś wróciła do pracy. Masz mieszkanie, więc nie będziesz musiała wystawać na ulicach. – Mówił to tak, jakby wyświadczał mi grzeczność lub przysługę, a ja poczułam się jak w pułapce surrealistycznego koszmaru. – Teraz będzie łatwo. Masz dach nad głową, znasz język, więc to łatwy pieniądz. Pamiętaj, myszko, jesteś kopalnią złota. Jesteś cudowna.

– Nie mogę – wydusiłam. – Nie mogę tego zrobić.

– Przestań – przymilał się Kas. – Przecież to nic wielkiego. Możesz normalnie chodzić do biura. Nie proszę cię, żebyś rzuciła pracę. Z klientami będziesz spotykać się w piątki i soboty, tylko dwie noce w tygodniu. – Nagle przestał być miły. – Czemu robisz z tego taką aferę?! – krzyczał ze złością. – Proszę cię tylko o to, żebyś rozkładała nogi i uprawiała seks przez dwie noce w tygodniu. Czemu tak na mnie patrzysz? Nie każę ci nikogo zabijać. Nie musisz nawet łamać prawa. Co się z tobą dzieje, kobieto?

Po raz pierwszy odkąd pamiętałam, poczułam przypływ determinacji. Nic wielkiego, ale wystarczyło, żebym mogła spojrzeć mu prosto w oczy.

– Nie – odparłam stanowczo. Nagle przestało mnie obchodzić, co ze mną zrobi, bo wiedziałam, że nie ma takiej siły, która zmusiłaby mnie, żebym wróciła do życia w strachu, samotności i wstydzie.

– Myślisz, że dłużej będę cię prosił? – warknął, a ja niemal zobaczyłam, jak się gotuje ze złości. – Nie wiesz, jak łatwo mógłbym cię wywieźć z tego kraju, gdybym chciał? Jak prosto byłoby ci wstrzyknąć lek, po którym straciłabyś przytomność, wrzucić cię na pakę ciężarówki i wywieźć z Anglii, zanim ktokolwiek by się zorientował, że cię nie ma? – Mniej więcej to samo mówił mi już wcześniej i wiedziałam, że to prawda. – Zastanów się nad tym – powiedział. – Nie jestem nierozsądny, dlatego dam ci trochę czasu, żebyś zdecydowała, co wolisz. Wrócę jutro.

Otworzył drzwi i wyszedł z mieszkania, a ja skuliłam się na sofie i zaczęłam płakać.

Nie wrócił następnego wieczoru ani jeszcze następnego, ale dzwonił kilka razy, żeby mi przypomnieć, że mnie obserwuje. Zrozumiałam, że nie poradzę sobie sama. Dlatego którejś nocy, kiedy usłyszałam, jak Erion przekręca klucz w zamku, postanowiłam mu opowiedzieć, co się stało.

– Dzwonię do twojej mamy – oznajmił od razu. – Dlaczego, do diabła, wcześniej nie pisnęłaś o tym ani słowem? Dlaczego nie pozwoliłaś, żebym ci pomógł? Dlaczego odpychasz wszystkich, kiedy wiadomo, że potrzebujesz pomocy?

– Nie dzwoń do niej teraz – wyszlochałam. – Jest druga w nocy. O tej porze nic nie poradzi, będzie się tylko martwiła. Proszę, Erion, ja jej powiem, jak przyjdzie odpowiedni moment.

Zgodził się poczekać, objął mnie i zasnął. Wiedziałam, że odsuwając go od swoich problemów, ryzykowałam, że go stracę.

Następnego dnia musiałam pojechać na służbowe spotkanie do Londynu. Kiedy siedziałam w pociągu i patrzyłam nieruchomym wzrokiem na świat pędzący za szybą, czułam się tak, jakbym była uwięziona w wirze. Kręciłam się coraz szybciej i szybciej i czekałam na moment, kiedy wir mnie wypluje i będę musiała próbować wylądować na nogach.

Około jedenastej trzydzieści zabrzęczał mój telefon, a na wyświetlaczu pojawił się numer Robina. Spotkanie już się zaczęło, więc przeprosiłam zebranych, mruknęłam coś o tym, że muszę odebrać „ważny telefon", i wyszłam z sali na korytarz.

– Właśnie rozmawiałem z twoją mamą i Erionem – odezwał się Robin. – Erion nam o wszystkim powiedział. Jezu, Sophie, dlaczego nic nie mówiłaś? Mogłaś przyjść do mnie. Dlaczego przynajmniej nie zadzwoniłaś?

– Myślałam, że sama sobie poradzę. – Te słowa zabrzmiały głupio nawet dla mnie.

– Najwyraźniej nadal nie rozumiesz, z czym masz do czynienia. – Westchnął i powtórzył wszystkie wyrzuty Eriona, jakie słyszałam poprzedniej nocy. – Widocznie nie dociera do ciebie, w co jesteś wciągnięta ani jakie grozi ci niebezpieczeństwo, bo inaczej wiedziałabyś, że sama z tym facetem nie wygrasz. Ale rozumiem – dodał łagodniej. – Wiem, że jesteś na tyle w to uwikłana, że nie potrafisz z boku ocenić tej sytuacji i zobaczyć tego, co widzą inni. Ale musisz zrozumieć, Sophie, że nigdy nie pokonasz faceta takiego jak on. On nie kieruje się zasadami, którymi kierują się normalni ludzie, jak ty i ja. On tworzy własne prawo, oparte na jednym niezmiennym fakcie: liczy się tylko on sam i to, czego chce. Musisz pozwolić mi się tym zająć.

Sama często myślałam o Kasie w ten sposób i z ulgą słuchałam Robina. Do tamtej chwili wydawało mi się, że wyłącznie ja rozumiem, do czego jest zdolny Kas i że całym jego postępowaniem rządzi jego wysokie mniemanie o sobie. Ale prawda wyglądała tak, że bałam się go na tyle, że byłam ostatnią osobą na świecie, która powinna z nim walczyć.

Po rozmowie z Robinem dostałam SMS od Eriona. „Przepraszam. Ale nawet jeżeli już do końca życia się do mnie nie odezwiesz, musiałem się z nimi skontaktować. Możesz mnie nienawidzić, ale zrobiłem to dla ciebie".

Wytarłam rękawem łzy, które płynęły mi po twarzy. Po chwili telefon znów zadzwonił.

Jak tylko usłyszałam głos matki, zorientowałam się, że ze zmartwienia odchodzi od zmysłów. Później mi powiedziała, że nigdy nie zapomni telefonu Eriona tamtego dnia, tego, jaki był przybity i przygnębiony, i że zawsze będzie mu wdzięczna, że zdecydował się wyznać jej prawdę. Natychmiast zadzwoniła do Robina. Kilka minut po ich rozmowie, skontaktował się z nimi Erion.

– Teraz do mnie dotarło, że widziałem go w kawiarni, i wiem, że nie mogę tak stać bezczynnie – powiedział. – Jeżeli nikt inny go nie powstrzyma, zrobię to sam.

– Rozumiem, co czujesz, ale uspokój się – prosił Robin. – Nie mogliśmy podjąć żadnych działań, bo był we Włoszech, a Sophie nie chciała złożyć na niego doniesienia. Ale teraz, kiedy jest tutaj, przejmujemy tę sprawę. Sophie musi na trochę wyjechać z Leeds, żebym miał czas coś wymyślić.

Jakoś przetrwałam ten dzień do końca w Londynie i kiedy nazajutrz przyjechałam do Leeds, mama czekała na mnie w moim mieszkaniu. W ciągu dwóch godzin wyniosłyśmy stamtąd najważniejsze rzeczy. Moja szefowa już wiedziała, co się dzieje, a kiedy poszłam do pracy i oznajmiłam, że muszę wyjechać, zareagowała wspaniale.

– Jedź i niczym się nie przejmuj. Ja się tu wszystkim zajmę. Na pewno znajdziemy sposób, żebyś mogła pracować z domu.

Po raz kolejny zostawiłam życie w Leeds, tym razem wróciłam do domu z mamą i czekałam na wiadomości od Robina.

Dużo później Erion powiedział mi, że parę dni po moim wyjeździe szedł z kumplem przez centrum miasta i zatrzymał ich facet, kolega kolegi Eriona, i przedstawił mężczyznę, który mu towarzyszył, jako Kasa. Erion był przerażony, ale podał rękę Kasowi, żeby zachować pozory, żeby się nie wydało, iż wie, kim ten gość jest. Musiał odwrócić wzrok, żeby Kas nie dostrzegł złości i nienawiści w jego oczach. Jednak nie sądzę, że Kas by je zauważył, bo na pewno żył w błogim przeświadczeniu, że nikomu nie pisnęłam ani słowa o tym, co mi zrobił ani że wrócił do Leeds, żeby mnie znaleźć. Erion często chodził do knajpy popularnej wśród Albańczyków i innych obywateli Europy Wschodniej i właśnie tam dowiedział się, że Kas zaprzyjaźnił się z kierowcą ciężarówki, który wyjeżdża za granicę.

– To nie jest zwykła przyjaźń – wyjaśnił mojej matce. – Facet zamierza porwać Sophie. Ona się strasznie boi, ale nawet sobie nie wyobraża, w jakim naprawdę jest niebezpieczeństwie. Nie może walczyć z kimś takim sama.

Kilka dni później zadzwonił do mnie Robin.

– Na parę dni wywieziemy cię z kraju, załatwiliśmy ci pobyt w bezpiecznym domu w Niemczech u krewnych kogoś, kto pracuje dla STOP THE TRAFFIK. Musisz zniknąć. Zmień numer telefonu i nie pisz nic na żadnym portalu społecznościowym, nawet nie loguj się na MySpace, Facebooku czy innym. Skasuj konta. Wszystko pozamykaj.

Zrobiłam, jak mi poradził, i czterdzieści osiem godzin później siedziałam w samolocie. Dałam się nieść fali i zastanawiałam się, dokąd, u licha, mnie zaniesie.

Rozdział 15

Niemieckie małżeństwo, u którego mieszkałam, było dla mnie bardzo miłe. Robiłam zakupy i gotowałam z gospodynią, wyjeżdżałam sama na długie rowerowe przejażdżki po okolicy.

Po trzech dniach zadzwonił Robin.

– Nie musisz się już martwić. Mamy go.

Wybuchłam płaczem, a cały strach i niepokój, które narastały we mnie od dawna, eksplodowały jak powietrze z przekłutego balonu.

– Dziękuję. Dziękuję. – Tyle tylko zdołałam wydusić z siebie na początku. Ale w końcu uspokoiłam się i Robin opowiedział mi, co się wydarzyło.

Po moim wyjeździe z Leeds policja zatrzymała i przeszukała Kasa w okolicy uczęszczanej przez dilerów narkotyków. Miał przy sobie kilka paszportów, wszystkie wydane w różnych krajach na różne nazwiska i karty z jego fotografią. A kiedy został aresztowany i zrobili mu odcisk palca, okazało się, że widnieje w bazie policyjnej jako poszukiwany.

Wróciłam do Anglii tydzień później, a niedługo potem Kas dostał wyrok: rok więzienia, a następnie deportacja do Albanii.

Poczułam, że ręka, która od tak dawna ściskała moje gardło, przestała mnie dusić i znów mogę oddychać. Nie musiałam już się bać własnego cienia, nie musiałam cały czas oglądać się przez ramię, chociaż nie wiem, czy kiedykolwiek zupełnie pozbędę się tego nawyku. Nawet teraz podskakuję na każdy głośniejszy dźwięk i krzywię się, kiedy ktoś z jakiegokolwiek powodu podnosi przy mnie rękę.

Chociaż Kas poszedł siedzieć, nadal czasami przeszukiwałam Internet, żeby gdziekolwiek znaleźć jego nazwisko albo jakiś znak, który mógłby wskazywać, że znów się uaktywnił – i dopiero kiedy nic nie znajdowałam, spokojnie kładłam się spać. Aż nagle dzień przed Bożym Narodzeniem, jakieś osiem miesięcy po tym, jak zapadł wyrok, zajrzałam na jeden z portali społecznościowych i zobaczyłam, że data ostatniego wejścia Kasa zmieniła się z maja na grudzień. Wpatrywałam się w ekran i nie potrafiłam zrozumieć tego, co widzę, i chociaż mówiłam sobie, że to pomyłka i że niemożliwe, żeby logował się na tej stronie zaledwie kilka dni wcześniej, spanikowana zadzwoniłam do Robina.

– Jest w więzieniu, Sophie. To nie mógł być on.

– Mylisz się, Robin – upierałam się, wiedząc, że wychodzę na histeryczkę z paranoją. – Mówię ci, wypuścili Kasa.

– W porządku – odparł. – Żeby cię uspokoić, popytam i do ciebie oddzwonię.

Okazało się, że miałam rację. Po odbyciu połowy kary został deportowany do Albanii. I już przestałam czuć się bezpieczna. Doskonale zdawałam sobie sprawę, że jeżeli będzie chciał zaryzykować i po mnie przyjechać, znajdzie na to sposób. Mogłam jedynie mieć nadzieję, że stwierdzi, że nie jestem tego warta.

Nadal z jakiegoś powodu myślę o nim prawie codziennie i czasami zastanawiam się, czy on krzywdzie jakąś inną biedną dziewczynę, i modlę się, żeby tak nie było. Ludzie mówią, że rozumieją, dlaczego nie jestem w stanie zmusić się, żeby złożyć na niego doniesienie, i że od nikogo na moim miejscu nie oczekiwaliby, że zaangażuje się w takie okropne postępowanie, zwłaszcza że nie ma żadnej gwarancji na to, że Kas zostanie skazany. Ale ja czuję się ciągle winna z tego powodu i chciałabym być odważniejsza.

Przeprowadzka do mamy, ojczyma i siostry tamtego lata była najlepszą decyzją, jaką mogłam podjąć. Niemal cały czas spędzałam z Emily i wiem, że bez jej i mamy pomocy nie dałabym rady zbliżyć się do normalności i znów robić „normalne rzeczy".

Moja szefowa też postąpiła wspaniale. Zorganizowała pracę tak, że wykonywałam obowiązki z domu. Później, niedługo po powrocie z Niemiec, zgodziłam się na przeniesienie do biura w Londynie i skorzystałam z okazji, żeby zacząć wszystko od nowa w nowym miejscu.

Z Erionem spotykałam się od czasu do czasu, ale przez tych kilka lat od chwili, kiedy się poznaliśmy i w sobie zakochaliśmy, nasz związek przeszedł wiele ciężkich prób. To chyba było nieuniknione, że w końcu zaczną być widoczne oznaki napięcia, i chyba zanim Erion powiedział mi, że nie potrafi sobie już z tym radzić, przeczuwałam, że się rozstaniemy.

– Bez względu na to, co się stanie, w razie potrzeby zawsze możesz na mnie liczyć. – Płakał, kiedy to mówił.

Dotrzymał słowa, przyjechał do mnie na weekend po mojej przeprowadzce do Londynu i czasami dzwonił zapytać, jak się miewam. W ostatnie święta Bożego Narodzenia przysłał mi SMS: „Tęsknię za tobą. Szkoda, że nie możemy cofnąć czasu".

Ja też tego żałowałam.

Żałowałam, że życie nie potoczyło się inaczej, że nie wyjechałam do Albanii, żeby wyjść za Eriona, kiedy miałam okazję, bo to, że go straciłam, jest jedną z rzeczy, których nigdy sobie nie wybaczę. Ale za późno. Nie da się patrzeć w przyszłość, kiedy człowiek bez przerwy ogląda się za siebie – z jakiegokolwiek powodu – i wiem, że tego, czego pragnę, już nie ma. Zbyt wiele się wydarzyło od czasu, gdy byliśmy ze sobą, za bardzo się zmieniłam i nie jestem już tamtą dawną Sophie z czasów, kiedy się poznaliśmy. Ale wiem, że Erion to jedyny mężczyzna, który naprawdę mnie kochał, i to, że go straciłam, zawsze będzie napełniać mnie smutkiem.

Rzadko, ale sprawdzam swoje stare konto e-mailowe, i parę miesięcy temu znalazłam wiadomość od Kasa: „Kocham cię. Tęsknię za tobą. Mam nadzieję, że jesteś szczęśliwa".

Nie tak dawno temu, gdybym przeczytała coś takiego, wpadłabym w spiralę strachu i paniki, ale teraz właściwie trochę mi go żal, bo on nigdy nie zrozumie ani nie doświadczy tego, czym jest prawdziwa miłość.

Gdybym znów musiała stanąć z nim twarzą w twarz, nadal bym się go bała, ale tylko dlatego, że tak zostałam przez niego zaprogramowana, bo teraz mam więcej siły niż kiedyś i nie jestem sama. Już wiem, że nie może mi zrobić nic złego, i wydaje mi się, że zdobyłabym się na odwagę, żeby mu powiedzieć: Zostaw mnie w spokoju.

Kiedy przyjechał po mnie do Leeds, w pewnym sensie wcale się nie zdziwiłam. Po prostu to przeczuwałam. Mimo to miałam klapki na oczach i nie byłam gotowa, żeby sobie z nim poradzić. Ale nie sądzę, żeby pojawił się w Anglii raz jeszcze. On troszczy się wyłącznie o siebie samego, a przyjazd tutaj wiązałby się dla niego ze zbyt dużym ryzykiem, więc po co miałby je podejmować.

Kiedyś byłam na tyle zdesperowana, że wierzyłam, że on mnie kocha, i prawie zdołałam sobie to wmówić, chociaż wszystko, co mówił i co robił, dowodziło czegoś innego. Ale na przekór wszelkim przeciwnościom przeżyłam te miesiące we Włoszech i teraz zawzięłam się, że też przetrwam. Nie będę ciągle drżała ze strachu, a już na pewno nie pozwolę, żeby rządził mną facet taki jak Kas. Jestem silniejsza i sama chcę kierować swoim życiem, podejmować decyzje. Jeżeli kiedykolwiek przyjdzie mi się z nim zmierzyć, spotkam się z nim z podniesioną głową i postaram się stawić czoło wyzwaniu.

– Mój Boże, jak ty sobie z tym wszystkim poradziłaś? – pytają ludzie, którzy wiedzą, co przeżyłam.

– Musiałam, nie miałam wyjścia. – Tylko tyle mogę im odpowiedzieć.

Owszem, przejmuję się wieloma rzeczami, zwłaszcza swoją pracą, żeby dobrze wykonywać obowiązki, i zawsze we wszystko, czym się zajmuję, wkładam największy wysiłek, na jaki mnie stać, żeby mieć pewność, że nie zawiodę i że ludzie nie będą źle o mnie myśleć, co pewnie jest dla mnie ważniejsze, niż powinno być. Ale staram się pamiętać, żeby być dumną z tego, że udało mi się pokonać tak wiele przeciwności.

To, co przeżyłam przez Kasa, otworzyło mi oczy na potworne rzeczy, jakie niektórzy ludzie robią innym. Praca dla STOP THE TRAFFIK pomaga mi jakoś spożytkować tamto doświadczenie, choć wcześniej uważałam je za całkowicie i niepodważalnie negatywne. Chcę je wykorzystać, próbując pomagać tym, którzy koniec końców nie mieli tyle szczęścia co ja, oraz uświadamiać na temat handlu ludźmi. Łatwo oceniać dziewczyny z ulicy, że to osoby niemoralne albo narkomanki, nawet nie zastanawiając się nad tym, dlaczego zarabiają jako prostytutki. A prawda wygląda tak, że wiele z nich jest sprzedawanych i pracują przez długie, wyczerpujące i wyniszczające duszę godziny dla mężczyzn, którzy są dla nich okrutni i brutalni. Bez przerwy się boją, nie tylko tego, co może się im stać, jeżeli okażą nieposłuszeństwo, ale także bardzo realnych gróźb pod adresem ich rodzin lub bliskich.

Jakim trzeba być człowiekiem, żeby urządzać takie piekło drugiemu?

Obecnie poza pogadankami, w których uczestniczę w ramach pracy dla STOP THE TRAFFIK, nie opowiadam o tym, co przeżyłam. Chcę być Sophie. Czasami jednak czuję się tak, jakbym prowadziła podwójne życie, chociaż wolę myśleć, że żyję swoim życiem, życiem Sophie, i że Jenna została w przeszłości. Ukrywanie prawdy bywa trudne. Na przykład kiedy zbyt ostro reaguję na coś, nie mogę wytłumaczyć dlaczego, jak wtedy kiedy ktoś w pracy strzelił do mnie z zabawkowej broni, a ja z krzykiem padłam na ziemię.

Nie jestem jeszcze na tyle odważna, żeby stanąć z podniesioną głową i otwarcie wszystkim opowiadać o swoich doświadczeniach, ale wiem, że kiedyś nadejdzie taki czas.

Mimo że patrząc na mnie, ciężko byłoby odgadnąć, przez co przeszłam, ja nadal noszę to w sobie i mam problem z rozróżnianiem uczucia. Ostatnio zerwałam z chłopakiem po mniej więcej rocznym związku i zaskoczyło mnie jedynie to, że był ze mną tak długo. Zawsze, kiedy mi mówił, że mnie kocha, pytałam:

– Dlaczego? Skąd wiesz?

Taka reakcja nie sprawia, że miłość kwitnie.

Nadal muszę mocno się starać, żeby nie żałować pewnych rzeczy – że tamtego lata nie pojechałam do Albanii i nie wyszłam za Eriona, że poznałam Kasa, że Steve nie jest moim prawdziwym ojcem i że prawdziwy ojciec mnie nie kochał. Jason mówił mi, że kiedy ojciec usłyszał od niego o Kasie i o tym, co przeżyłam we Włoszech, oznajmił:

– Połamiemy mu gnaty.

Ale nigdy nie zadzwonił nawet spytać, co u mnie. I chociaż chciałabym wierzyć, że powiedział coś takiego, wydaje mi się, że bratu po prostu zależało, żebym poczuła się lepiej.

Poza bliznami na psychice, jakie zostawił Kas, jego brutalne traktowanie wywołało długotrwałe problemy z kręgosłupem i karkiem. Niedawno stwierdzono, że częste bóle głowy są spowodowane poważnymi uszkodzeniami kręgosłupa i trzeba to leczyć. Zaczęły się nagle, ni stąd, ni zowąd i są prawie nie do zniesienia, przez co nie mogę funkcjonować całkiem sprawnie. Najgorsze ze wszystkiego jest jednak to, że nieustannie przypominają mi o przemocy Kasa, o jego niemal codziennych fizycznych atakach na mnie.

Na szczęście jednak w końcu zaczynam uczyć się akceptować fakt, że pewnych rzeczy nie można zmienić i nie ma sensu marnować życia na złudne nadzieje. Często czuję się tak, jakbym wspinała się po drabinie, na której szczycie znajdują się dobre rzeczy, a ja wierzę, że pewnego dnia je osiągnę – i chodzi tu między innymi o zyskanie poczucia własnej wartości, możliwość pogodzenia z samą sobą i bezwarunkowego pokochania kogoś. W tej chwili pokonałam dopiero kilka szczebli i tego szczytu nawet nie widzę. Ale wiem, że jeżeli będę się dalej wspinać, dotrę tam, bez względu na to, ile czasu mi to zajmie.

Podziękowania

Przez kilka pierwszych lat po powrocie do domu czułam się tak, jakbym była w czyśćcu. Jeden człowiek pozbawił mnie paru lat młodości, kiedy powinnam być szczęśliwa. Wiem, że nigdy nie odzyskam utraconych lat, ale mogę dopilnować, żeby stały się fundamentami nowego życia – dla mnie i, mam nadzieję, również dla innych. Każdy zasługuje na wolność, na to, żeby respektować jego podstawowe prawa człowieka, i chociaż ta osoba ukradła moją wolność, zrobię wszystko, co w mojej mocy, żeby walczyć i coś zmienić.*

---

* Niedawno założyłam fundację Sophie Hayes Foundation (www.sophiehayesfoundation.org) w nadziei, że będę mogła przyczynić się do wzrostu świadomości i pozyskać fundusze, by wesprzeć organizacje pozarządowe w ciężkiej walce z handlem ludźmi i pomocy ofiarom tego strasznego procederu. Jeśli chcecie opowiedzieć jakąś podobną historię albo po prostu skontaktować się z kimś, kto zdołałby zrozumieć, jak się czujecie, proszę, napiszcie do mnie za pośrednictwem mojej strony. Z radością zamieszczę na niej historie „ocalałych", aby inni zobaczyli, że nawet na końcu najdłuższego i najciemniejszego tunelu może być światełko.

Najtrudniejsze przy pisaniu tej historii było to, że dla mnie to nie jest jakaś tam historia. To moje życie i każdego dnia, w ten czy inny sposób, coś mi przypomina tamte wydarzenia. Obrazy tego, co się stało, są w mojej głowie tak wyraźne, jakbym raz za razem odtwarzała ten sam film. Ale to nie sprawia, że jestem słabsza, wręcz przeciwnie, umacnia moją siłę, którą odzyskałam dzięki innym ludziom. Pamiętam, że jestem silna, i nie pozwolę, żeby ten człowiek mnie pokonał. To mnie pobudza i motywuje do tego, aby dać z siebie, co tylko zdołam, by zapobiec podobnym tragediom.

Cudowni ludzie, którzy mnie chronili i prowadzili po moim powrocie do Wielkiej Brytanii, uratowali mi życie. To dzięki nim mogłam napisać tę książkę i z całego serca pragnę im podziękować.

Ciężko mi ze świadomością, ile musiała znieść moja mama. Ja przez to wszystko przechodziłam, a ona mogła jedynie wyobrażać sobie, co się ze mną dzieje. Sama nie wiem co gorsze. Rodzina jest dla mnie całym światem; wspierali mnie i nigdy nie traktowali inaczej po tym, co zaszło. Mama i ojczym są moimi aniołami stróżami nie tylko dlatego, że uratowali mnie przed losem, o którym wolę nawet nie myśleć.

Miałam wielkie szczęście, że udało mi się skontaktować z organizacją STOP THE TRAFFIK. Szczególnie dziękuję Bex, która była moim kołem ratunkowym, kiedy myślałam, że lada chwila utonę; stała się moją przyjaciółką i inspiracją i nigdy nie zdołam się jej odwdzięczyć za to, co dla mnie zrobiła. Jestem również dłużniczką Ruth, Simona i reszty ekipy STOP THE TRAFFIK – są dla mnie jak rodzina. Dziękuję także przyjaciołom, którzy pomogli mi spojrzeć na świat inaczej – jako na miejsce, gdzie żyją wspaniali ludzie – i dali nadzieję, że pewnego dnia mogę spotkać kogoś, kto pokocha mnie taką, jaka jestem. Moi przyjaciele otworzyli mi oczy i za to – i za wiele innych rzeczy – bardzo im dziękuję.

Jestem też wdzięczna Robinowi – nie tylko za pomoc udzieloną mnie, ale i za pomoc, jaką niesie każdego dnia tak wielu potrzebującym – oraz wszystkim ludziom, którzy razem z nim walczą przeciwko handlowi żywym towarem, starając się zmienić ten świat na lepsze.

Dziękuję też wszystkim tym, dzięki którym ta książka w ogóle się ukazała – wydawnictwu HarperCollins; Jane – mojej cudownej ghostwriterce, oraz mojemu agentowi.

Dziękuję osobom, które mi pomagały i mnie wspierały, i dziękuję Wam za to, że czytacie moją historię.

Komentarz matki Sophie

Kiedy Sophie skontaktowała się ze mną tamtego dnia i spytała o ciocię Lindę, myślałam, że serce mi stanie. Przez cały czas wiedziałam, że coś jest nie tak, od chwili, kiedy zadzwoniła, żeby powiedzieć, że nie wraca do domu i że zostaje we Włoszech z tym facetem. Nie znałam go i nie miałam powodu myśleć, że nie traktuje jej dobrze. Ale znam swoją córkę, a w jej głosie było coś, co sprawiło, że w mojej głowie rozległ się alarm. Sophie jest piękną młodą kobietą – to fakt, jak również moja osobista matczyna opinia – nie tylko jeżeli chodzi o wygląd, ale także o jej charakter. Zawsze była blisko z siostrą i braćmi, pomagali sobie wzajemnie i jestem z nich wszystkich dumna. Potwornie mi przykro, że zostali tak strasznie zranieni przez swojego ojca i że przez to, jak ich traktował, potrzebowali swojego wsparcia. Kocham ich bardzo i podziwiam, bo stali się niezwykłymi ludźmi.

W szczupłym, delikatnym i kruchym ciele Sophie bije serce najodważniejszej dziewczyny, którą mieliście mieli okazję poznać. Podziwiam ją ogromnie – za to, że przetrwała mimo nieopisanego cierpienia, że pozbierała okruchy rozbitego życia i walczyła, aby stworzyć nowe, za jej determinację w dążeniu do tego, żeby uwierzyć, że z potwornych rzeczy, które jej się przydarzyły, wyniknie coś dobrego i pozytywnego.

Dla mnie i dla mojego męża Steve'a, ojczyma Sophie, tamta podróż do Włoch była najtrudniejszą wyprawą w życiu. Właściwie jeszcze zanim Sophie zadzwoniła do mnie ze szpitala, zamierzaliśmy zrobić jej niespodziankę i ją odwiedzić. Zapro-

ponował to Steve, widząc, jak się o nią martwię. Wydawało mu się, że dzięki temu będę spokojniejsza. Problem jednak polegał na tym, że Sophie nie podała mi adresu. A za każdym razem, kiedy pytałam, wymyślała jakąś wymówkę – że na jakiś czas wyjeżdżają albo że przeprowadza się z tym mężczyzną do nowego mieszkania i poda mi nowy adres, jak już się przeniosą. Ale mieliśmy nadzieję, że jak dotrzemy na miejsce, to jakoś ją znajdziemy.

Mieszkamy w małej miejscowości – tu wystarczy dobrze popytać i w końcu trafi się na kogoś, kto zna osobę, której się szuka. Naiwnie przypuszczałam, że tak samo będzie we Włoszech. Wiedzieliśmy, w jakim regionie mieszka Sophie, więc sądziliśmy, że kiedy tam pojedziemy i popytamy, to ktoś nam wskaże do niej drogę – jak mówię, jest ładna i pełna życia, więc ludzie na ogół ją zapamiętują. Jednak kiedy myślę o tym teraz, nadal czuję mdłości z niepokoju, bo mam świadomość, że nigdy byśmy jej nie znaleźli. Podobnie jak wiele innych uprowadzonych osób, ona również zniknęłaby bez śladu i nikt z nas nigdy więcej by jej nie zobaczył. Wiem, że brakowało dosłownie paru minut, żebym straciła córkę na zawsze. Z tego, co powiedziała nam później policja, i po tym, jak zobaczyłam tego mężczyznę na własne oczy, jestem przekonana, że zamierzał zabrać ją tamtego dnia ze szpitala i sprzedać komuś innemu. Możecie sobie wyobrazić, jak to jest, kiedy się wie, że wasza inteligentna, miła, kochana córka o mały włos nie została sprzedana jak jakiś przedmiot albo zwierzę, i że przepadłaby na zawsze dla ludzi, którzy ją kochają i których ona kocha? Staram się o tym nie myśleć. Ani o tych wszystkich kobietach, mężczyznach i dzieciach, którzy każdego dnia cierpią na całym świecie dlatego, że są ludzie tak bardzo skrzywieni, że wydaje im się, że nie ma niczego złego w takim traktowaniu innych.

Kiedy przyjechaliśmy do szpitala we Włoszech, ten facet już tam siedział, a ja miałam ochotę go zabić. Ledwie poznałam Sophie. Była strasznie chuda i wyglądała jak delikatne, bezbronne dziecko. Wzrok miała nieruchomy, a jej oczy wyglądały jak dwie olbrzymie ciemne kałuże strachu. Nie mogłam patrzeć na tego drania, chociaż kiedy na niego zerknęłam, stwierdziłam, że zupełnie inaczej go sobie wyobrażałam. Miał pewnie pod trzydziestkę, wysoki, mocno zbudowany, z zakolami i wyraźną szparą między jedynkami. Ogólnie nieatrakcyjna twarz. Wcale nie wydawał się sympatyczny, ale ja na pewno w dużej mierze widziałam bestię pod skórą.

Usiłował nas oczarować. Widziałam, że Sophie jest przerażona tym, że możemy go przypadkiem zdenerwować albo jakoś zdradzić nasze prawdziwe zamiary. Nie byłam w stanie spojrzeć mu w oczy. I dlatego, że nie pocałowałam go na pożegnanie, kiedy wyjeżdżaliśmy – na samą myśl o tym robi mi się niedobrze – powiedział później Sophie: „Nie chcę znać twojej matki; nie zobaczy naszych dzieci". Zaczęłam się na serio zastanawiać, czy nie jest wariatem. Czy on naprawdę wierzył, że kiedy zabierzemy Sophie, ona po jakimś czasie wróci do niego i będzie dzielić z nim życie i mieć z nim dzieci? Podejrzewam jednak, że w to wierzył, bo inaczej nie pozwoliłby jej wyjechać, ale to przechodzi moje pojęcie i nadal nie mogę stwierdzić, czy to człowiek umysłowo chory, czy po prostu wcielenie zła.

Było widać, że jest wściekły, kiedy Steve go zignorował i nie pozwolił brać udziału w rozmowie z lekarzem. W pokoju lekarskim rozmawiałam przez telefon z kimś z ambasady.

– Zabierzcie ją po prostu do domu – usłyszałam. – Nie martwcie się o rozliczenia ze szpitalem.

A kiedy pielęgniarka objęła mnie i przytuliła w milczeniu, zorientowałam się, że ona wie, co przydarzyło się mojej córce.

Kiedy jechaliśmy za jego bmw do okropnego, obskurnego hotelu, w którym mieszkała Sophie, próbował nas zgubić, pędząc i klucząc między samochodami. Na szczęście Steve okazał się godnym przeciwnikiem, jeżeli chodzi o sztuczki, jakie mógł wymyślić Kas – wbrew wszystkiemu odnaleźliśmy Sophie i nie zamierzał jej teraz stracić.

Później, kiedy we trójkę jechaliśmy przez Włochy, Szwajcarię i Francję – pokonywaliśmy mocno okrężną trasę, na wypadek gdyby ludzie Kasa wypatrywali naszego samochodu – Sophie co chwila odbierała od niego telefon i za każdym razem szeptała mu, że go kocha i że za nim tęskni. Ale głos miała niespokojny i drżący, a oczy pełne strachu. Musiałam się powstrzymywać z całych sił, żeby jej nie wyrwać tej komórki z ręki i nie wyrzucić przez otwarte okno. Czułam się tak, jakby ktoś zabrał naszą Sophie, a zamiast niej podstawił drobniejszą, przestraszoną, pustą replikę bystrej, żywiołowej, przebojowej dziewczyny, jaką zawsze była. Patrzyłam na nią z ciężkim sercem.

Wtedy i przez kilka następnych tygodni w domu stało się dla nas jasne, ile Sophie wycierpiała przez tego mężczyznę; on nie tylko bezlitośnie znęcał się nad nią fizycznie, ale też zupełnie wyprał jej mózg i ją zastraszył. Próbowała ukrywać siniaki porobione na całym ciele, ale wiedziałam, że one kiedyś znikną – chociaż przez to bicie nadal ma problemy ze zdrowiem – za to z urazami psychicznymi naprawdę ciężko będzie jej się uporać.

Kilka dni po naszym powrocie do Anglii zabraliśmy Sophie telefon, żeby przestała się kontaktować z tym człowiekiem, ale wpadła w taką histerię, że w końcu dostała go z powrotem. Wiedzieliśmy, że jest zdezorientowana i zagubiona w świecie, który kiedyś tak dobrze znała, ale dopiero później dowiedzieliśmy się, że on próbował znów ściągnąć ją do Włoch. Groził, że skrzywdzi jej rodzeństwo, a ona była przez niego tak otumaniona, że poważnie rozważała, żeby zrobić to, co jej każe.

Chociaż ojciec Sophie nigdy nie stosował wobec niej przemocy fizycznej, już we wczesnym dzieciństwie nauczyła się, że może uniknąć jego złości i agresji, jeżeli będzie wypełniać jego rozkazy. Pękało mi wtedy serce, ale myślę, że to właśnie umiejętność odgadywania nastrojów ojca i bezwzględne posłuszeństwo wobec silniejszego ocaliły jej życie we Włoszech. To naprawdę niezwykłe, bo ona wcale nie jest twardzielką; to bardzo delikatna, miła dziewczyna i chociaż cicha, bardzo mocno wszystko przeżywa.

Kiedy przyjechała do domu, przez jakiś czas martwiłam się o nią i o to, co przyniesie jej przyszłość, ale teraz wiem, że nie tylko da sobie radę, ale będzie też wykorzystywać swoje doświadczenia dla słusznej sprawy. Dlatego jestem z niej bardzo dumna.

Tacy ludzie jak tamten facet w ogóle nie cenią czyjegoś życia i nie mam najmniejszych wątpliwości, że Kas pozbyłby się Sophie, w taki czy inny sposób, gdyby sprawiła mu jakikolwiek problem. Modlę się, żeby żadne z nas już nigdy nie musiało go oglądać.

Mam nadzieję, że odsiaduje gdzieś długi wyrok, najlepiej w kraju, gdzie warunki w więzieniach są strasznie surowe. Nienawidzę go i wszystkich innych mężczyzn (i kobiet) mu podobnych.

Niektórym może trudno zrozumieć, dlaczego Sophie nie próbowała uciec albo złożyć zeznań na policji. Ale większość z nas po prostu nigdy nie doświadczyła prawdziwego, paraliżującego strachu, takiego, który rozwala w drobny mak dotychczasowy sposób myślenia, a potem zamraża umysł i człowiek może już myśleć tylko o tym, żeby przetrwać kilka najbliższych minut, następną godzinę, a jeśli dopisze mu szczęście – następny dzień.

Wielu ludzi pewnie zakłada, że dziewczyny z reguły pracują jako prostytutki z własnej woli, z takiego czy innego powodu, a moim zdaniem każdy mężczyzna powinien się zastanowić, zanim wybierze sobie dziewczynę z ulicy, czy chciałby, żeby jego córka albo siostra stała na jej miejscu. Bo chociaż ludzie są przekonani o czym innym, zdecydowana większość tych dziewczyn dałaby prawie wszystko, żeby być gdzie indziej i robić co innego. I chociaż się uśmiechają, są przerażone. Panicznie się boją i dlatego robią to, co robią. Nie mają żadnej nadziei, że znajdą drogę wyjścia z tej żałosnej sytuacji, w jakiej się znalazły przez splot okoliczności czy złych, podłych, samolubnych ludzi jak ten człowiek, który ukradł mi córkę.

Sophie nie musi się wstydzić swojej przeszłości, wręcz przeciwnie – przeszła niewyobrażalne piekło, ale zamiast się poddać i pozwolić, żeby to ją przygniotło, zawzięła się, że zacznie żyć życiem, jakie sama wybierze, i pomagać innym, pracując dla STOP THE TRAFFIk – ta organizacja szerzy wiedzę na temat procederu, który jest zakrojony na bardzo szeroką skalę i dotyczy rozmaitych osób na całym świecie.

Kochałam Sophie i byłam z niej dumna, zanim wyjechała do Włoch, i kocham ją i jestem z niej jeszcze bardziej dumna teraz. Wiem, że jej ciężko, bo czuje, że nie jest już tą samą osobą co kiedyś, i to prawda – ale tylko dlatego, że obecna Sophie jest silniejsza i piękniejsza w każdym sensie niż tamta, która zaufała zwodniczo miłemu, a tak naprawdę podłemu człowiekowi i przez to o mało nie straciła wszystkiego, włącznie z życiem.

Sophie kocha swojego ojczyma, a ich więź jest ważna dla nich obojga, więc może z czasem nauczy się ufać także innym mężczyznom. Mam nadzieję, że tak się właśnie stanie i że znajdzie kogoś, kto będzie wart jej miłości i zaufania.

Komentarz Robina

Moje pierwsze wrażenie – Sophie to inteligentna, elokwentna i przestraszona dziewczyna. Zawsze, kiedy z nią rozmawiałem, była uprzejma i wyjątkowo wdzięczna za to, że poświęcam czas, żeby ją wysłuchać albo zająć się jej sprawą. Ale różniła się od wielu innych ofiar handlu ludźmi, ponieważ była gotowa rozmawiać z policją. Większość ludzi za bardzo się boi wychylić, z różnych powodów. Na przykład ofiary z zagranicy często obawiają się, że policja może być skorumpowana, albo myślą, że nas nie zainteresuje to, co się im przydarzyło. Czasami takie dziewczyny boją się, bo są przekonane, że pracując jako prostytutki, popełniły przestępstwo, chociaż stały na ulicy wbrew swojej woli.

Mimo wszystko policja w Wielkiej Brytanii dostaje zgłoszenia o handlu ludźmi o wiele częściej niż jeszcze kilka lat temu, a w naszych akcjach mamy na uwadze dobro ofiar i ich bezpieczeństwo. To dlatego nie nalegaliśmy, żeby Sophie złożyła oficjalne doniesienie na mężczyznę, który nią handlował, chociaż bez tego nie mogliśmy rozpocząć dochodzenia. Sophie była przerażona, kiedy jej oprawca przyjechał do Anglii i się z nią skontaktował. Ale to właśnie jego e-maile i bezpośrednie z nią spotkania – i to, że w końcu o tym powiedziała – pozwoliły nam ostatecznie trafić na jego trop, choć posługiwał się różnymi nazwiskami i fałszywymi dokumentami. Wcześniej został wsadzony do więzienia za inne przestępstwo, więc Sophie przynajmniej przez parę miesięcy mogła czuć się bezpiecznie i to właśnie wtedy zaczęła budować nowe życie.

Chociaż ja już miałem do czynienia z ofiarami handlu ludźmi, zanim poznałem Sophie, lecz ona była pierwszą obywatelką Wielkiej Brytanii, z którą rozmawiałem, sprzedawaną za granicą. Prawdę mówiąc, od tamtej pory nie spotkałem żadnej innej Brytyjki, która padła ofiarą handlu ludźmi, chociaż wiem, że musi być ich dużo. Jestem święcie przekonany, że im więcej mówi się o tym procederze i im więcej ludzie o nim wiedzą, tym skuteczniej możemy z nim walczyć. Liczy się wszystko, dzięki czemu choć jedna osoba może być uratowana od ciągłego bicia i gwałtu, dlatego taką radość sprawiła mi wiadomość, że Sophie próbuje stworzyć coś pozytywnego, wykorzystując swoje potworne doświadczenia. To dobrze, że pracuje dla STOP THE TRAFFIK i pisze książkę o swoich przejściach.

Niedawno byłem w Rumuni w związku ze sprawą dotyczącą obywateli tego kraju sprzedawanych do Wielkiej Brytanii, i rozmawiałem z ojczymem ofiary, którą uratowaliśmy. Ten mężczyzna wychowywał pasierbicę od wczesnego dzieciństwa jak własną córkę. Kiedy dziewczyna go zobaczyła, rozpłakała się i bez przerwy dziękowała mnie i moim kolegom za to, że pomogliśmy jej wrócić do domu. Mężczyzna prosił, żebyśmy go odwiedzili, zanim wyjedziemy do Wielkiej Brytanii. Następnego dnia pojechaliśmy więc do małej, niewiarygodnie biednej wioski, gdzie cała rodzina powitała nas jak królów i zaprosiła do pokoju młodszej siostry ofiary – jak się okazało, jedynego ogrzewanego pomieszczenia w całym domu. Kiedy jedliśmy ciasteczka i piliśmy gazowany napój – kupili go specjalnie dla nas, a dla rodziny tak biednej jak oni musiał kosztować fortunę –

ojczym opowiedział nam, że kiedy jego pasierbica była małym dzieckiem, wraz z żoną postanowili przez następnych dziesięć lat jeść tylko jeden posiłek dziennie, żeby zaoszczędzić i móc posyłać córkę do szkoły autobusem. Spotkanie z taką rodziną bardzo uczy pokory i po części tamta wizyta przyczyniła się do tego, że bardzo zaangażowałem się w tropienie przestępstw związanych z handlem ludźmi i mam nadzieję, iż uratuję tyle ofiar, ile się tylko da.

Sophie z wielu względów nie pasuje do typowego profilu ofiary handlu ludźmi, z jakim zwykle się stykam w swojej pracy. Owszem, mieści się w tym samym przedziale wiekowym – od siedemnastu do trzydziestu kilku lat – ale inne ofiary zwykle pochodzą z ubogich rodzin, z wiosek, głównie na Węgrzech, w Czechach, na Słowacji i w Rumunii. Często mają bardzo niski iloraz inteligencji. Poznałem też kilka, które wychowały się w rumuńskich sierocińcach. Różne okoliczności pozwalają nam uratować sprzedanych ludzi: części z nich udaje się uciec z pomocą klienta burdelu, niektórzy posługują się cudzym telefonem i wysyłają SMS do domu o krótkiej treści: „pomocy", wtedy ich rodziny kontaktują się z miejscową policją, a ta powiadamia Interpol. Czasami dostajemy sygnały od pracowników przemysłu seksualnego, recepcjonistek burdelu albo zwykłych obywateli – reagują tak dzięki naszym Wizytom Ograniczającym Krzywdę, podczas których mówimy, na jakie oznaki należy zwracać uwagę.

Nasza jednostka do walki z handlem ludźmi została utworzona kilka lat temu, a każda sprawa tego typu, która trafiła na salę sądową, zakończyła się tym, że przestępca został uznany za winnego i dostał wyrok pozbawienia wolności. Po ostatniej *sprawie w Anglii – kiedy uratowaliśmy sześć ofiar – przywódca gangu handlarzy ludźmi trafił do więzienia na dwadzieścia jeden lat. Jednak chociaż tak surowy wyrok daje satysfakcję, do dalszej pracy motywuje mnie przede wszystkim widok twarzy ocalonych ludzi, kiedy wiedzą, że mogą rozmawiać z rodziną i zaczyna do nich docierać, że są bezpieczni i że im pomożemy. Aby to osiągnąć, ważne jest, żeby społeczeństwo zdawało sobie sprawę z istnienia tego rodzaju przestępstw. Mam nadzieję, że historię Sophie przeczyta jak najwięcej osób, bo tylko wtedy, gdy będziemy mieli świadomość tego, co dzieje się w naszym sąsiedztwie, zdołamy odnosić sukcesy w walce przeciwko handlowi ludźmi.*

Robin jest policyjnym detektywem, który pracuje w brytyjskim Wydziale do spraw Przestępstw na Tle Seksualnym.

Komentarz Bex

Po raz pierwszy rozmawiałam z Sophie, kiedy skontaktowała się ze STOP THE TRAFFIK, organizacją charytatywną, dla której pracuję.

– Potrzebuję pomocy – powiedziała.

Wtedy chyba nie wiedziała, czego konkretnie szuka – może po prostu chciała porozmawiać z kimś, kto zrozumie, co przeżyła. Ale, jak się okazało, to był początek więzi, która – jak mi się wydaje – przyniosła korzyści obu stronom. To, że poznaliśmy Sophie, wysłuchaliśmy jej historii, a teraz przeczytaliśmy książkę, dało nam lepsze pojęcie o tym, jak czuje się sprzedawana osoba.

Cieszę się, że Sophie zdobyła się na to, żeby opowiedzieć swoją historię. Moim zdaniem to dobrze nie tylko dlatego, że ludzie powinni ją usłyszeć, ale także dlatego, że oddaje tej dziewczynie sprawiedliwość.

Wiem, że niektórzy ludzie po wysłuchaniu podobnych relacji pytają:

– Czemu została? Gdyby przydarzyło się to mnie, poszłabym na policję.

Ale mężczyźni, który łowią ludzi na handel, są sprytni. Doskonale potrafią określić problemy dziewczyny, żeby móc nią manipulować i mieć ją pod kontrolą. Poza tym w rzeczywistości nie tak łatwo podjąć działania, żeby się chronić, kiedy jest się ofiarą kogoś bezwzględnego i brutalnego, kto wmawia ci – jak oprawca Sophie – że nikomu innemu nie możesz ufać.

Sophie jest wykształconą, inteligentną dziewczyną, ma kochającą rodzinę i przyjaciół. To działało na jej korzyść. A jednak, kiedy uświadomimy sobie, że nie była w stanie powiedzieć policji – ani nawet matce, choć łączyła je bardzo bliska więź – o tym, co się z nią dzieje, to zaczynamy się zastanawiać, jaka jest nadzieja dla tych, którzy nie startują z tak silnej pozycji i nie mają zupełnie nikogo, do kogo mogliby się zwrócić.

Kiedy ludzie pytają mnie, co sprawia, że człowiek staje się tak bezbronny wobec handlarza, mówię o biedzie, niestabilnej sytuacji politycznej w kraju, klęskach żywiołowych, braku edukacji i szans na zatrudnienie, ale żadna z tych rzeczy nie miała wpływu na Sophie. Kiedy wymienię te wszystkie czynniki, dodaję:

– I w grę wchodzi też miłość.

Ale oprawca Sophie był jej najlepszym przyjacielem, co w pewnym sensie sprawiło, że stała się jeszcze bardziej bezbronna, bo o ile w miłości czasem można czuć niepewność, o tyle przyjacielowi zazwyczaj się ufa. On też wabił ją w nietypowych okolicznościach. I właśnie między innymi dlatego historia Sophie jest tak ważna, bo łamie wszelkie stereotypy.

W naszej pracy w STOP THE TRAFFIK – a działają tu głównie ochotnicy – skupiamy się na społecznościach. Każdy jest powiązany z jakąś społecznością – czy to sieciową, uniwersytecką czy zawodową, a kiedy ktoś się do nas zwraca z pytaniem, co może zrobić, żeby pomóc walczyć z handlem ludźmi, odpowiadamy: Kogo znasz? Do jakich społeczności należysz? Zanim cokolwiek się zrobi, trzeba wiedzieć, że dany problem istnieje, więc przede wszystkim trzeba podjąć akcję uświadamiania. Każdy z nas należy do społeczności wyznaczonej terytorialnie – chodzi o nasze sąsiedztwo – a ponieważ ludzie są sprzedawani z jednej społeczności do innej, to jeżeli członkowie tych dwóch społeczności zrozumieją, czym jest handel ludźmi, może zdołamy mu zapobiegać albo przynajmniej odpowiednio zareagujemy wobec osób sprzedanych do naszej społeczności.

Celem STOP THE TRAFFIK jest więc tworzenie społeczności, w którym handlarzom trudniej działać, ukrywać siebie i swoje ofiary, oraz szerzenie wiedzy na temat handlu ludźmi. Robimy to na mnóstwo sposobów. Obecnie z innymi stowarzyszeniami organizujemy szkolenia dla nauczycieli, aby potrafili rozmawiać z dziećmi o wabieniu i stręczycielstwie i umieli uświadamiać je, że muszą chronić siebie i swoich przyjaciół.

Na ogół istnieją znaki, że ktoś został wykradziony ze społeczności. Na przykład, jak w przypadku Sophie, osoba może wynajmować mieszkanie, ale w nim nie mieszkać, lub nagle z nieznanych przyczyn porzucić pracę, nie kontaktować się z kolegami, przyjaciółmi czy członkami rodziny. Natomiast w społecznościach, do których odbywa się handel, widać jakąś nieszczęśliwą cudzoziemkę, która wprowadza się do mieszkania z mężczyzną, wychodzi i wraca o dziwnych porach dnia i nocy.

Oczywiście poza tym, że należy być czujnym na oznaki handlu ludźmi, każdy, kto podejrzewa, że ktoś w jego społeczności został sprzedany, musi wiedzieć, co w tej sytuacji zrobić. Dlatego w STOP THE TRAFFIK zajmujemy się też udzielaniem informacji, kto może sprawdzić, co się dzieje z daną osobą, i kto powinien interweniować, biorąc pod uwagę wszelkie okoliczności, bo to, co zadziała w jednym przypadku, może być zupełnie niewłaściwe w drugim.

Na przykład, w niektórych krajach nie można pójść na policję, ponieważ policjanci nie mają odpowiedniego przeszkolenia i nie wiedzą, jak postępować w takich przypadkach – mogą nie rozumieć, na czym polega handel ludźmi, lub w swoich działaniach nie skupiać się na ofierze. W Wielkiej Brytanii jednak można skontaktować się z lokalną komendą policji lub Ośrodkiem dla Ofiar Handlu Ludźmi lub z którąkolwiek z instytucji wymienionych na końcu.

Nie trzeba się bać pomyłki – policja nie będzie miała nikomu za złe, jeżeli okaże się, że popełniliście błąd. STOP THE TRAFFIK ściśle współpracuje z policją, jak również z ONZ i Fundacją do spraw Przestępczości Zorganizowanej (SOCA) w Wielkiej Brytanii. Jedną z rzeczy, której potrzebujemy, aby utrudnić handlarzom funkcjonowanie, jest informacja społecznościowa. Nikt nie może być naprawdę niewidzialny. Nawet ci, którzy zostali porwani do pracy jako służba domowa i rzadko wystawiają nos za drzwi, muszą być czasem przez kogoś widziani. Ludzie wiedzą, co się dzieje w ich społeczności, i zawsze ktoś potrafi wskazać winnego, kiedy zostaje popełnione przestępstwo. To dlatego, podnosząc świadomość na temat handlu ludźmi, mamy nadzieję, że zdołamy zachęcić jak najwięcej osób, żeby przekazywały posiadane informacje i pomagały nam chronić bezbronnych.

Dotychczasowe życie zostało odebrane Sophie niemal z dnia na dzień, a to, czego doświadczyła w ciągu kolejnych sześciu miesięcy, mogło ją zniszczyć. Ale chociaż koszmarne wspomnienia zostaną w niej na zawsze, wróciła do normalnego życia – i to w niezwykłym stylu.

Po takich przejściach, jakie miała Sophie, wielu ludzi trzymałoby się blisko domu, gdzie czują się bezpieczniej. Ale ona postanowiła przeprowadzić się do innego miasta i zamieszkała w bloku, w którym nie znała żadnego z lokatorów. Ten wybór nie miał nic wspólnego z ucieczką – ma kochającą matkę, rodzinę i przyjaciół. Chodziło o to, żeby zacząć wszystko od nowa. I właśnie to udało jej się osiągnąć. Przez pierwszy rok czy dwa od powrotu do domu było jej bardzo trudno. Ale w końcu czuje się bezpieczniej. Jej więzi są silniejsze, człowiek, który ją sprzedawał, siedzi w więzieniu (więc przekonała się, że jednak nie jest niepokonany), ma bardzo dobrą pracę i ciężko pracowała na to, żeby zbudować nowe, wspaniałe przyjaźnie.

Teraz znów cieszy się życiem i łatwo się nie podda.

Dzięki naszym wspólnym staraniom może więcej mężczyzn, kobiet i dzieci, którzy cierpią z powodu handlu ludźmi, poczuje się podobnie.

Bex Keer
STOP THE TRAFFIK

STOP THE TRAFFIK

Na całym świecie żyją mężczyźni, kobiety i dzieci wykorzystywani siłą lub podstępem. Są ofiarami handlu ludźmi, zbrodni o zasięgu światowym, na której przestępcy zarabiają nieprawdopodobne kwoty pieniędzy, łamiąc prawa człowieka. Każda społeczność jest tym dotknięta – ludzie albo są z niej porywani, albo żyją w niej porwani. Poza tym dobra i usługi dostępne w danej społeczności mogą pochodzić z przymusowej pracy ofiar handlu ludźmi.

Ze względu na charakter tego przestępstwa, bardzo trudno uzyskać wiarygodne, aktualne dane, ilu ludzi dotyczy ten problem.

Międzynarodowa Organizacja Pracy szacuje, że na całym świecie co najmniej 12,3 miliona osób pracuje przymusowo. Około 2,5 miliona z nich jest ofiarami handlu ludźmi, a połowa ma mniej niż osiemnaście lat. W celu czerpania zysku z wykorzystywania seksualnego jest sprzedawane 43 procent ofiar, z czego 98 procent stanowią kobiety. Z powodów finansowych jest sprzedawane 32 procent ofiar, z tego 56 procent to kobiety. Pozostałe 25 procent ofiar wykorzystuje się w więcej niż jeden sposób: jako pomoc domową, do przestępstw ulicznych, uprawy narkotyków, wyłudzeń, fikcyjnych małżeństw lub jeszcze inaczej.

W zależności od regionu specyfika handlu się różni. Na przykład na Bliskim Wschodzie w 90 procentach ludzi wykorzystuje się pod względem ekonomicznym, ale w Europie to tylko 25 procent przypadków.

Ludzie sprzedawani są dla zysku. Szacuje się, że całkowity roczny dochód z pracy 2,5 miliona przymusowych pracowników na świecie wynosi 31,6 miliarda dolarów, czyli na jednej ofierze zarabia się średnio 13 tysięcy dolarów. Zyski z handlu ludźmi są o wiele wyższe w krajach uprzemysłowionych niż w nieuprzemysłowionych i dorównują dochodom państw, w których działają największe światowe firmy. Wydatki rządów i organizacji charytatywnych na rzecz powstrzymania handlu ludźmi są niewspółmiernie niskie i właśnie dlatego miejscowe społeczności mają do odegrania ogromną rolę.

Więcej informacji na temat handlu ludźmi można znaleźć na stronie: www.stopthetraffik.org.

Simon Chorley
STOP THE TRAFFIK
Koordynator w Wielkiej Brytanii

Sophie Hayes Foundation

Sprzedana to prawdziwa historia Sophie zmuszanej do prostytucji. W styczniu 2012 Sophie założyła Sophie Hayes Foundation, której przyświeca wizja świata wolnego od handlu ludźmi i współczesnego niewolnictwa; świata, w którym nie ma miejsca na działalność handlarzy ludźmi; świata, w którym Sophie Hayes Foundation nie będzie potrzebna. Fundacja Sophie Hayes podejmuje liczne inicjatywy i kampanie uświadamiające na temat istnienia handlu ludźmi i współczesnego niewolnictwa oraz służące niesieniu pomocy ich ofiarom.

www.sophiehayesfoundation.org

La Strada – Fundacja przeciwko Handlowi Ludźmi i Niewolnictwu.

Od roku 1995 Fundacja La Strada zajmuje się zwalczaniem handlu ludźmi we wszystkich jego aspektach.

- Pomagamy osobom – kobietom i mężczyznom – które stały się ofiarami handlu ludźmi, pracy przymusowej i niewolnictwa. Oferujemy pomoc prawną, psychologiczną i socjalną zarówno obywatelom Polski, jak i cudzoziemcom. Prowadzimy programy reintegracyjne.

- Prowadzimy telefon zaufania zarówno dla pokrzywdzonych i ich rodzin, jak i dla ludzi zainteresowanych emigracją – wyjazdem za granicę do pracy lub w innym celu nieturystycznym. Prowadzimy bezpłatne poradnictwo.

- Zajmujemy się działaniami profilaktycznymi – wydajemy i rozpowszechniamy ulotki i broszury. Prowadzimy zajęcia w szkołach i placówkach oświatowo-wychowawczych. Uczymy młodych ludzi, jak bezpiecznie podejmować pracę za granicą i gdzie szukać pomocy.

- Szkolimy profesjonalistów z Policji, Straży Granicznej, wymiaru sprawiedliwości, pomocy społecznej i oświaty. Uczymy pracy z ofiarami i potencjalnymi ofiarami handlu ludźmi.

Wszystkie nasze działania podejmowane są w duchu praw człowieka.

Oferujemy poradnictwo, pomoc i wsparcie.
Jeśli Ty lub ktoś z Twoich bliskich potrzebuje naszej pomocy, zadzwoń lub napisz!

La Strada:
telefon zaufania: 22 628 99 99

e-mail: strada@strada.org.pl

Jeżeli chcesz wesprzeć nasze działania:

- Nawiąż z nami współpracę na płaszczyźnie społecznie odpowiedzialnego biznesu,
- Wesprzyj nas jako darczyńca,
- Zaangażuj się w nasze akcje charytatywne,
- Przekaż dalej informacje o zagrożeniu handlem ludźmi,
- Nie bądź obojętny.

Autobiografie

Historie prawdziwe

najbardziej szokujące autobiografie kobiet, które przeszły przez piekło

Przetłumaczone
na 36 języków,
obsypane nagrodami
wstrząsające wyznania
żony czołowego
polityka Pakistanu
ujawniające dramat
muzułmańskiej
kobiety całkowicie
podporządkowanej
mężowi

Nie wiedziałam, jak długo mnie bił. Mogło to trwać minuty albo godziny, a może całą wieczność. Potem, zupełnie nagle, wszystko ustało. Jego wściekłość została zaspokojona...

Tehmina Durrani urodziła się we wpływowej pakistańskiej rodzinie. Mustafa Khar, jeden z czołowych polityków pakistańskich, był jej miłością od pierwszego wejrzenia. Dla niego porzuciła pierwszego męża, zerwała z rodziną. Przeżyła trzynaście lat piekła w zniewoleniu, lęku, upodleniu, cierpieniu u boku wykształconego, podziwianego mężczyzny, który decydował o losach kraju...

Jej poruszająca relacja z lat spędzonych z brutalnym mężem – upokorzeń, zdrad, bicia, karania, gwałtów, zniewolenia, izolacji od świata zewnętrznego – to zapis jej osobistej tragedii i dramatu tysięcy muzułmańskich kobiet, dla których w zdominowanym przez mężczyzn społeczeństwie mąż jest prawdziwym panem i władcą.

Ale ta książka to nie tylko przejaw buntu kobiety islamu przeciwko feudalnym regułom jej świata. Tehmina Durrani dedykuje ją wszystkim poniżanym kobietom – niezależnie od rasy, kultury, religii i kraju. To manifest odwagi – bo trzeba prawdziwej odwagi, by wyrwać się z zaklętego kręgu uświęconych tradycją okrucieństwa i tyranii, i odzyskać godność.

Dziś Tehmina Durrani mieszka w Lahaur we wschodnim Pakistanie i aktywnie działa w organizacjach pozarządowych walczących z przemocą wobec kobiet.

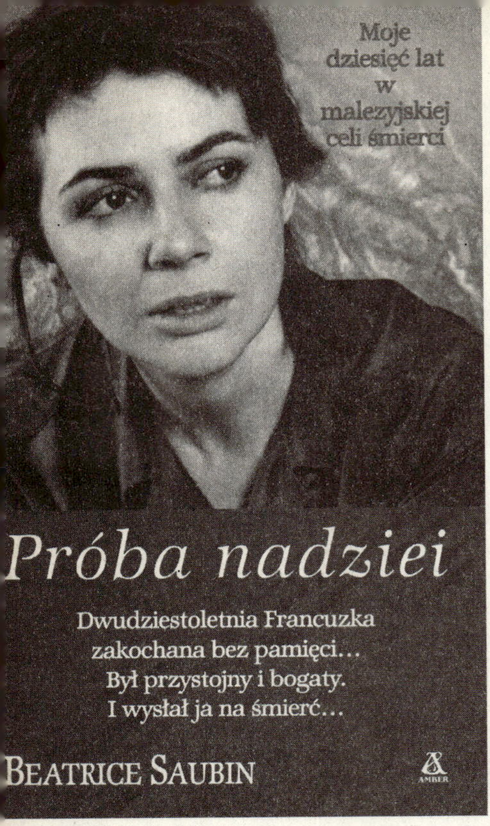

Bestsellerowa wydana w 21 krajach szokująca autobiografia Francuzki aresztowanej za przemyt narkotyków i skazanej na śmierć. W malezyjskim więzieniu spędziła dziesięć lat. Karę śmierci zamieniono na dożywocie na skutek protestów światowych elit intelektualnych i kulturalnych.

„Sąd zarządza, aby oskarżoną przewieziono do więzienia, a stamtąd na miejsce egzekucji, gdzie zostanie na niej wykonany wyrok śmierci przez powieszenie".

Przenika mnie lodowate zimno. Nic już nie istnieje. Dopiero gdy mnie zamkną na oddziale dla skazańców, pamięć powoli wskrzesi tę dwudziestoletnią dziewczynę, która ma być stracona. Co się stało? Kiedy? Gdzie?

Całe życie próbowała żyć. Już od nieszczęśliwego dzieciństwa. W robotniczym miasteczku w Ardenach żyła marzeniami. O egzotycznych podróżach. Wyruszyła na Daleki Wschód.

27 stycznia 1980 na lotnisku w Kuala Lumpur szykuje się do odprawy na samolot do Zurychu. Celnicy rozpruwają walizkę. Ma podwójne dno. A w nim 534 gramy heroiny. Béatrice zapewnia, że walizkę dostała od ukochanego. – Jest Chińczykiem. Mają wziąć ślub. – Mężczyzny nigdy nie odnaleziono. 17 czerwca 1982 odczytany zostaje wyrok. Dwudziestodwuletnia Béatrice jest wówczas jedyną Francuzką na świecie skazaną na karę śmierci. Cała Francja wstrzymuje oddech. Trzeba uratować Béatrice Saubin – publikuje petycję „Le Journal du Dimanche". Podpiszą ją czołowi intelektualiści i ludzie sztuki Louis Aragon, Gérard Dépardieu, Johnny Hallyday, Yves Montand, Jean d'Ormesson, Enrico Macias…

Béatrice Saubin spędziła w więzieniu 10 lat piekła. Opisała je w *Próbie nadziei*.

Potem próbowała żyć dalej.

2 listopada 2007 zmarła na niewydolność krążenia. Miała czterdzieści osiem lat.

„To więzienie ją zabiło" – powie jeden jej z adwokatów.

Córka jednego z największych włoskich ojców chrzestnych zdecydowała się mówić

Wydana w 7 krajach i ekranizowana niewiarygodna, lecz prawdziwa historia życia w mafijnej rodzinie

Nietykalny ojciec chrzestny. Świat przerażającej przemocy. Córka, która musiała z tego świata uciekać. Księżniczka mafii – mafii, która nie wybacza zdrady...

Kiedy trzynastoletnia Marisa poznała swojego ojca, była nim zachwycona. Dla niej Emilio DiGiovine był wspaniały i kochający; dla reszty świata – brutalny i bezwzględny. Wiedziała, że zrobi dla niej wszystko, ale nie spodziewała się, jak wiele zażąda w zamian...

Porzuciła spokojne życie z matką Angielką, żeby wrócić do ojca, do Mediolanu. Nie miała pojęcia, że wkracza do najpotężniejszego imperium narkotyków, broni i prania brudnych pieniędzy. Kiedy zakochała się w najbardziej zaufanym żołnierzu ojca, Emilio uznał, że jest gotowa poznać prawdę o rodzinnym biznesie. Wkrótce wciągnęła ją brutalna i mroczna machina przestępczej działalności rodziny. Przemycała pieniądze, broń i narkotyki warte miliony, widziała mafijne egzekucje. Była świadkiem niejednej śmierci – również najbliższych. Ale pewnego dnia zrozumiała, że jeśli sama chce przeżyć, musi uciekać...

W swojej autobiografii Marisa złamała najświętszą zasadę Cosa Nostry, zasadę milczenia. To najmocniejszy portret mafijnej rodziny, mafijnej codzienności i roli kobiet w mafii: historia przemocy, zdrady i miłości.

Dziś 40-letnia Marisa Merico mieszka w Blackpool z dwojgiem swoich dzieci i patrząc na nią, trudno uwierzyć, że działając razem z ojcem i mężem, zasłużyła sobie wśród policji na przydomek „Bankier mafii". Że kiedy posypały się aresztowania w rodzinie, odmówiła zeznań i została skazana na cztery lata więzienia. I że kiedy zdecydowała się mówić, wydano na nią wyrok...